岁 月 的 风 尘 可 以 拂 去 青 春 的 容 颜 ，

但 是 阻 挡 不 了 人 们 对 往 昔 火 热 生 活 的 深 情 回 眸 。

# 背水之战

## ——孟加拉国多库公路改建工程纪实

赵挹云 著

湖南大学出版社
HUNAN UNIVERSITY PRESS

## 内容简介

20世纪90年代初，广西壮族自治区南宁国际公司承建了孟加拉国多库公路的改建工程。因种种原因工程濒临失败，引发了外交和经济风波，引起了我国政府的高度关注。在新任总经理陈听正带领下，广西筑路健儿们以高昂的爱国主义精神，凭借高超的智慧和实力，背水一战，工程奇迹般地转败为胜。此役是广西公路建设队伍向国际建筑市场迈出的成功的第一步，是“一带一路”这一壮丽交响乐前奏中一个铿锵的音符。

**图书在版编目（CIP）数据**

背水之战——孟加拉国多库公路改建工程纪实/赵挹云著 .—长沙：湖南大学出版社，2018. 7

**ISBN 978-7-5667-1578-4**

Ⅰ. ①背…　Ⅱ. ①赵…　Ⅲ. ①纪实文学—中国—当代　Ⅳ. ①I25

中国版本图书馆 CIP 数据核字（2018）第 139515 号

**背水之战——孟加拉国多库公路改建工程纪实**

BEISHUI ZHI ZHAN——MENGJIALAGUO DUOKU GONGLU GAIJIAN GONGCHENG JISHI

**著　　者：**赵挹云
**责任编辑：**陈　燕
**封面设计：**阿　东
**印　　装：**湖南雅嘉彩色印刷有限公司
**开　　本：**710×1000　16 开　**印张：**18　**字数：**313 千
**版　　次：**2018 年 7 月第 1 版　**印次：**2018 年 7 月第 1 次印刷
**书　　号：**ISBN 978-7-5667-1578-4
**定　　价：**58. 00 元

**出 版 人：**雷　鸣
**出版发行：**湖南大学出版社
**社　　址：**湖南 · 长沙 · 岳麓山　　**邮　　编：**410082
**电　　话：**0731－88822559(发行部),88821691(编辑室),88821006(出版部)
**传　　真：**0731－88649312(发行部),88822264(总编室)
**网　　址：**http://www. hnupress. com
**电子邮箱：**pressluy@ hnu. edu. cn

# 旧事重提（代前言）

在亚洲南部的印度洋之滨，有一个孟加拉人民共和国（简称“孟加拉国”）；在孟加拉国西部，有一条连接多罗迪亚和库什蒂亚的公路（简称“多库公路”）。多库公路由广西南宁国际经济技术合作公司（简称“南宁国际公司”）承建，公路的建设者之间互称“孟友”。

本书记叙的就是这群孟友对当年筑路生涯的深沉回顾。

孟友们承建的这条道路的竣工时间是 1994 年 7 月。岁月已经经历了二十四度轮回，往事如烟，孟友们为什么要旧事重提？

那是因为，那段岁月，镌刻在孟友们的心扉里，让他们难以忘怀。

古有诗云：

横看成岭侧成峰，远近高低各不同。
不识庐山真面目，只缘身在此山中。

这首颇具哲理意味的诗阐述了一条法则：大千世界，万事悠悠，纷繁复杂，各不相同。对于一件事物，人们只有跳出它的本身，从远处看、从高处看，以历史的眼光看、从全局观念看，才能看清事物的本质属性。

那么，事隔二十四年，人们回过头来再度观看此路，他们看到了什么？

前不久，当年公路的建设者之一——孟友杨荣旧地重游，拜访了当年该路的业主代表、总工程师、孟加拉国公路局局长格林先生。二十多年过去了，格林先生对这条公路依然赞叹有加。他说：“这是孟加拉国一条造价最低但质量最好的公路，是我们国家的样板路。印度公司同时期修建的另外一条路，十年之间返修了三次，而你们修建的这条路，使用十年后，路面依然平整舒适，完好如初。”

杨荣还在当年多库公路工程总经理部所在地玛古拉偶遇了一个名叫塞佛·加蓬的孟加拉国公务员。当年修路时，塞佛·加蓬才十来岁，时隔二十余年，他居然能一眼认出杨荣。他激动地对杨荣说：“感谢修路的中国朋友！这条路对于当地百姓太重要了。它发展了这一带的经济，给我们的生活带来了极大的方便。现在，公路沿线成了农副产品的集贸市场，给这里的生产生活带来了勃勃生机。希望中国公司今后多来孟加拉国搞些惠民工程，让我们的生活好起来。”

大浪淘沙，荡涤的是泥沙，沉淀的是金石。

多库公路南起恒河之滨的多罗迪亚，北抵与印度接壤的库什蒂亚，全长 145 公里，是沟通孟加拉国西部的经济大动脉，对加快孟加拉国西部的经济建设、提高当地人民的生活水平起着不可或缺的作用。

因此，它是一条幸福之路。

2004 年 7 月，孟加拉国多库公路工程竣工十周年孟友聚会

这条路构建、巩固和加深了中国和孟加拉国两国人民之间的传统友谊。当地居民对当年的筑路人至今记忆犹新，见到了中国人，他们纷纷伸出大拇指称赞："中国波斯(Boss 的音译)，修路，好!"

因此，它是一条友谊之路。

当年，中国筑路者在孟加拉国筑路工程上迈出了成功的第一步，为后来公路建筑部门拓展海外市场奠定了坚实的基础。

因此，它是一条开山之路。

多年来，中国与其他国家在南亚次大陆建筑市场进行着激烈角逐，这条路的成功修筑显示了我国在国际建筑市场强大的竞争实力。我们挫败了对手，扬了国威。

因此，它是一条扬威之路。

当前，世界经济进入了崭新的发展阶段，产生了新的发展模式，全球经济一体化是大势所趋。基于此，习近平总书记提出了"一带一路"的倡议。2016 年习近平总书记访问孟加拉国，进一步加深和巩固了中国和孟加拉国的经济战略伙伴

2015 年 5 月重访孟加拉国前公路局长格林先生

关系。

多库公路工程是中国和孟加拉国经济交往中诸多成功案例之一，它是“一带一路”这一壮丽交响乐前奏曲中的一个小小的却又铿锵的音符。

因此，它是一条探索之路。

这就是时隔二十四年之后，从历史的层面、国家发展的角度对当年所修筑的这条公路的评价和看法。

当年承建多库公路，是广西公路建设队伍第一次走出国门，是第一次“吃螃蟹”的尝试。

由于种种复杂的主观和客观的原因，这次的螃蟹“吃”得异常艰难。工程一开始就处处碰壁、寸步难行。虽然有关方面采取了诸多措施，三次更换工程指挥班子，但是工程仍未有起色。工程的一再延误引起了孟加拉国朝野的强烈不满，项目贷款银行——亚洲开发银行（简称“亚行”）也扬言要制裁中国成套设备进出口公司（简称“中成公司”）。多库公路工程的延误，已经严重影响到国家的声誉和中国公司在南亚市场的地位，这个事件已经上升到国家层面。得悉此情况后，中国驻孟加拉国大使馆、外经贸部（现商务部）、广西壮族自治区党委和政府当机立断，采取了强有力的挽救措施，任命由陈听正为首的第四任工程总经理部负责多库公路工程决战阶段的任务。陈听正临危受命，在极其艰难困苦的条件下，用对祖国的一片赤诚和不畏艰险、不怕牺牲、不达目的誓不罢休的精神，带领全体员工背水一战。终于，他们如愿以偿，使工程奇迹般地转败为胜。孟加拉国交通部称中国人创造了奇迹！

多库公路工程是我国承包的国际公路劳务工程项目中一个转败为胜的典型案例。

那些近400个艰苦卓绝、顽强拼搏的日日夜夜，在这群孟友的人生历程上，书写下了十分亮丽的一笔。

孟友们对往事的深沉回顾，是对往昔峥嵘岁月的致敬，是对真正的人生价值观的诠释。

本文记录的是这一群孟友当年的奋斗历程，揭示了他们的人生价值观和人生追求。

书写这样的作品于笔者而言，亦是一场灵魂的洗礼。

这个创作过程异常艰难，笔者力图真实、完美地再现当年盂友们的精神全貌，以不致使他们的英雄豪气受损，唯恐因时光的流逝而导致笔者掌握的创作素材有限，或者因笔力之不足而表述不佳，倘若如此，只能表示遗憾了。

在整理和记录盂友们的回忆之时，笔者写下了这段文字。

# 目 录

CONTENTS

# 丨告诉你一个神秘的孟加拉国

也许，你对孟加拉国这个国度很陌生，但是我提起一个人，你一定很熟悉，他就是泰戈尔，一个曾经获得诺贝尔文学奖，享誉世界文学界、艺术界和哲学界的著名诗人兼哲学家泰戈尔。

你一定知道泰戈尔的《飞鸟集》《新月集》《园丁集》……

孟加拉国就是泰戈尔的第二故乡，而多库公路的终点——库什蒂亚——正好在泰戈尔庄园的附近。泰戈尔曾在这里写下了获得诺贝尔文学奖的大作——《吉檀迦利》和美好的诗篇——《金色的孟加拉》，作为他对第二故乡的献礼。

他在《金色的孟加拉》中吟唱道：

金色的孟加拉，我的母亲，我爱你。

我心里永远歌唱你的蓝天，你的空气。

……

啊，我的母亲，你如果沉下脸来，我将热泪滚滚，为你哭泣，

我将为你哭泣。

1972年，《金色的孟加拉》的首十行在孟加拉国独立时被采用为国歌。

说孟加拉国神秘，是因为人们对它十分陌生。也许是由于青藏高原的横亘，也许是由于印度洋的阻隔，也许是因为经济不够发达，也许是因为与世界其他国家的不结盟，总之，孟加拉国很少为世界其他国家的人们所熟知。当提到中国、美国、英国、俄罗斯、日本等国家时，人们对这些国家的历史沿革、风土人情、

地理位置、经济状况等如数家珍，而一提起孟加拉国，很多人则一片茫然，所以在许多人心目中，它是那般神秘和陌生。

这里，让我为大家揭开它那神秘的面纱，一睹它的芳容。

中国西南部的青藏高原，人称世界屋脊，平均海拔 4 000 千米以上。高原的南面，属高原垂直气候带，从山麓到山顶，依次呈现夏、春、秋、冬四个季节的景色。

雅鲁藏布江发源于此，它汇聚着青藏高原晶莹的雪水，一路从高原上翻滚着、跳跃着、歌唱着、蜿蜒着向南面印度洋的孟加拉湾汹涌奔腾而去，再往前流，慢慢地，它流经之处，形成了一个平均海拔 200 米左右的冲积平原。它闹腾够了累了，在这个平原上安静下来，舒缓地向前流淌延伸，最后汇入了一望无际的孟加拉湾。在不断向前的流淌延伸之中，它聚集了越来越多的支流，加之从印度洋上吹来的湿润的和风带来了丰富的雨量，雨水不断地涌注于这条大河之中。于是，河的水量越来越大，河床越来越宽，至入海口处，宽达十余公里，呈现出一片空阔无边的壮丽景色。

泰戈尔庄园

这个冲积而成的平原，因为阳光明媚，雨量充沛，气候温和，所以植被十分茂盛，四季常青，犹如一颗巨大的翡翠。

这颗巨大的翡翠，就属于孟加拉国。

孟加拉国是一个位于南亚次大陆的发展中国家，它北倚喜马拉雅山脉，南临印度洋孟加拉湾，东部、西部和北部与印度毗邻，东部与缅甸接壤。孟加拉国除了东部与北部有小部分丘陵地区外，其他地区都是平原。这里河网交织，湖泊池塘星罗棋布，有“千河之国”的美誉。

孟加拉国地处亚热带，沿海属季风型热带草原气候。雨季洪水泛滥，常伴有热带飓风。

孟加拉国总面积 147 570 平方公里。2013 年统计人口数是 1. 58 亿，平均每平方公里 1 100 人，是全世界人口密度最大的国家，加之这里的经济很不发达，除了农业，几乎没有其他产业，所以，孟加拉国也是世界上最贫穷的国家之一。

这里贫富悬殊，富人住着漂亮豪华的别墅、开着最高档的轿车；穷人却衣不蔽体、食不果腹。

孟加拉国的矿藏有天然气、煤、钛、锆等，主要的经济作物是黄麻。

孟加拉族是南亚次大陆的古老民族之一，占孟加拉国人口的 98%。伊斯兰教为孟加拉国的国教，信奉伊斯兰教的人口占 88. 3%。

1972 年 1 月，孟加拉人民共和国正式成立。

1975 年 10 月 4 日，孟加拉国与中国正式建立外交关系。

20 世纪 90 年代以后，孟加拉国主要由民族主义党和人民联盟轮流执政。

无论是民族主义党还是人民联盟，与中国的关系都十分友好。中孟两国关系，常被双方领导人称为不同制度国家之间关系的典范。两国高层领导互访频繁，各种交往不断增加，经济合作领域不断扩大。中孟两国在文化上既有差异，又有共同点或相似的地方。文化的差异性促使了双方的相互吸引，文化的相似点又促进了双方的沟通和交流。

孟加拉国的政府首脑说，中国是经得住考验的朋友。

这本书所陈述的中国对外承包改建公路的故事，就发生在这样的一片陌生的异国他乡的土地之上，展现于这样的一个风云激荡的时代背景之中。

# 开篇

为了寻找当年孟加拉国筑路者的足迹，我们登上了自昆明飞往孟加拉国的航班。

金秋十月，秋高气爽。

飞机飞抵孟加拉国的上空，我透过机窗俯瞰。

机翼下的朵朵白云，团团絮絮，翩然轻飏。

大地一片葱绿，像一块绿色的翡翠。一条大河像一条金色的巨蟒在翡翠般的大地上蜿蜒。

第二天，我和有关人员乘坐汽车前往多库公路实地体验，途中借助轮渡过恒河。这段河面十分宽阔，河的对岸成了天边的一抹细小的线条。经历了将近一个小时的航程，轮船方才抵达对岸。广西大学外国语学院的欧光莲教授是我这次实地体验的陪同翻译，她当年是多库公路工程的翻译人员，这次算是旧地重访了。她向我介绍说，与当年相比，现在渡口增加了许多轮渡班次，过河快得多了，当时在渡口一等就是两三个小时。从工地去首都达卡办事，路程不过是百来公里，要是放在现在在国内跑高速，不过个把钟头的事，但是那时渡河困难，加之路况不好，需要一整天。

汽车过河后驶上公路，这便是多罗迪亚—多库公路的南部起点。

为了观察公路的路况和沿途的风土人情，汽车在公路上徐徐行驶。

有时，我们下车，在公路边步行。

这是一条四车道的沥青路，路面平整，线形舒畅。陪同的当地人员介绍说，这条路自建成以来，前十七年没有整修过，只是近年来才进行过两次小规模的补修。应该说，这条路的修建质量相当不错。

欧光莲说，路旁的行道树，就是当年栽下的。如今，当年的小树已经长大，公路变成了一条林荫道。

这条公路的路面远远高于道路两侧的地面，显然是筑路时人为加高的。孟加拉国地势低洼平坦，雨季来临时又多暴雨，瞬间能积水成湖。那一天，我们驱车在首都达卡街头，忽然天降暴雨，街道顿成河道，汽车激起的水花足有人高。当年修筑的这条多库公路如果不这样加高路基，下暴雨时车辆恐怕很难正常通行。要将 145 公里长的路基全程加高，路面需要使用水稳性好的石料，而这些石料都要从印度进口，当年施工的困难可见一斑。

公路上，车辆来来往往，车上或乘坐着人或装载着货物，川流不息，这条路是一条名副其实的西部运输大动脉。

我们在公路上走走停停，感受着公路的繁忙。听欧光莲不停地诉说着筑路的陈年往事，我似乎感受到，我脚下的每一方路面，都刻印着当年孟友们繁忙的足迹；我脚下的每一粒沙石，都伴和着当年孟友们辛勤的汗水。往昔与现实的点点滴滴，犹如无数条经线纬线编织成了一幅美丽的锦帛，记录下了当年孟友们奋力拼搏的高大身姿，展现着他们可敬可爱的音容笑貌。

车轮在路面上滚动，“呲呲，呲呲”，仿佛在向当年的筑路英雄诉说：“感谢你！感谢你！”

印度洋的和风吹拂着高高的椰林，“沙沙，沙沙”，仿佛在对当年的筑路英雄们吟唱：“记得你！记得你！”

恒河水翻动着层层波浪，激起朵朵美丽的浪花，仿佛在向当年的筑路英雄们献礼：“献给你！献给你！”

我眼前所见的情景和孟友们对往事的深情诉说形成了一股滚滚不息的思潮，这滚滚不息的思潮化成了源源不断的文字，从我的笔端不断地向外奔涌、奔涌……

# 第一章

## 孟加拉湾风云激荡

在南亚次大陆的印度洋孟加拉湾之滨，有一片翡翠般的开阔平坦而富饶的土地，这便是孟加拉国。恒河像一条巨型的丝带，从北至南蜿蜒奔腾流淌，最后汇入孟加拉湾。在孟加拉国西部与印度接壤处有一座城市名叫库什蒂亚，一条公路从库什蒂亚沿着恒河的西岸向南蜿蜒辗转，一直伸延到另一个城市多罗迪亚，它是孟加拉国西部交通的大动脉。

1992 年，孟加拉国的雨季。

印度洋上的飓风裹挟着含有大量水蒸气的云团在孟加拉国的上空肆意飞掠、翻滚、奔腾，瓢泼的大雨和凶猛的风暴把这片土地冲得污淖横流。

一个电闪雷鸣、暴风骤雨的夜晚过后，黎明的曙光开始显露。咆哮够了、席卷累了的暴风雨逐步消退，迷蒙的薄雾在恒河两岸弥漫，“嘟嘟”“嘟嘟”的汽车喇叭声渐渐在多库公路上响起，又一个繁忙的白天开始了。

多库公路正在进行改建施工，处于边施工边通车的状态。公路本来就不宽，半幅路面在施工，汽车只能在另半幅路面上通行。多库公路是西部的交通大动脉，公路上车流交织，流量特别大。来往的车辆像两队反向前行的甲壳虫队，一辆接着一辆向前移行。昨夜的大雨将这里淹成了一片水乡泽国，公路在浑浊的泥水中时隐时现，司机要特别小心地摸索前行，以避免随时可能发生的危险。由于道路正在改建，路面被挖开，这里一堆烂泥，那里一个大坑，叫人摸不清、看不透、防不得、绕不开，就像一个地雷阵，危机四伏，令人防不胜防。

这天清晨，一个鱼贩子贩了一整车鱼开往达卡，希望去那里卖出一个好价钱。司机十分谨慎地紧握着方向盘向前行驶，车上装载着的是一条条鲜活的大鱼。为了避让前方横过马路的行人，司机将方向盘向右边稍稍转动了一下，想不到右下方正好有一个大水坑，汽车身子一歪，躺在了泥水中。所幸的是车速很慢，汽车没有翻滚，车上的人没有受伤。鱼贩子急忙从驾驶室里爬了出来，赶快去看他车上的鱼，只见装鱼的桶一个个翻倒在地，鱼儿们早就在一片泥水中争先恐后地逃离，没能逃离的，在地上扑腾着、挣扎着。鱼贩子一屁股瘫坐在泥水中喊道："鱼！我的鱼！"

后面的汽车被迫停了下来，司机一个个不耐烦地按着喇叭，顿时公路上喇叭声此起彼伏，像一声声催命符。没办法啊，都急着赶路，他们有的是急着送病人去医院，有的是去达卡赶飞机，一个个心急火燎、忧心如焚的，恨不得汽车能长出翅膀飞了过去……

过完了雨季，转眼到了施工人员眼中的旱季。

旱季的状况同样糟糕。路面一个个的"癞痢"露了出来，像被轰炸机炸过的弹坑，瞪着一双双绝望的大眼睛望着天空。一路上灰尘滚滚，一片迷蒙，车上的雨刷要不停地刷、刷、刷，司机才可以看清前方的道路，一趟车跑下来，汽车上蒙了一层厚厚的灰尘，都分辨不出汽车本来的颜色了。在拥堵的道路上，车身晃晃悠悠地前行，像一个个喝醉了酒的醉汉，险象环生。在强烈的阳光照射下，路上的行人似乎都快要被烤熟了。天气炎热，老天爷的火气大，人的火气更大。前面似蜗牛爬行的车辆令后面的车辆完全失去了耐心，有的司机忍不住骂骂咧咧，就连那烦躁的喇叭声，似乎也在咒骂："阿里巴巴！""阿里巴巴"在当地是"骗子""无赖"之类的骂人的话。

自此道路改建工程开工以来，这样的"闹剧"差不多每天都在公路上上演，日复一日，周而复始。

这是一条由广西壮族自治区南宁国际公司承包改建的公路。1989 年 10 月，中成公司在孟加拉国多库公路招投标中，一举挫败印度、韩国、日本等国际劳务公司，夺得头筹，以 4 655 万美元(按当时美元兑换人民币汇率 1 : 8.8 计算，折合41 000万元人民币)中标。这个工程是亚行贷款的高等级国际公路项目，全长 145 公里，分为 4 个标段，工期 30 个月。中成公司全权委托广西南宁国际公司承建。这是广西公路工程队伍第一次走出国门，远渡重洋参与国际劳务工程，是第一次到位于喜马拉雅山山麓、印度洋之滨的南亚次大陆孟加拉国“打工”。地处祖国西南边陲、贫穷落后的少数民族地区的筑路者坐着飞机到国外去“淘金”，这可是破天荒的大喜事啊！人们欢天喜地、载歌载舞，欢送满怀激情出国寻梦的亲人、朋友，好一派母亲送儿为国争光、妻子送郎赚美元的令人振奋的场面。

当初，当地的老百姓见到了来自中国的筑路人员，兴奋不已，奔走相告！

可是，人算不如天算，美梦成了噩梦。

日历翻到了 1993 年 2 月，原定于 1993 年 4 月完工的道路，由于各种事先未曾预料的原因，此时完成的工程总进度不到全程的 42%。旧的路面被翻开了，可是新建的路面进展非常缓慢。如果在正常工程期内，公路边施工边通车给交通造成不便，沿线的居民是可以理解的，也是可以忍受的。但是因为施工方失误，造成这样长时间的交通阻塞，当地人愤怒了。公路沿途的老百姓找当地的议员诉苦，几十名议员每次开会都提起此事。他们由原来的期望转变为失望，又由失望转变为埋怨，由埋怨转为愤怒。这个问题再得不到解决，当地百姓就要到政府大楼门前游行示威，要求执政当局下台了。

当地居民的满腔怒火越烧越旺，他们见了工地上的中国人就大喊大叫：“阿里巴巴！阿里巴巴！”

1993 年新年刚过，孟加拉国总理卡莉达・齐亚召见了新上任的中国驻孟加拉国特命全权大使张序江。卡莉达・齐亚总理是孟加拉国前总统齐亚・拉赫曼的遗孀，在 1991 年的全国大选中，她领导的民族主义党挫败对手，她也成为了孟加拉国历史上的首位女总理。卡莉达・齐亚十分重视中孟友谊，1991 年 6 月，她曾经以总理的身份来华进行正式友好访问。卡莉达总理和张序江大使的会见在十分友好的氛围中进行，卡莉达总理盛赞孟中友谊，就中国政府对孟加拉国的友好援助表示衷心感谢。但是，卡莉达总理突然话锋一转，态度严峻地和张序江大使谈起了中国公司承建的多库公路的事情，她说由于中国公司的施工延误，给孟加拉国人民生活带来不便，反对党也借机攻击执政的民族主义党，民族主义党的执政地位受到了严重的影响，因此希望中国政府帮助我们民族主义党政府解决这一难题，迅速解决多库公路工程工期延误的问题。

张序江大使作为新上任的大使与卡莉达总理的第一次会面，卡莉达总理就郑重其事地提出了这个问题，他感到震惊，他意识到事态的严重，但是，多年的外交生涯，练就了他处变不惊的职业素养，他始终冷静地认真听取卡莉达总理的叙说，一边敏锐地思考着应对这件事情的办法。卡莉达总理叙说完毕之后，张序江大使立即表示会及时将此事通报给本国政府以求尽快妥善解决。他说话态度诚恳、语气坚定，体现了一个成熟稳重的大国外交家的气度和风采，从他身上，卡莉达总理看到了问题解决的希望，并对他精明干练的外交风度留下了十分深刻的印象。

会见卡莉达总理之后，张序江大使立即开展了紧急的外交公关。

首先，他拜访了工程的关键人物——孟加拉国交通部部长奥里·艾哈迈德。

奥里·艾哈迈德对中国政府和中国人民怀有极其深厚的感情。在他任职其间，中国政府为孟加拉国援建了三座大桥，对孟加拉国的经济建设给予了很大的帮助，也为奥理部长的政绩写上了亮丽的一笔。奥理部长对张大使的来访表示了热烈的欢迎。二人在交谈中不约而同地谈到中国政府援建的三座友谊大桥，奥里部长对大桥的设计工艺和施工水平大加赞许，并对中国政府表达由衷的谢意。

从奥里部长的言谈中，张大使感受到了他对中国政府的深切情谊，张大使抓住这个契机提出了他这次造访的主要目的："可是，这次多库公路工程，我们却碰到了麻烦。"张大使的这句话恰好点到了奥里部长的心结，奥里部长也在为多库公路的事情而担忧，希望这位新到任的大使能为多库公路工程采取有效措施。于是二人的谈话又转入了对如何挽救多库公路这个问题的探讨，张大使要求奥里部长对中国公司多多关照，在亚行面前为中国公司多说好话。

大使刚刚说完，友善且为人豪爽的奥利部长马上答应了张大使的请求，并说，只要中国政府出面，一定能够解决问题。不过，时间已经不多了，一定要抓紧。

张序江大使知道，卡莉达总理和奥里部长的指责虽然是针对中国个别公司的个别工程，但实际上关系到所有在孟加拉国施工的中国公司的声誉，是一件关系到中国形象的重大经济外交事件。解决多库公路工程问题，是他目前工作的头等大事，重中之重。拜会活动一结束，他立即动身到多库公路工程实地考察，看个究竟。

第二天清晨，张序江和孙仲乾乘坐插着中华人民共和国国旗的越野车前往工地，汽车在这条千疮百孔的多库公路上艰难前行。直到下午四点多钟才到达多库公路总经理部，不到两百公里的路程，用了 8 个多小时。他们一路颠簸，腰酸背痛，浑身的骨头像散了架一样，两腿麻木。一看汽车，已不见了原来的模样，车身上盖满了厚厚的泥灰。自己才跑一趟就累得受不住了，当地人长年累月这么遭罪，谁受得了啊！难怪上上下下诸多抱怨。张序江理解了公路沿线人们的苦衷。

张序江在工地认真地听取了工程第三任总经理裴安道的工作汇报，并慰问了工地的员工。他向总经理部领导和员工们指出了工程延误所引发的问题的严重性，要求大家从大局出发，振奋精神，以新的精神面貌、新的工作方法，克服困难、创造奇迹，为中国公司恢复名誉，为国争光。

夜深了，张序江从工地回到大使馆，旅途的颠簸劳累使他疲惫不堪，可是他无法入睡。从实地考察了解到的情况来看，工程的问题远比他事先预想的严重，工作人员情绪低落，工地一片狼藉，工程巨额亏损，可用资金十分紧张，几乎为无米之炊。他感到一场经济和政治上的暴风骤雨已经酿成，正扑面而来。化解这一风暴，是一副压在他这个当事国的外交大使肩上的千斤重担和艰巨的使命。他端坐于桌前，沉思着解决问题的办法。工程状况十分糟糕，就像一个病入膏肓的病人，沉疴大病，必须刮骨疗伤，才有可能起死回生。他连夜简明扼要地将工地的现状以及事情的严重后果写成报告发往中华人民共和国外交部、外经贸部、广西壮族自治区人民政府。

新华社驻达卡办事处的记者也根据调查采访的情况写了内参发往了上述有关部门。

一场挽救多库公路工程的战斗就此拉开了序幕。

事实证明，张序江当时果断地向国家有关部门反映工地情况的决定非常正确，否则孟加拉国多库公路工程将以彻底失败、中成公司被扫地出门而告终，中国在经济上、政治上和外交上的损失更是巨大的。

# 第二章

## 临危受命

# ◎　高级工作组赴孟加拉国调研

那么，为什么当初南宁国际公司会揽下这个艰巨的工程呢？这满腹心事，还得从头说起。

鲁迅先生曾经盛赞第一个吃螃蟹的人，说这个人是勇士。

南宁国际公司这次承建孟加拉国多库公路改建工程，也是勇士第一次“吃螃蟹”。

不曾想，这第一次“吃螃蟹”，却“吃”出了麻烦。

20 世纪 80 年代，改革开放如一阵春风，吹遍了大江南北，吹开了万树梨花。

在改革开放的大好形势下，珠江三角洲率先举起了改革开放、发展经济的大旗，他们将经营的触角伸向了海外。紧接着，长江三角洲，京、津、唐地区，山东半岛，辽东半岛等地不甘示弱，相继崛起。一时间，全国各地特别是沿海地区出现了一片热火朝天的景象。中国人纷纷走出国门，经济发展的态势一日千里。

面对着万马奔腾的大好形势，广西人民坐不住了，广西的领导坐不住了，他们也开始将经济发展的目光投向海外。

正在此时，传来了孟加拉国多库公路改建工程招标的消息。

机会来了！

孟加拉国是中国国外工程项目承包的主要对象国，已经有许多中国公司在孟加拉国的工程项目中中标。只是公路工程面向中国招标，这还是首次。

所以，广西想要牢牢地把握住这次机会。

然而，这次投标其实很盲目，投标人在对工程造价、国际施工惯例以及施工国的具体情况等缺乏应有的了解的情况下，以最低价中了标。

面对低价中标的结果，南宁市委市政府极为重视，曾经为此召开常委会进行了专题讨论。时任市委书记彭贵康、市长甘祥梦、副市长孙汉明、谢汝煊，中成公司有关负责人，以及作为国内签约法人单位南宁国际公司法人代表贝永辉总经理参加了这次会议。据贝永辉回忆，当时，彭贵康书记向与会人员介绍了工程中标的基本情况之后，就有人表达了忧虑，认为这个工程风险大、盈利空间小，加之我们的队伍实力不够，缺乏这方面的实际经验，建议让中成公司选择有实力的、有海外施工经验的队伍来做。

但是，甘祥梦市长的态度十分明确，他说："转让给其他公司的做法的确十分稳妥，但却会让我们失去走出国门的大好机会。南宁国际公司刚刚成立，这是接到的第一个工程承包项目，经验和实力是从实践中得来的，不走出这第一步，未来的国际竞争市场就没有了我们的份额。这个项目，目前看起来不会有什么盈利，但它是打开眼界、锻炼队伍的好机会，对将来的发展起着很大的作用。"

干，还是不干？会上，大家纷纷提出自己的看法。两种意见激烈交锋，最后大家达成共识：机遇与风险并存，干！于是市委作出决定，实施国家"走出去"的战略决策，承担起这个项目的重任，并为这项工程定下十二字方针：

保本微利、锻炼队伍、着眼未来。

这就是广西南宁市委市政府当时决定由南宁国际公司承建这条孟加拉国多库公路改建项目的指导思想。

张序江的情况报告以及新华社驻孟加拉国记者寄发的内参，立即引起了国内有关部门的高度重视。

为了挽回败局，了解工地实际情况成了当务之急。国家外经贸部、广西壮族自治区政府派出由当时的南宁市市长谢汝煊为组长的高级工作组（简称"工作组"）对孟加拉国多库公路工程情况进行实地考察。

1993 年 4 月 23 日，几辆小汽车从孟加拉国首都达卡机场驶出，一路疾驰，进入位于达卡市区的中国驻孟加拉国大使馆。这是广西壮族自治区政府和中成公司联合组成的对多库公路进行实地考察的工作组。工作组成员主要由领导、工程专家等十人组成。其中有南宁市市长谢汝煊、南宁市副市长陈听正、广西国际经济技术合作公司总经理许季芳、顾问谢仲平、中成公司黄处长、中成公司驻达卡办总经理郭树森、广西交通厅副厅长王怀文、南宁国际公司总经理贝永辉等十人。

工作组组长谢汝煊是广东汕头人，他到南宁市政府工作以前，曾在多家大型国企工作，是一位资深的企业家。他一双大眼闪烁着睿智的目光，表现出了他敏锐而深刻的观察能力；他那爽朗而浑厚的笑声，彰显了他为人豪爽、处事果断的性格。

张序江在大使馆门前迎接。他与工作组人员一一握手表示欢迎之后，没有更多的寒暄，立即召集大家进入使馆内的保密室开会。为防止泄密，各国驻外大使馆都建有保密室。保密室墙壁比一般的墙要厚，用来隔音，连桌、椅、灯具都经过特殊处理，还有防止窃听的干扰器。

谢汝煊和工作组的同志们虽说工作经历丰富、见多识广，但是进保密室开会，还是头一回。他们顿时感觉到了事态的严重性。

张序江亲自主持会议，他详细地介绍了上次在工地上的所见所闻，讲述了他向国内寄发的关于孟加拉国多库公路十万火急的情况报告，强调了所面临的严重局势。他说，无论是孟加拉国政府，还是亚行、工程顾问处，都急于收拾这个残局，中国公司被驱逐的可能性很大。此项承包工程的成败，关系到国家的经济与

1993 年 4 月，高级工作组在孟加拉国大使馆前留影

外交，关系到中国在世界建筑市场上的地位和信誉，没有退路。有鉴于此，他希望广西壮族自治区党委和政府采取切实有力的措施，尽快扭转目前的被动局面，加快工程进度，使其转危为安。

听完张序江的讲话，谢汝煊的心情无比沉重。他没有想到情况如此复杂，如此严重，他没有想到南宁国际公司承包的这项工程，越搞窟窿越大，而且因经济纠葛牵涉了外交事件，竟然上升到了国家层面，顿时他手心出汗、脊背发凉。他深知，这次工作组赴孟加拉国考察的担子不轻，工程怎么继续，是否能转败为胜，就看这次考察的结果了。这次广西壮族自治区和南宁市政府的领导和专家都来了，如果没有拿到解决问题的钥匙，回去如何交代？

会议结束后，工作组成员不敢怠慢，立即驱车前往工地进行实地调研。

在工地总经理部，工作组一行听取了裴安道的详细的工作汇报。总会计师张军是一位优秀的财务工作者，对会计核算、成本效益分析十分准确，她将工程已发生巨额亏损的重大问题向工作组做了详细的汇报。然后，工作组召开工作会议商议决定，当务之急，立即展开危急攻关，攻关对象包括孟加拉国政府公路局以及亚行、顾问处等，由工作组人员分别拜访这些部门的有关领导，向他们传递一个重要的信息：中国的外经贸部、广西壮族自治区、南宁市等各级政府对工程的现状已经了解，正在积极采取措施，将全力支持和挽救这个项目。

紧接着，工作组到了项目顾问处。顾问处是由亚行经过招标后组建的、专门负责亚行在孟加拉国投资的各项公路建设工程的监理单位。顾问处总负责人是印度籍监理工程师保尔。由于工程进度缓慢，保尔对中方人员意见很大。他早已听说中国来了工作组，但看到工作组人员走进他的办公室，他的态度极为冷淡，视若无人，自顾自地低头整理自己桌子上的文件，根本懒得搭理这些远道而来的客人。

保尔的态度让工作组成员感到下不了台。来了客人，让座倒茶，招呼寒暄，这是最基本的待客之道啊，这个保尔，怎么能这样傲慢无礼呢。

在保尔看来，这是顾问处，是办公的场地，现在是工作时间，他此刻的任务是工作，没有必要和来客周旋，他才不管你是市长还是省长哩。当然，这其中也包含着对中国公司施工不力的责怪。

谢汝煊并没有做声，而是拿出了绣球。绣球是他从南宁带来的礼物。临行前，他想，给业主方和顾问处送些什么礼物好呢？礼物贵重了不行，太轻了也不行，思来想去，他想到了具有广西壮族文化特色的纪念品——绣球——那是壮族人的定情物，象征爱情亲情友情，把它作为礼物，既不失礼节，又可以传递情谊，借此拉近双方的距离。

谢汝煊手捧绣球，递给保尔，微笑着解释说："这是我们家乡的具有民族特色的工艺品，我们用它作为表达美好情意的礼物，送给保尔先生，请笑纳。"

谢汝煊一脸真诚，两眼望着保尔。

保尔接过礼物，只是稍微瞟了一眼，却毫不客气地说："你们把工程做好，比什么礼物都强。"

中方所有人员都愣住了，吃惊之余，也有几分愤慨。俗话说：雷公不打笑脸人。我们诚心对你表示友好，你怎么能这么不给面子？但是仔细想来，保尔的话义正辞严，并无错处，想要回敬他几句都找不出理由。

保尔的话，如一记响亮的巴掌，打在在场的每个中国人的脸上，"啪啪"作响。

归根结底，皆因我们自己不争气，工程质量和进度上不去啊！

此情此景，让工作组全体成员刻骨铭心，也给他们上了无比深刻的一课：这个工程的成与败，与国家的声望息息相关啊！

除了与业主方和顾问处接触，工作组还深入到工地各标段，观察路况，进行调研。

正值雨季，工作组冒雨来到公路工程的起点站，位于多罗迪亚的9标段，只见员工们都在宿舍里避雨，有的还在抽着闷烟。

9标段经理苏志雄向工作组汇报了工程的情况。苏志雄说："我觉得，这个工程还是有机会的。改变人员的结构，使用先进的设备，效率就会提高，工程就会有进展，有了进展就有了工程量，有了工程量资金就可以回笼，资金回了笼工程就会加快进度。如果工程步入了这个良性循环轨道，就起死回生了。"

谢汝煊表态说："人员，我们会在广西甚至全国范围内物色；先进的设备牵涉到大量资金，我们也会竭尽全力想办法解决。"

苏志雄说："要快啊，我们眼睁睁盼着啊。业主方和顾问处要求的工程质量标准，我们目前的设备根本达不到。我们的员工遭罪，裴总经理更遭罪。"说着说着，他的眼中充满了泪水。

在场的员工也忍不住抹眼泪，身在异国他乡的人们，面对从祖国来的亲人，百感交集。

有道是，男儿有泪不轻弹，只因未到伤心处。

面对此情此景，工作组的同志感到前所未有的震动……

工作组从 9 标段、10 标段、11 标段一路调研过去，最后来到了 12 标段。

当时，12 标段的工作人员正在宿舍休息，他们见到工作组人员正在察看路基，其中有一个人，瘦瘦高高的个头，他走走停停，不时弯下腰来，仔细观察路面的情况，然后又走进料场查看材料。

12 标段的工程师徐德一直关注着这个人的一举一动，他指着这个人对挤在窗口观看的人说："这个人可以，如果他来当工程的总经理，肯定有办法！"

徐德指的"这个人"，就是工作组成员、时任南宁市副市长的陈听正。

他的出现，给工地带来了一抹希望的曙光。

作为工作组成员，陈听正在考察的全过程中，都在认真观察、深入思考。

他在想，一条在平原上全长 145 公里的主干线，既没有翻山越谷，也没有跨江越河，为什么开工近四年了才完成总工程量的 42%，月平均进度仅为 1%，而项目亏损(1989 年 10 月~1993 年 8 月)已达到了 1 200 多万美元？凭他作为一个公路专业高级工程师的直觉，他认为这条路在技术上没有难度，工程也不艰巨，为什么我们中国援建孟加拉国横跨几公里长的布里刚戈河的达卡友谊大桥能如期建成，而如今承建的多库公路工程却处处受阻，栽了跟头，甚至有可能导致业主方终止合同，把多库公路转包给印度铁路公司承建的结局？亚行代表毫不客气地说："这是一个即将失败的工程，我们要把中成公司列入'黑名单'，以后它就再也不能在南亚国际工程市场参与招标了……这是多么可怕的结局。"

这种处境令他感到无比忧虑，他的肩上犹如担负了无形的责任。在考察调研中，他认真地观察，研究每一段路、每一个料场，不放过任何一个细节。期间，他和标段的负责人及工程技术人员认真探讨了工程进展缓慢的原因，了解大家对国际通用的菲迪克条款的认识。

保尔曾经说："作为一个工程总经理，不管你多么努力，多么辛苦，但是你却不知道怎么去完成你的工程任务，争取不到保证按质、按时、按量地完成工程任务的各种必要条件，你就不是一个合格的总经理。"虽说保尔的这段话难以入耳，但是还是说得很有道理的，对他深有启发。

多库公路工程事关重大，只能成功，不能失败。我们如何才能起死回生？如何才能转败为胜？这是他在考察期间反复思考的一个问题。他想起了北美农夫说过的一句有名的谚语："我要是知道我会死在哪里就好了，这样我就永远不去那个地方。"这个农夫说的话听起来荒唐，却蕴含着一个深刻的哲理——对于一个错综复杂的问题，如果你采用逆向思维的方法，问题往往会变得更加清晰，更加容易得到答案。多库公路工程也是如此，想要工程起死回生，就得反思工程施工以来的全过程，对具体的施工情况进行详细的调研，找出那些导致失败的因素，并采取相应的措施。

现在失败的原因已经清楚了，农夫的话是告诉他要避免重蹈覆辙，不要走前人失败的老路。过去 47 个月完成了 42% 的工程量，按此速度，余下的 58% 的工程量还需要 58 个月，而实际上只剩下 15 个月的工期(其中可施工的仅 7 个月)。奇迹是可以创造的，前提是必须有必胜的信念，并具备创造这一奇迹的实力。这个实力，具体来说是指要有一支优秀的、懂得国际承包工程规则的工程管理队伍，要有一整套能保质、保量完成工程项目的世界一流的工程装备，要有充足的流动资金，要有一套先进的项目管理制度。不管谁是下一任多库公路的总经理，以上条件缺一不可。

考察临近结束，谢汝煊和许季芳都或明或暗地提醒陈听正，希望他成为下一任总经理。许季芳说："这个工程必须你出马才有希望!"谢汝煊也说："你是专家，要有临危受命的思想准备。"听了他们的话，陈听正眼中含着热泪，热血直往头上涌，但他只是简单地回答了一句："我知道。"谢汝煊是性情中人，看着他深受感染，眼中也闪烁着热泪。陈听正知道，国家有难，匹夫有责！他接受了党和国家几十年的教育和培养，有二十多年的公路工程施工经验，是公路工程的高级工程师，如果国家需要，他必须义无反顾地担起这一艰巨的任务。使命感充满他的全身，忧患意识也在他的心中翻腾。他并不害怕这个工程，也不畏惧临危之时担当这份责任。他最担心两件事：一是担心政府领导不能给予他在延长期内完成多库公路工程所必需的条件；二是担心他在国外工作期间，不仅不能照顾七十多岁的老母亲，还要依靠她老人家照料一个马上就要考大学的女儿和一个即将要上高中的儿子。但是，他知道，自古忠孝不能两全，当国家的需要和家庭的需要相矛盾时，应该将国家的需要摆在首位。

在从孟加拉国回南宁的飞机上，陈听正望着机身下波诡云谲的云海，脑海中回放着考察期间所经历的场景，他在思考如何在工程延长期内全面完成多库公路工程建设，如何尽最大努力扭亏为盈。渐渐地，对策在他的头脑里清晰起来了。

# ◎ 广西壮族自治区领导慎选总经理

1993年5月13日，工作组从孟加拉国回到南宁后，马上向广西壮族自治区党委、政府和南宁市委、政府作了详细汇报。在汇报中，工作组一致认为，多库公路工程之所以濒临危局，原因是多方面的，最主要的原因是：

第一，这是南宁市工程队伍第一次走出国门承担国际工程项目，有关领导对在国外面临的政治环境、法律环境、国际工程的管理规则，以及施工当地的人文环境、自然环境和可能碰到的困难缺乏深入的了解和充分的认识，以致于在思想上准备不足，重视不够，行动上轻敌。

第二，出国工程队伍的组建不成建制，人员参差不齐，特别是工程管理层中缺乏管理过重大公路工程项目、懂得国际工程规则的管理骨干。

第三，为了节省外汇，选购的设备全部是国产的工程机械，有些甚至是二手货(20世纪90年代初，中国的工程机械制造水平与世界一流水平相差甚远)。用这些设备施工根本无法达到国际工程要求的质量和进度水平。

多库公路工程的成败，事关国家的声誉和中国国际劳务企业在南亚乃至国际市场的地位。外交部、外经贸部对这个问题十分重视，特地作出了“一定要以背水一战的决心，在延长期内完成多库公路工程”的指示。工作组成员一致认为，要完成外交部、外经贸部的这一指示必须做到以下四点：第一，通过选拔、调整、招聘等方式，组建一支适应国际工程要求的、高水平的工程管理队伍；第二，补充国际一流的工程机械装备；第三，保证工程转败为胜所必需的流动资金；第四，工程项目的主要领导者，必须是专业知识过硬、领导过大工程的专家，对国家的忠诚和必胜的信念是最重要的。

根据外交部和外经贸部的指示以及工作组的考察汇报，自治区党委和政府召开专题研究会议，决定采取一切可能的措施，背水一战，一定要在延长期内确保完成多库公路工程建设。为了加强对这项工作的领导，自治区党委赵富林书记点名雷宇副主席分管此项工作。

雷宇，性格耿直，敢想敢干。他的作风就像他的名字一样雷厉风行、器宇不凡，老百姓称他为“雷公”。他身材魁伟，额头宽阔，能文能武，言谈举止既显现出军人的气概，又有一种知识分子的文人气质，可谓文武兼修。他是广西横县人，曾在解放军某部队服役，参加过抗美援朝战争，后转业到黑龙江矿区。他曾作为调干生到中国人民大学工业经济系学习，学成后返回黑龙江工作。1992 年 4 月 25 日，邓小平南巡讲话后不久，58 岁的他从广州调任广西壮族自治区副主席，分管对外开放、内外贸易、工商管理等工作。他的一贯思路和行动，归纳起来就是：对外开放，搞活经济。他在广西期间，抓经济、管项目，加强了广西的对外联系。20 世纪 90 年代中国有句流传甚广的口号：“让中国走向世界，让世界了解中国。”这句话就是他首创的，这是他在 1993 年对外宣传的一次工作会议上说过的。此话一出，就被许多媒体传播，被许多人引用。雷宇在增强广西对外的辐射力，改善广西对外开放的软环境工作中功不可没。

雷宇是一个非常务实的人，1998 年，正值中国改革开放 20 周年，为了宣传改革开放成果，中央党史出版社策划了一个“改革风云人物传记”的选题，任仲夷、袁庚、梁湘、雷宇这四位人物榜上有名。当时出版社把作者都定好了，但联系采访他的时候，他一口就回绝了，问其何故，他说：“原因很简单，我看过很多名人的传记，无论是自己撰写的还是别人操刀的，到目前为止还没有看到一本能诚实地面对传主的过错，都是写传主怎么过五关斩六将，传主的所有行为决策都高明正确，但这可能吗?”

他批评起自己来，也是毫不客气的：“我这人就是过于外露，要含蓄一点才好，我这种性格并不适合做官。锋芒毕露，争强好胜，但我还没到妄自尊大的程度。”这就是雷宇，个性鲜明、实话实说的雷宇。

接到挽救多库公路工程的任务后，雷宇首先考虑的是挑选孟加拉国多库公路第四任总经理的人选。他认为，在一切事物中，人是最主要的因素，只要有了人，什么人间奇迹都可以创造出来。而在一个团队中，领头人又是最关键的因素。

现任总经理裴安道在多库公路工地上任劳任怨、尽职尽责，但是他管理大工程的经历毕竟有限，而且又身患多种疾病，很难在工地上继续坚持下去，他自己也已提出了回国的要求。所以，广西壮族自治区、南宁市党委和政府一致认定，要改变多库公路工程当前的施工状况，当务之急是重新选择工程的领军人物。

广西交通厅前副厅长陈听正，是他们早已属意的人选。

经过组织认真的考察和筛选，雷宇副主席和南宁市委书记彭贵康一致认定，时任南宁市副市长的陈听正是最佳人选。

陈听正，湖南省长沙市人，1967 年毕业于湖南大学土木工程系道路与桥梁专业。

有道是“千金难买少年贫”。彪悍的人生都是从风里雨里冲杀出来的，不是在温室中浇灌出来的。

陈听正少年丧父，担任中学教师的母亲以微薄的工资养儿育女，艰难地操持着一家九口的生活。他在家中排行老大，自然要为母亲分担一份生活负担。

穷人的孩子早当家。小小年纪的陈听正，每天放学回家，书包一放，就忙着帮妈妈干家务活。他知道妈妈很忙、很累、很苦，除了上班，还要操持家务。为了减轻妈妈的负担，做煤球、生炉子、洗碗，他样样抢着干。十岁那年的夏天，陈听正开始利用周末的课余时间卖冰棍，赚钱补贴家用。星期六放学后，他带着弟弟去冰室进一箱冰棍。冰箱是他用旧肥皂箱改造的，里面衬上旧棉絮用来隔热保温。进好货后，他们坐上火车到市区周边厂矿去出售。周末厂矿放露天电影，他抓住电影放映前和散场后路上行人最拥挤的黄金时刻高声叫卖。等冰棒卖完了，夜已深了，他们赶到沿线的小火车站，在候车室的凳子上睡上一觉，等到有回市区的火车，他们再乘车回家。在冰室买冰棍两分钱一支，到这里卖三分钱一支，卖一支赚到一分钱。天热口渴，兄弟俩多么想吃上一根凉凉的冰棍解渴，但是为了多赚几分钱，他们硬是忍住了。除去来回车费，这样辛辛苦苦跑一趟，兄弟俩大约可赚上几毛钱。回家后，他们把钱如数交到母亲手上。

家里生活困难，缺吃少穿，陈听正十几岁时，已经成了一个小小的男子汉。冬天，他只能穿妈妈穿过的花棉袄，虽然外面罩着一件破旧的学生装，但难免会露出一点花布角，很多人对他投去异样的目光。开始，同学们经常取笑他，但是，因为他泰然自若的态度和优异的学习成绩，以及在与同学相处中体现出来的一种天然的适度得体的气质，渐渐地，同学们不再取笑他，对他表示认可和友好。

艰苦的人生经历，使他从小就懂得了生活的艰难；体验谋生的不易，使他养成了吃苦耐劳、坚强不屈的良好品德。这种良好的品德，为他将来的人生之路奠定了坚实的基础。

1962年，国家刚刚渡过困难时期，政治空气稍稍松动了一些，那年的高考政策也稍稍松动了一些，使得一大批出身不好的学生有幸进入大学校门。出身旧知识分子家庭的陈听正真是交上了好运，以优异的成绩考入了湖南大学土木工程系道路与桥梁工程专业，而且当上了班里的学习委员。当时全国有三所大学的路桥专业最为有名，湖南大学位列其中，其余两所是清华大学和同济大学，这三所大学的土木工程系号称中国土木工程专业的三驾“马车”。

湖南大学坐落于风景秀美的岳麓山下，它的前身是千年学府岳麓书院，“惟楚有才，于斯为盛”，人杰地灵，这所高等学府为国家培养出了大量的优秀人才。在大学学习期间，陈听正认真刻苦，如饥似渴地汲取知识的养料，即使是“文化大革命”期间，学校停课，到处乱哄哄的，他也从来不放过任何一个可以获得知识的机会。他把中外文学名著的书名记在一个小本子上，从图书馆借来一本一本地读，《三国演义》《隋唐演义》《鲁迅文集》《母亲》《复活》《悲惨世界》《静静的顿河》《红与黑》《八十天环游地球》《唐吉诃德》《钢铁是怎样炼成的》等等都是他在大学期间读过的书。“知识就是力量”，大学五年的上下求索，他积累了丰富的知识。他在后来的工作中能够纵横捭阖，游刃有余，很大程度得益于此。

1967年，他从湖南大学毕业，走出校门，步入社会，被分配到广西柳州地区三江侗族自治县的一个小乡镇的桥梁工地参加劳动锻炼。

当时人们受极“左”思潮的影响，对知识分子存在偏见，称知识分子为“臭老九”，认为他们四体不勤、五谷不分，肩不能挑、手不能提，陈听正就是部分人们心目中的这样的“臭老九”。

他也逃不脱当时知识分子的命运。小镇上的人们以及同单位的工程队的师傅们，都对这个刚跨出大学校门的文弱书生，投去不信任的一瞥。

但是他有他的坚毅和自信，他要用自己的行动来树立自身的形象，为知识分子正名。

有一天，他和工程队的师傅一起去赶圩。工程队的师傅们想考验一下这位书生。他们买来一条活生生的、长约一米的眼镜蛇，把蛇头钉在树上，把蛇尾剪掉约一寸左右，对陈听正说："学生仔，敢不敢喝这条蛇的血？"

他望了望钉在树上的那条张着大嘴、舞动着像剪刀一样血红的舌头的眼镜蛇，它在树上拼命地挣扎，身子剧烈扭动，令人十分恐惧。他心里明白，这是师傅们对他的考验。他强行克制住内心的恐惧，接过师傅的酒瓶仰头喝了几大口，然后抓起还在拼命扭动的蛇尾放入口中，大口大口地吸起来……

在场的人们看到这一幕，顿时目瞪口呆，想让他服软的师傅们更是从内心发出感叹："学生仔，看不出来你还真有胆量啊。"

有一次，在桥梁工地劳动，有人让他挑水泥，想看看这个他们认为的肩不能挑、手不能提的知识分子的狼狈相。他们哪里知道，在苦水里泡大的陈听正怎么会怕这个。他二话不说，50 公斤一包的水泥，一边一包，一担就是 100 公斤，他挑起就走。从河岸到河中的桥墩基础要下 45 度的斜坡，还要过一段竹排搭成的浮桥，他稳步行走在上面，不摇不晃。

"怎么样？小看我啊！当我只会死读书？我从小没少干活，今天我就让你们见识见识。"他放下担子，脸不变色心不跳，微笑地望着大家，仿佛在说。

围观的人一个个对他竖起了大拇指。

还有一次，工地上的工程师想考考他的计算能力，要他计算一座跨度为 40 米的悬链线拱桥的拱轴线的长度。在 20 世纪 60 年代，40 米跨径的桥是一座很大的桥了，在没有任何参考书和计算器的情况下空手计算，是一件难度很大的事情。但对于大学时期高等数学总是考 100 分的他，这不是问题。他凭借着深深印在脑海里的微积分中梯形积分公式，把拱轴线的长度精确计算到了小数点后面的四位数。

暗中考核他的工程师拿着这份不通过查表，仅凭记忆中的微积分公式计算出来的准确数据，内心惊叹不已："这小子，看来是个人才啊！"

他迎接着一场又一场的考验，交出了一张又一张漂亮的答卷。他在以自己的能力消除当时人们对知识分子的误解，在单位树立了良好的形象。本来是遥遥无期的劳动锻炼，结果不到一个月就结束了，他被调到办公室参加桥梁设计工作。

很快，陈听正被调到了柳州公路总段当技术员。接着，他成为了 1978 年之后广西第一批被任命的工程师。

1983 年，他被提拔为柳州公路总段(现在是桂中公路局)副总段长，1984 年 1 月升为总段长。柳州地区的公路原来在广西全区是最糟糕的，在陈听正任职期间，该地区的公路一跃成为最好的。

1985 年年底，柳州汽车总站一辆班车在柳州至融安公路上的一个窄桥上栽到河里，死了 9 个人。时任交通厅副厅长的曹洪兴赶到事故现场，发现是因为路面宽而桥面窄引发了此次事故。这种因为路基宽于桥面致使桥头旁路面直接面临河道引发交通事故的情况时有发生。曹洪兴当即指示正在现场的陈听正："春运高峰期即将来临，为了消除隐患，避免类似的事故再次发生，你们必须在最短的时间内采取相应的措施，确保行车安全。"

陈听正接到指示后，首先在公路上设立醒目的警示牌，然后再从根本上解决路与桥的衔接问题。他亲临现场督战，硬是在春节前完成了树立警示桩，改善了从宽路到窄桥的过渡段，消除了交通隐患，保障了安全通车。

作为一个技术干部，他的主要精力都专注于工作和事业，对于官场、对于自己的仕途，他是一个十分迟钝的人。1986 年底，他被调到广西壮族自治区公路管理局任养路科长，对于这一次次眼花缭乱的提升，他虽然感到突然，但内心十分平静，他总是怀着感恩的心更加努力地工作，争取把工作做得更好。4 个月后，交通厅党组任命他为公路管理局副局长，11 个月后，又把他从排位第六的副局长提为局长。他感到紧张和突然，因为前五位副局长的资历更深(包括南下干部)、经验更丰富、年纪更大，都是他的老领导。他尊重每一位局领导，在分工时，把人、财、物、工程项目等这些重要而有实权的工作还是分配给原来分管的领导，他自己则专注于全区公路养护这块最繁重、最辛苦，也是最重要的工作，并把主要精力放在检查和指导基层的工作上。

在四年多的局长任期上，他所领导的班子团结协作，公路局的事业蒸蒸日上。1992 年 2 月，自治区党委任命他为交通厅副厅长，田经武厅长让他分管全区交通规划、公路养护，而且把交通厅的财务处也交给他分管，这说明田厅长对他确实非常器重。

1992 年 11 月的某一天，田经武厅长让陈听正到办公室，对他说，刚刚接到自治区党委组织部的通知，调他到南宁市任副市长，而且要尽快去报到。陈听正感到非常突然，他问田厅长，"为什么刚到厅里工作才 10 个月，又要调动工作?"田厅长非常惋惜地告诉他，"这是自治区党委的决定，我们也非常舍不得你走，但没有办法，服从组织的安排吧！”

陈听正到南宁市报到上班后，谢汝煊并没有安排他分管面上的工作，而是要他到正在开发的琅东新区负责民族大道延长线工程，并担任南湖大桥工程的指挥长和跨越邕江的白沙大桥的指挥长。一到南宁就负责南宁市两个最大的市政工程，他心中感到非常高兴。又干了没几个月，南宁市委就通知他和谢汝煊一起作为高级工作组成员赴孟加拉国考察南宁国际公司负责承建的多库公路改建工程。

# ◎　临危受命

1993 年 5 月的一天，雷宇将陈听正请到了自己的办公室，就自治区党委准备任命他为多库公路工程第四任工程总经理的事征求他的意见。对于组织的这一任命，早在赴孟加拉国考察期间，谢汝煊等人就有过这方面的预感并和他有所交流，因此，他思想上也有所准备，并没有感到意外，几乎没有任何纠结，他爽快地接受了组织的任命。这令雷宇又是意外，又是高兴，本以为要花费一番口舌，没想到问题就这样容易解决了。

于是，自治区党委正式任命南宁市副市长陈听正同志为孟加拉国多库公路工程总经理兼党委书记。

陈听正接受任命。

在多库公路工程最关键、最危急的时刻，他临危受命。这是一个赤子对祖国母亲的报效，这是一个勇士对艰难险阻的迎战。

1993 年 5 月 17 日，雷宇副主席主持自治区及南宁市有关部门领导的政府办公会议，议题是如何挽救多库公路工程这个项目。与会的人员有自治区政府刘咸岳副秘书长、南宁市市长谢汝煊、南宁市副市长陈听正、交通厅厅长曹洪兴、林业厅副厅长张锁、广西国际经济技术合作公司总经理许季芳、南宁国际公司总经理贝永辉等，这次会议的阵容超豪华，足以说明自治区政府多么重视这件事情。

会上，雷宇斩钉截铁地说："多库公路工程这个项目，虽然名义上是公司行为，实际上是政府在支持运作。这个项目的成败，不仅仅牵涉广西，而且事关国家声誉，涉及中孟友好关系，涉及孟加拉国这个发展中国家的经济发展和政局的稳定。如果我们不及时挽救工程，影响巨大，后果非常严重。我们要破釜沉舟、背水一战，自治区政府从各个方面给予工程大力支持、大力协助，工程一定要在合同延长期内完成，这是为国争光，为广西争光!”

接着，雷宇宣布，任命南宁市副市长陈听正同志担任第四任多库公路改建工程项目总经理兼党委书记。

雷宇讲话之后，陈听正既表示了临危受命、全力以赴的决心，同时，他也向组织提出了自己的请求：“尊敬的雷副主席和各位领导，请允许我把丑话讲在前面：第一，这个项目没有退路，必须破釜沉舟、背水一战。既然组织上将任务交付于我，我坚决服从，赴汤蹈火，在所不辞；第二，我简单汇报一下‘背水一战’的工作思路：第一，多库公路工程开工至今历时近4年，仅完成工程的42%，平均月进度约1%，要在工程延长期内全面完成项目，工程月平均进度必须达到5%，为前期平均进度的5倍。在旱季，月进度要达到10%左右，这相当于过去一年的工作量。前后对比，这是奇迹般的速度。奇迹或许是可以创造的，但要有条件、有实力，要有精神和物质做基础。因此，我们计划把施工工作面从现在的一个标段一个工作面变为一个标段两个工作面，即从4个工作面增加到8个工作面，等于增加一倍。第二，必须为这8个工作面配备世界一流的施工装备，这需要近700万美元，这样工程进度才可以再增加一倍，达到月进度4%。第三，通过宣传思想工作和激励机制，使全线中国员工发扬不怕困难，不怕牺牲，为国争光的大无畏精神，工程进度完全可以超过我们的预期。第四，为了购买必要的机械设备，为了确保在一个雨季备够全部路面工程所需的材料，因此，请政府为我们及时提供足够的流动资金。当然，这些资金我们只是借用，我们将用工程回收款归还。第五，我们必须组建一支具有国际一流水平的劳务工程团队，要有一批与亚行工作人员、亚行顾问处和业主方工程专家(他们中很多人是亚行聘请的资深专家，有的还曾留学英国牛津大学)不相上下的专业人才，才能确保工程质量，才可能从业主方身上赚回钱来，扭亏为盈。所以，请放权让我们招贤纳士。

只要领导答应我的以上要求，我可以立下军令状，如果我完不成任务，无脸见江东父老，甘愿受任何处罚，拿掉我的乌纱帽我也毫无怨言。如果上述条件得不到满足，我无法保证任务能顺利完成。因此，我们要求有关责任部门的领导也要签下军令状，如果因我提出的上述条件得不到满足而导致工程不能如期完工，有关人员也要承担相应的责任。”

这不是丑话，而是亮话。

他话音一落，会场悄无声息，出现了静场。

他讲话的语气很生猛，态度也很严肃，听起来不像是下级对上级说话，反倒像是上级对下级传达命令，但是却有理有据。与会者不由得暗暗吃惊，平时老陈不是这样的啊，他一向谦虚谨慎，做事稳扎稳打，说话留有余地，做人也很低调，怎么今天突然像是换了一个人似的。

许季芳打破了寂静，他说：“好啊，陈听正同志敢这样讲话，说明这个项目有希望了。”

雷宇拍板道：“行，就这么定了！人员由你选，班子由你组建，资金我们来想办法筹集，我亲自跑北京。这项工程只许成功，不许失败！”

这时是1993年5月，延长的合同期到1994年11月30日止，工程必须按期完成，时间十分紧迫。组织决定给陈听正同志配备交通厅的一位副厅长和林业厅的一位副厅长做副总经理，协助他的工作。他知道这两个人的情况，他们身体不太好，家里也存在实际困难。当雷宇副主席让政府秘书长就给他配备两位副手征求他的意见时，他毫不犹豫地说：“我一个人去，成也好，败也罢，就由我一人担当吧。”

还真有点“风萧萧兮易水寒，壮士一去兮不复还”的味道呢。

# ◎ 秣马厉兵

1993年7月20日，新任总经理必须赴孟加拉国接任。此时5月已过半，时间十分紧迫。

这两个月内，陈听正要为赴任做许多准备工作：组建有实力的、技术拔尖的施工管理团队，招聘翻译，对新上岗的员工进行出国前的培训及爱国主义思想教育，等等。

他进入了繁忙的备战状态，秣马厉兵迎鏖战。

首先，他乘飞机到北京。此番赴京，陈听正要做两件事：一是接受中成公司董事长孔繁琪的召见；二是到人才济济的交通部请求人力支援。

孔繁琪决定召见陈听正，是因为当初多库公路工程这个工程是由中成公司中标，交付于南宁国际公司施工的工程的成败与否，不仅关系到广西壮族自治区、南宁市，也关系到中成公司，所以，孔繁琪想要听听这第四任总经理的工作思路，同时也向他面授国际施工方面的有关机宜。

中成公司有工程专业承包一级资质。20世纪90年代中期以来，中成公司连年入选美国《工程新闻记录》的全球最大225家国际工程承包商行列，在国际工程承包市场中树立了良好的企业信誉，打造了著名的国际工程承包商品牌。

中成公司的第一任董事长兼总经理就是孔繁琪。

孔繁琪是个老革命，曾当过中共中央副主席陈云的秘书。孔董事长是副部级领导，他业务精通，处事果决，对部属相当严厉。他平时话语不多，却句句精当。

陈听正来到孔繁琪的办公室，只见眼前的这位孔董，清瘦的身材，像柳体的书法，端正地坐在办公桌前，不苟言笑，威仪甚重。

孔繁琪也打量着坐在对面、同样清瘦的陈听正，开口问了第一句话："除了当南宁市副市长，你还担任过什么职务？"

陈听正听懂了他的意思，他是担心自己仅仅是行政干部，缺乏实际施工管理经验，未经沙场的将军永远只会纸上谈兵。

他回答道："我 1967 年毕业于湖南大学土木系路桥专业，二十几年来一直在公路建设第一线工作。除了南宁市副市长一职，我还担任过柳州地区公路总段总段长、广西自治区公路局局长以及交通厅副厅长的职务。"

孔繁琪听了这一番话，脸上微微地露出了笑容，他点了一下头，说："这样就好。我告诉你，出国做工程、做劳务，要有换位意识，千万不要把自己的行政级别端到国外去。在国外劳务市场，你就是一个普普通通的施工方管理人员，一个打工仔，在面对业主方和顾问处的监理时，不管在国内你的职位有多高，你都只能以一个尽职尽责的施工管理人员的身份出现。

你们是工程承包方人员，你们与业主方、顾问处是下级和上级、被管理者和管理者的关系，这一点你们要牢记，但是，在人格、国格上不存在主次关系，大家是平等的。记住了，这是工程以外的事情。当然，要达到这个平等，关键是看你有没有本事，有没有水平，一切靠实力说话。所以，你们一定要苦干加实干，干出成绩来，把你们的腰挺起来。

另外，知己知彼，方可百战不殆，你还必须吃透国际施工条款。一方面自己不能违背条款，如果违背条款，最终吃亏的是自己；另一方面，你吃透条款了，在对方违背条款或者对方对事情处理不公的情况下，你才能与对方据理力争，确保自己的利益不受侵犯。这个时候，条款又成了保护自己的盾牌。记住了，海外施工市场，一切以条款为准则，一切凭实力说话，你们要吃透条款，扎扎实实地干啊。"

孔繁琪的这番纲领性的、高屋建瓴的谈话，给陈听正以极大的启示。

他至今还记得，这次召见中最关键的是临行前孔繁琪对他说的这句话，他说："你在国外做劳务工程，不同于援外工程，也不同于出口信贷工程。你们是为外国老板打工，从他们的口袋里掏钱。你必须牢记'夹起尾巴做人，甘当龟孙子’。”在回去的路上，他一直在思考孔董事长的话，这话看似粗俗，却深含哲理，这是孔繁琪对他的临行忠告。一直到了孟加拉国，当他身怀国家赋予的重任，而又处在平生所经历的最恶劣、最艰难、最屈辱的环境中奋斗、挣扎时，他才真正明白孔董事长的良苦用心，这是要他具备韩信忍受胯下之辱的广阔胸怀。韩信作为一个武艺超群的堂堂八尺男儿，愿从一个令人不齿的流氓恶棍的胯下钻过，为什么？因为，他有着封侯、拜相、治国平天下的伟大目标，“小不忍则乱大谋”，韩信愿意忍受暂时的奇耻大辱！所谓“大丈夫能屈能伸”，一个成就大事业的人，必须具备这种心理素质。

拜会完孔繁琪，陈听正像当年苏秦游说六国一样，多次去交通部招揽人才，请求支援。

他向交通部领导以及他在交通部情报所工作的湖南大学校友薛恢华求助，向他们介绍了多库公路工程的情况，请他们为工地输送专业技术方面的拔尖人才。

交通部领导知道事关国家声誉，当即满口答应。

交通部公路局杨盛福局长为此事专门召开动员大会，说明这个工程的重大意义，动员大家积极报名，到祖国最需要的地方去，为国争光，建功立业。

经过自愿报名，交通部最终选定六人参与多库公路工程，他们是交通部公路研究所的副总工程师曾沛霖，公路所的工程师胡佩佩、祝建生，公路规划设计院的博士刘伯莹，还有公路科技情报研究所工程师蒋瑞年、史扬。其中曾沛霖为领队。

当时，刘伯莹博士刚毕业分到部里的公路规划院不久，新婚燕尔。那天，大家到他的新房热闹了一番。曾沛霖向小两口表达了歉意，说刚结婚就要分别，这是棒打鸳鸯啊。刘博士的新娘却说，国家在这么重要的项目上召唤他，是他的荣幸，也证明他是个难得的人才。

蒋瑞年当时也才结婚两年，孩子还小，妻子钟福玲在北方工业大学教书，上班的地方离家很远。虽然家里事情多，但是他的妻子还是非常支持他，蒋瑞年对她十分感激，特意将岳父接到北京，帮妻子处理家务。

交通部推荐的这六个人，可以说是尖子中的尖子，专家中的专家，不仅专业技术一流，英语也是一流。

带队的曾沛霖工程师，1960 年毕业于南京工学院公路与城市道路专业，时任交通部公路所副总工程师、道路研究室主任、中国公路学会道路工程分会秘书长、《公路交通科技》杂志主编。他从事道路工程研究与管理技术研究工作30多年，开拓了计算机路面管理系统的新领域，曾获国家、省部级奖3项。当时年近花甲的曾沛霖眼看快要退休了，中国人常说“船到码头车到站”，他本来可以享清福了，但为了挽救多库公路这个项目，他不顾年事已高，奔赴工地。

陈听正在北京招揽了一批英才，满心欢喜。他马不停蹄地回到广西，准备在广西进一步招募人才，组建团队。

在广西本土招募人才，比在北京招贤纳士容易多了，一来因为他了解情况，平时就多留了一个心眼，特别关注身边及周围人员的业务水平和思想素质，加之他记忆力又强，与人一面之交，十几年后相逢还可以一眼认出对方并叫得出名字来，在他的胸中，早就有着一本广西公路界人才谱。

他首先想到的是他的大学同班同学张诗云。

张诗云，时任桂林公路总段副总段长。他敬业、实在，专业技术过硬，又善于行政管理，是集现场施工和行政管理于一身的双料人才。张诗云最大的优点是自信心强、有使命感，是一个不达目的誓不罢休的人。1989年，张诗云率桂林公路总段施工队伍参加广西南梧公路改建大会战，他的队伍一年就把工程干完了，而且质量上乘。工程完工一年多以后，张诗云等人驾车路经这条改建公路时，其他施工单位承包的路段仍在施工。而且，在他们完工后，钢材市场价格大涨。由于他们赶在钢材涨价前完成了工程，节约了大量的材料款。后面完工的就没有那么幸运了。

搞工程，速度是关键。工期越短，付出的施工管理费用越少，成本越低，盈利越高；工期越长，各种开支越多。如果碰上后期材料涨价，工程造价就会猛增，成本越高，盈利空间就越小。

如今去孟加拉国啃硬骨头，陈听正首先想到的就是这位筑路专家。俩人大学时期就是好同学、好朋友，参加工作后又经常来往，加之张诗云深明大义，对于老同学、老朋友的热情相邀，他认为，于公，关系到国家利益，于私，这是几十年的友情，他没有理由推辞。所以，没有费多少口舌，陈听正就将这一名战将收入囊中。

陈听正的第二个考虑是：多库公路工程要转败为胜，月进度必须是前期的4倍以上，这是一场闪电战，闪电战必须要有一支最精锐的机械化“工兵师”，指挥这支“工兵师”的参谋长，必须是最擅长机械化施工的专家。公路局机械施工处主任黄学强当然是不二人选。黄学强沉着冷静，勤于思考，话语不多，但干起工作来雷厉风行。1988 年，陈听正曾把黄学强从广西的山区——贺州公路段调到南宁。这次陈听正邀请他去孟加拉国搞工程，黄学强接受了陈听正的邀请。

接着被邀请的是多面手杨荣。

陈听正邀请杨荣的过程没那么顺利，费了一点周折，用陈听正的话来说，他像《三国演义》里的那个刘备请诸葛亮出山那样，也来了个“三顾”。

1984 年，杨荣从西安公路学院毕业，被分配到广西交通厅，交通厅首先让他去柳州公路总段锻炼一段时间。

杨荣是个多面手，不仅专业技术过硬，而且计算机、机械操作、机械修理，样样都能玩得转。

三年后，交通厅想把杨荣调回厅里，可是时任柳州公路总段的总段长陈听正因为爱才，起了私心，留着杨荣不肯放人。

杨荣虽然本事多，但是身上的臭毛病也不少。他恃才傲物，不知天高地厚。别的领导当他是只刺猬，是个刺头，但是在陈听正面前，他却“何意百炼钢，化为绕指柔”，变得服服帖帖的，因为他从内心敬重这位老领导。

后来陈听正调去了南宁，杨荣在此时也心生离意。1993 年，有家民营企业向他抛出橄榄枝，想请他做总经理，待遇优厚。他打算去任职。恰在此时，陈听正邀他去孟加拉国。

杨荣接到陈听正打来的电话：“杨荣啊，跟我到孟加拉国做工程吧。”

“我不去，我知道那里是怎么回事，去孟加拉国，跟犯了罪的人发配到西伯利亚一样，我们单位领导对那些看不顺眼的人，就让他去孟加拉国。”杨荣是个直性子人，说话没轻没重的。

“年轻人啊，不是那么回事，这是一个难得的机会，机不可失，时不再来，好好考虑考虑吧，我等你消息。”

此第一顾。

那位民营企业主听说陈听正副市长力邀杨荣去国外做工程，立即跟杨荣说：“出国做工程，要有国际施工的经验，你没有，去那里是死是活都不知道。陈听正这种大人物，手头那么多精兵强将，哪里还缺你一个？你到我们这里多爽啊，做总经理，我们给你配车、配电话。”

杨荣听了，觉得这话也有道理，于是向老领导明确表示不愿去了。

可是陈听正的电话又来了："杨荣啊，我们需要你，我想把用计算机进行工程管理的工作交给你，你精通计算机软件，干这件事最适合，我把希望放在你的身上了。"

"哦，原来是这样啊，我想清楚了再答复你。"

这是第二顾。

不久，陈听正又打来了电话，说："杨荣啊，考虑好了没有？"

那个年代计算机专业人才奇缺。杨荣想到：自己去哪里都会有用武之地的。"良禽择木而栖，贤臣择主而事"，自己敬重的老领导如此信任我、需要我，一再邀请我，我若再推辞，对不住老领导，去！

此乃三顾。

搞定了杨荣，陈听正又想到了刘月莲。

那是1989年的初夏，陈听正去梧州检查工作。他的车经过岑溪县时，远远看见一位女同志蹲在路上和几个工人一起修补路面坑槽。他走近一看，原来是该公路段段长刘月莲。修补沥青路面的坑槽，必须先把坑内的水和淤泥清理干净，但是他们一时找不到清理工具，刘月莲果断地从自己的挎包里拿出毛巾，把坑槽里的积水吸出来。陈听正看到这一幕，深为刘月莲这种忘我、泼辣的工作作风所感动。从那以后，刘月莲在他的心目中留下了深刻的印象，他常在会议上讲述这个故事，他说，从这样一件小小的事情上，就可以看到一个人的品质和责任心。

后来，他又不断听到刘月莲在工作中连连获捷的消息，同事们亲切地称她为"拼命扈三娘"。

此次雪耻之战，少不得这员战将，少不得这位"扈三娘"啊！

1993年6月，刘月莲去南宁参加全区的三八红旗手表彰大会。开完会，她顺便去南宁市政府看望老领导。她还未走进陈听正的办公室，就在门口喊："老领导，好久不见啊。"

"哎呀，刘月莲啊，我有事正想找你！"陈听正一见到她，特别高兴，给她倒水让座，问："近来还好吗？"

"还好还好！我已经调到梧州公路总段任副总段长。"

"好啊，你的业务能力强，工作态度也是一般人不具备的，进步是顺理成章的事情。到新的岗位，工作顺利吧？"

"还不错！"刘月莲说。

陈听正正准备和她谈邀请她参与多库公路工程的事，但考虑到她最近被提拔，工作顺风顺水，就欲言又止了。刘月莲见老领导说话吞吞吐吐的，就说：“老领导，你一向快言快语，今天怎么啦？有话就直说嘛。”

“那好，我接手了孟加拉国多库公路工程，急需工程施工管理人员，你这个全区三八红旗手、公路系统的标兵，去那里做标段经理怎么样？”

这个问题提得太突然，刘月莲完全没有思想准备。但是她是个敢想敢干、勇挑重担的人，面对着老领导真诚的目光，她无法回避。稍加思索之后，她回答说：“行啊，既然老领导发话，还有什么不行的？你让我去，我就去。”

又一员战将到手。

陈听正接着将目光投向了文邦建。

文邦建，人称“来宾死仔”，还有人干脆称他为“土匪”。因为他强悍、蛮横，有时还真的不讲道理，所以，他在单位里是一个颇有争议的人物。因为个性问题，他与单位领导发生冲突，从柳州被贬至来宾县任公路段段长。

可是，陈听正却独具慧眼，对他青睐有加。

那是多年以前，陈听正在柳州公路总段的时候，有次到工地检查施工。正值7月酷暑，太阳最猛最毒的中午，公地上热气蒸腾，几乎看不到人。只有他打着赤膊，在烈日炙烤之下，弯着身子在清理沥青，汗流浃背，他也顾不上擦，汗水像油一样在太阳下发亮。

陈听正近前一看，是文邦建。陈听正问他为什么不休息还要在高温下作业？文邦建说，沥青路面上的脏污凝固后是清洗不掉的，必须趁着高温才易清理。

这就是文邦建。这样玩命工作的同志，凤毛麟角啊，不要他要谁？

当别人知道陈听正要启用文邦建去孟加拉国时，眼睛顿时睁得宛如牛眼那么大，奇怪地问：“咦，陈市长，没有搞错吧，你要……文邦建？”

“没错，就要文邦建！”陈听正加重语气肯定地说。他暗暗纳闷，如此敬业的一个工作人员，在这些人的眼中怎么这么不堪。

“这样的人你也敢要？”他们大惑不解。

“为什么不敢？我看好他。”陈听正说。

“你看他那个样子，哪里像个知识分子，简直是个土匪。他还犯了错误，有经济问题。”这些人连连摇头。

“人无完人，谁没有毛病呢？年轻人犯了错误，改了就好了嘛。老话说得好，浪子回头金不换呀。”

“谁知道他改了没有？江山易改，本性难移。他牛蠢马犟的，你叫他往东，他偏要往西，他犟脾气发作起来，牛角都扳得直，单位的人他谁都不放在的眼里。在国内我们都管不住他，到了国外，你怎么管？他能听你的吗？陈市长，到时候别让他捅了你的篓子啊。”

陈听正说：“这个你们不用担心，我自有办法。这个人，你们不用，我来用啊！”

陈听正自有他的考虑：11.5 标段是全线治安环境最恶劣的一段，但孟加拉国人有特别尊重女性的习俗，他想到以柔克刚，让刘月莲担任 11.5 标段的经理。刘月莲是个女同志，要防止当地恶势力伤害到她，于是他选定“来宾死仔”文邦建做她的副手，这样，如果刘月莲人身安全受到威胁时，有文邦建为她拔刀相助。

俗话说，一物降一物。文邦建这个“来宾死仔”在多库公路工地，面对当地的恶势力，更是匪气十足，一脸的“我是土匪我怕谁”的架势。你还别说，真的是“痞仔怕恶仔，恶仔怕烂仔，烂仔怕死仔”，文邦建这个“来宾死仔”，在孟加拉国恶劣的社会环境中，起到了别人所起不到的作用。

陈听正之所以要选用杨荣、文邦建等特殊人才，是因为他在选人用人的问题上，正在下一盘大棋。孟加拉国多库公路工程有它的特殊性：第一，这是一项国际工程，他需要工程技术、管理水平、组织领导能力等方面都非常优秀的人才；第二，当时的多库公路沿线，无政府主义严重，黑恶势力猖狂，社会环境十分复杂。这需要一批既懂专业，又有勇有谋、敢打敢拼的英雄才俊。他牢记用人如用器，用其所长，避其所短。所以，他不拘一格，广纳才俊。在选人用人上，他具有极强的针对性，根据不同的岗位选用对应的人才。再加上他爱才、惜才、知人善任，很快，第二批赴孟加拉国的队伍人才济济。多库公路工程人才于斯为盛。

在选择总机械师时，陈听正想到了广西公路施工界小有名气的机械师吴敏琪。

面对他的邀请，吴敏琪犹豫不决：“我只是一个小小的科级干部，去多库公路工地担任总机械师，行吗？”

“我不看你是什么级别的干部，我只看你的专业水平、工作能力、敬业精神，这叫‘不拘一格降人才’。”

吴敏琪被感动了，答应下来。

工地总会计师也是非常重要的人选。有人向陈听正推荐了胡安明。胡安明是中南财经大学的高材生，时任南宁市财政局副局长，年轻有为，堪当大任。

陈听正找到胡安明，表达了想请他到孟加拉国多库公路做总会计师的意愿。

胡安明副局长当时正好管着孟加拉国多库公路工程的财务，所以他熟悉了解这个工程，知道这个工程面临巨额亏损，是个烂摊子。更何况，他家里还有个残疾的小孩需要照顾。

面对陈听正的邀请，胡安明表示很无奈。

“不光是我，大家都认为，你是不二人选，重整山河待后生，靠的就是你们这些人啊。”陈听正见胡安明不吭声，连忙恳切地补充道。

胡安明出身干部家庭，受党的培养多年，明晓国家大义，懂得“天下兴亡，匹夫有责”的道理，他对陈听正说：“陈市长，既然你的话说到了这个份上，我还有什么好说的。”

在赴孟加拉国人员中，还需特别提到一个人，他就是国内最早从事公路路面层状体系研究的著名路面专家——吴经纬。

吴经纬后来在孟加拉国多库公路工地负责与业主方及顾问处交流路面施工设计，确定路面施工结构和施工方案。他以深厚的专业功底，多次在现场和顾问处的监理沟通交换意见，提出我方对沥青路面的施工设计方案，并获得对方认可，显示了我方强大的技术实力。本来他可以大显身手，为这个工程发挥更大的作用，可惜他在工地工作仅三个月就被查出患有肺癌，需回国医治，因癌症已是晚期，医师回天无力，吴经纬终告不治。

吴经纬还曾邀请他的同事，同时也是陈听正的同学，时任长沙理工大学教授级高级工程师的刘开生到孟加拉国多库公路工作。

总经理部的领导班子考虑好后，陈听正又对冲锋陷阵的主力军——四个标段的领导和员工进行了充实和调整。

9标段由南宁市市政工程公司的员工组成，基本上是原班人马。标段经理苏志雄，是在孟加拉国苦战了三年的元老，副经理增加了一名市政公司的虎将杨荣才。为什么不换9标段人马？因为陈听正深信，每个人都有巨大的潜能。但是，没有特别的机会和巨大的压力，没有经历过失败，没有挑战过自己的极限，这些潜能是发挥不出来的。后来的事实证明，这支看似平庸的9标段队伍，在决战阶段“破釜沉舟，决一死战”的命令下，通过科学的管理，他们发愤图强，将潜能发挥至极致，率先喊出了“回家过六一”的口号，成为全线最早竣工的标段。

10 标段在此之前一直没有开工，这次是从湖南岳阳路桥公司招聘的一支成建制的湘军。

11 标段和 11.5 标段主要是林业厅原来支援的人员，这个标段是施工环境最恶劣的标段，这次补充了从自治区公路局等部门借调的优秀的技术骨干。标段经理分别是刘军、刘月莲，副经理是李颖、文邦建。

12 标段是交通厅公路局机械施工处优中选优组建的一支铁军，由时任公路局党委书记黄华宽亲自护送到多库公路工地，标段经理饶东平、副经理韦勇球都是久经沙场、屡战屡胜的优秀工程指挥官。就是他们创造了多库公路工程月进度 12% 的奇迹。

# ◎ 儿聆母训

陈听正最终敢于接受这项艰巨的任务，除了他有一颗报效祖国之心，有一种对自己专业知识和组织领导能力的自信之外，还有第三个因素，就是在他的生命进程中，始终有一根定海神针在雾海迷茫中为他校准前进的方向，在风高浪急中使他不为浪潮所席卷，这根定海神针，就是陈听正的母亲——张皓芬女士。

1993 年 5 月，就在他准备出征前的一个深夜，忙碌了一整天的他坐车赶回家中。

汽车在街道上疾驶。一排排路灯懒洋洋地散发出昏黄的光亮，像瞌睡人的眼。劳累了一天的人们已经睡去，白天喧闹的街道变得清静起来，车轮在柏油路面滚过时发出的“呲呲”声音清晰可闻。

汽车驶入了位于新民路的他的原工作单位——自治区公路局机关宿舍。

他从车上下来，习惯性地往自家窗口望去。只见客厅的窗口还亮着橘黄色的灯光。他知道那是母亲在等待自己归来。那片橘黄色的灯光，犹如寒冷冬季里的一盆熊熊的炭火，顿时，他感觉到无比的温暖。

他轻轻地走上楼去，用钥匙打开了房门。他的母亲听到了开锁声，知道儿子回来了，急忙走过去给儿子开门，与刚好进了门的儿子撞了个满怀。

陈母年逾古稀，头发已经灰白，但并不稀疏，她腰背笔挺，身材也没有如许多同龄人的那般肥胖臃肿，她的目光慈祥睿智，让人一看就知道是一位和蔼可亲的知识女性。

他刚在沙发上坐定，母亲就将一杯温开水递到了他的手上。母亲知道他回到家有喝一杯温开水的习惯，所以为他准备着。这水的温度，不高也不低，正好。知儿莫若母，母亲就是贴心。

接着，母亲又拧了一把热毛巾给儿子擦去脸上的灰尘和汗渍，南国的5月，已开始进入炎炎盛夏。

然后，母亲坐在儿子的身边。

“妈，去孟加拉国的事情我考虑很久了，很有可能我会接受组织的安排。”陈听正柔声地对母亲说，向母亲投去探询的目光。

平时经常有人在下班后来陈家找陈听正谈公事，加之家中谈公事的电话不断，对有关孟加拉国的事情，陈母已经知道了大致情况。

“应该去，应该去的，好钢用在刀刃上，此时你不为国出力，更待何时?”陈母读了许多古书，说起话来很有修养。

“我挂念老母亲您啊，您本该到了安享清福的时候，却还要让您为我操劳。”

万重荒原远，千里恒河长。异国他乡此一去，世事难料，前途凶险，不知能否按期而归。面对高龄的老母亲，一个即将考大学的女儿以及一个即将上高中的儿子，陈听正有着深深的牵挂。孩子们的母亲因为工作性质的关系，经常出差，而且社会活动也很多，经常不在家，因此，家庭的重担就压在他年迈的母亲一个人身上。此时陈母已经75岁高龄，本应该接受儿孙的照顾，安享晚年。但是，儿子此时要远赴异国他乡，不仅不能在母亲身边尽孝，还要让她照顾自己的儿女。为了工作，一直以来，陈听正没有很好的尽到一个儿子的孝心和一个父亲的责任。此次又要远离，想到这里，陈听正不免感到伤心和不忍，他握着母亲的手，两行热泪滚落下来。

在外面，他是一位铁血男儿，是一个典型的爷们形象，可是，回到家里，在母亲面前，他也有软弱柔情的一面。

母亲见状，忙说：“正儿，你不必牵挂，我的身体棒着呢，我一定会把家里的事情打理好，把孙女孙儿照顾好，你就安心去吧。”

“这个我知道。只是，您老人家这么大年纪了，还让您这样操劳，我于心不安啊!”

“自家人，怎么说起这样的话来了呢?”母亲微笑着说。

母亲用慈祥深邃的目光望着儿子，说：“去吧，正儿，自古忠孝难以两全，国家有事需要你，这是你的幸运，报效祖国的机会到了，妈全力支持你。”

儿子知道母亲的心。八百多年前，岳飞的母亲在儿子背上刻了“精忠报国”四个大字，成了千古美谈。今天，他的母亲虽然没有像当年岳母那样在他背上刺字，但是希望他能像岳飞那样精忠报国的心情却是一样的。

“妈妈，太辛苦您老人家了。”

“妈妈不辛苦，妈妈乐意。正儿，你去了之后，无论遇到什么事情，都不要动气，不要发火，不要愤怒，不要失态，记住要保持冷静，冷静，再冷静。苏轼《留侯论》有一段话，你也学过，妈也曾经让你背过，现在再跟你温习一下——古之所谓豪杰之士者，必有过人之节。人情有所不能忍者，匹夫见辱，拔剑而起，挺身而斗，此不足为勇也。天下有大勇者，卒然临之而不惊，无故加之而不怒。此其所挟持者甚大，而其志甚远也。”

像儿子小时候那样，母亲又搬出了圣贤之道给儿子上起课来了，儿子也像小时候那样认真地听着。

“妈再送给你四个字——‘宁静致远’！你这个工程的总指挥是首脑，要敢于担当，要有抗争，要元气淋漓地带着员工艰苦奋斗，一直到工程完工取得最后的胜利。正儿，你记住，只有时刻让自己的心保持宁静，才能让自己达到更加高远的境界！”

“儿记住了。”

带着母亲的一声声嘱托，他告别母亲，毅然走向了孟加拉国，走向了多库公路工程。

儿子走得再远，也走不出母亲慈爱和牵挂的目光。

他的母亲——张皓芬女士，可真的是不同寻常。她出身知识分子家庭——她的父亲毕业于燕京大学，而后与人合作创办了长沙兑泽中学，就是现在的长沙市六中。她毕业于有名的长沙周南女校，后来成为了一名中学教师，是一位典型的知识女性。

每当提起他的母亲，陈听正总是无限深情地说：“我能有今天，特别感谢我妈妈，她老人家在我心中，有山一样高的地位，也有水一样的柔情。她做事如山、做人如水。老话说，一个好媳妇可以旺三代。我妈妈就是这样的好媳妇。她很有气质，慈眉善目的，很自信的样子，再难的事情似乎也难不倒她，妈妈在我心目中的分量无以比拟。”

母亲的品德深深地影响了儿子。在陈听正童年时期，陈母就注重培养他自强不息的精神。因为有轻微的兔唇，陈听正从小学开始就被年幼无知的同学取笑，不论在什么场合，顽皮的同学都叫他“三瓣嘴”，他幼小的心灵感到无比的痛苦和自卑。为了保护自己，他只好尽量避开他们。有一天，课间休息的时候，一位比他大的同学追着他叫喊：“三瓣嘴！三瓣嘴！”他实在无法控制心中的愤怒，在路边捡起一块大石头，朝着那位同学的头狠狠地扔了过去。第一次没有打中，当他第二次捡起石头要扔时，老师赶过来制止了他。母亲知道这件事后，当天晚上把他叫到自己的身边。母亲并没有责怪他，而是温和地对他说：“正儿，同学们还小，不懂事，不管他们怎么叫你、骂你，都不要和他们计较，不要回嘴，更不能打他们。关键是你自己要看得起自己，不要把这些事放在心上。相反，你要把你的心思、你的力量、你的时间都用在学习上，用在善待别人、帮助别人上，努力做一个品学兼优的好学生，让每一个人都不敢小看你。”母亲一席语重心长的话，刻在了陈听正幼小的心中，伴随他度过小学、中学、大学生涯，直至走向社会。母亲的教诲也渐渐地在他的心中形成了一种永不消逝的自强精神和自律精神。就是靠着这种精神力量，他面对歧视和诱惑，总能做到心静如水、发愤图强、持之以恒。在他少年时期，母亲在湖南农学院工作，他家就住在大操场的旁边。当他看到大学的哥哥姐姐们每天天不亮就在操场跑步，他也好奇地跟在他们后面跑。那是一个足球场，跑一圈约 400 米，虽然他不能跟那些哥哥姐姐们跑得一样快，但他依然一圈一圈地坚持，从 5 圈，到 10 圈，到 20 圈……他的耐力和意志力，就是这样从小“跑”出来的。

上述经历，是在他心灵最深处已经封存了六十多年的最珍贵的一段往事。自从大学毕业后走向社会，他能够吃苦耐劳、自强不息，能够懂得待人接物，能宽恕人、体谅人，都得感谢他最敬爱的母亲。

陈母对儿女的教育，不仅深怀仁爱与善良之心，而且富有哲理。她根据“塞翁失马，焉知非福”的道理，引导儿子从不利的处境中寻找好的一面，而不是直接抗拒这种不利的处境。陈听正在工作中能一次次战胜困难取得胜利，母亲的这番教导起到了重要的作用。

人们说，好母亲是一所优质的学校，陈听正的母亲正是这样一所优质的学校，培养了陈听正这个优质的学生。陈母虽说没有能够给儿子留下什么物质财富，但是她教给儿子为人处世的道理，给儿子留下了永远取之不尽、用之不竭的精神食粮。

陈母辛辛苦苦地把七个儿女养大。在陈听正参加工作、生儿育女后，陈母又不辞辛劳地照顾孙儿孙女。那时陈母已经年过六旬，但是为了儿子能够安心工作，她几乎承担了全部的家务，她用一根背带，将孙儿背在背上，买菜、洗衣、做饭、搞卫生，任劳任怨。陈听正在工作中能取得那么多的成绩，与母亲的全力支持是分不开的。

陈听正出国后，陈母不食所言，将家里的事情照顾得妥妥帖帖，没让在国外工作的儿子操半点心，彻底解除了儿子的后顾之忧。

20 世纪 90 年代的中国，电话尚未普及，手机就更不用说了。为了联系方便，多库公路工程工作人员把陈家当成了中转站，他们常常将要传递的信息以及物件交到陈母手中，她总能及时地转达、传送；工地人员出国回国，也总要到陈家打一个转。因此，工地人员亲切地称陈母为“编外联络员”，陈家也成了 24 小时上班的多库公路工程的“中转站”。

陈听正接任多库公路工程之初，工程进展并不顺利，陈母得知后，立即去信建议儿子将岳飞的《满江红》作为工地的战歌以鼓舞、凝聚士气，并及时寄去了歌词和录音带。《满江红》对振奋工地的士气的确起了很大作用。

# ◎ 挥师出征

人员征集完毕之后，赴孟加拉国人员聚集南宁，接受出国前的培训，培训内容有出国注意事项、常用英语口语、思想动员等。培训的目的是为了提高赴孟拉加国人员业务技能，了解国际承包工程的规则以及树立团队的核心目标。

在培训期间，陈听正做了一个精彩的总动员发言。他说："这次你们赴孟加拉国工作，也许各有想法和目标。比如，有的人想挣些美元改善自己的生活；有的人想走出国门看看外面的世界，增长见识，提高自己的业务水平；有的人想改换一种生活方式；还有人想探索人生的道路。这些都没有错，但是，你们必须记住一个首要的目标，那就是此行是为国家去挽救一个濒临失败的国际公路工程，是去为祖国争光、为中国人争气。你们要树立的，应该是这个最重要、最光荣的核心目标。这个目标实现了，其他的目标才有可能实现，这是我要向你们强调的第一点。

第二点，还必须记住，这次你们出国，要准备去吃苦，要准备去奋斗。要奋斗就会有牺牲。古人云：'艰难困苦，玉汝于成。'讲的是一个人要想成大器，必须经过艰难困苦的磨炼。吃苦是成功的先导。

第三点，这次出国做的工程，是一项国际劳务工程，是按世界银行(国际通用)的菲迪克条款管理的项目，孟加拉国多库公路工程是目前世界上管理最严格的工程项目之一，工程质量要求很高。你们将在异国他乡工作，面临着一个个全新的课题。所以，你们必须认真参加培训班的学习，同时还要自学。只有做好了充分的准备，你们在国外才能少走弯路、少犯错误。

同志们，最后，请大家记住伟大的革命导师马克思说过的一句名言：‘在科学上没有平坦的道路可走，只有勇于在崎岖的山道上不畏艰辛、努力攀登的人，才能达到光辉的顶点。’”

陈听正的这番话道出了一个真理：人们只有树立起高尚的人生价值观，才能实现远大的人生目标。用今天的话总结为：弘扬主旋律，传递正能量。这番激励斗志、凝聚人心、建立信心的动员令，至今令人难以忘怀，依然萦绕在很多人的耳际。

当年担任 12 标段副经理，现任广西北部湾投资集团董事长的韦勇球，后来跟陈听正谈起这段往事时说：“事情已经过去很多年了，我还记得你在培训时讲的那番话，正是那番话鼓舞了我，激发了我的爱国情怀，使我感到了自身肩负的光荣使命，我才能在多库公路工地克服了种种意想不到的困难和挫折，也正是亲身经历过千难万险，才磨炼了我的意志，坚定了我的信念。在之后的工作中，我碰到任何困难都不会害怕和退缩。”

# 第三章

## 安营扎寨

## ◎　冲向暴风雨

全体施工人员结集完毕，分批开赴孟加拉国多库公路工地。

这是一场满怀豪情，却又带有几分悲壮情怀的出征。

飞机冲出跑道，徐徐升空，他们知道，此刻，他们就要离开祖国的土地，顿时，几分不舍、几分留恋依依萦怀，真的是别有一番滋味在心头。

他们有的是第一次跨出国门，第一次坐飞机。其中有一个名叫刘道宣的小伙子就因为是第一次坐飞机闹了个大笑话：他将飞机起飞前穿救生衣的训练理解为立即穿救生衣，飞机起飞后，他真的将救生衣穿在身上，引起乘机人员的一番惊诧。刚刚迈出国门第一步，就这么生疏，不知道以后还有多少场合需要去慢慢适应呢。

出征的人们充满着对亲人的思念和担心。

刘月莲出国前夕刚刚做了摘除喉头息肉的手术，丈夫又因膀胱结石住进了医院，一个鸡蛋大的石头被取了出来，现在他还在医院的病床上躺着。出发的那天早晨，她含泪吻别了尚在睡梦中的儿女，告别了病床上的丈夫，真的是千般思念、万般不舍。当飞机腾空而起的刹那，手中握着的和亲人之间无形的牵绊顿时似乎被扯断了，她将自己的脸紧紧地贴在飞机的眩窗上，向家乡的方向回望，然而，除了机窗下苍茫的远山和片片飘飞的白云，看不见了，什么也看不见了……

还有翻译小刘，心中更是牵肠挂肚，心思百转千回。临行前 6 岁的儿子抱着她不肯放手，哭得撕心裂肺的情景一直在她的脑海中挥之不去，她一步一回头地离开了家，儿子娇憨调皮可爱的样子像电影镜头般在她的眼前一一浮现。飞机起飞了，远了，远了，和儿子相隔越来越远了。儿子啊，什么时候，妈妈才能再拥你入怀？此刻的小刘，泪湿沾襟……

别看胡安明是个大老爷们，“无情未必真豪杰，怜子如何不丈夫？知否兴风狂啸者，回眸时看小於菟。”他的内心，也充满着对亲人的万般柔情，他特别记挂的是他那患脑瘫的儿子，平时儿子的康复训练，都是自己配合医师参与治疗，如今自己身赴异国他乡，儿子啊，康复训练时，爸爸不能陪伴在侧了啊。想到这里，这位七尺男儿的眼眶也有点湿润了……

柔情万种、牵肠挂肚的又何止是他们几个，出征者都正值身强力壮的黄金年华，都是上有老下有小的家中顶梁柱，如今为了完成国家赋予的使命，他们虽然心有牵挂，但是在踏上征程的那一刻，却都是毅然决然的。

当祖国需要我们时，我们应该舍小家为大家。这是他们心中共同的信念。

飞机在南亚次大陆的上空飞行。正值雨季，印度洋上的飓风席卷着、呼啸着，他们透过飞机的眩窗向外望去，云海翻腾，波诡云谲，一片迷茫。

孟加拉国是什么模样？工程到底是什么情况？此一去，他们将在与国内完全不同的环境中施工，去完成一项烂尾工程；他们要和外国业主打交道，和外国监理打交道，和外国民工打交道，语言不通，生活观念不同，这是人生的第一次啊。一切是那么生疏，前途未卜。胜算几何？是载誉而归还是折戟而返？一切皆是未知数。他们的心情，就像是眩窗外的天空，云涛翻滚。

但是，既来之，则安之。不管前路如何，为了工程能够取胜，为了挽回国家的荣誉，背水一战，已无退路。精忠报国，早已成为他们的共识。

飞机载着一群群满怀豪情的筑路健儿，像展翅翱翔的雄鹰，冲向暴风雨。

1993 年 7 月 20 日，陈听正等第一批人员抵达孟加拉国。

7 月 22 日，以黄学强为首的交通厅公路局机械施工处一行 18 人抵达。

7 月 26 日，岳阳路桥队伍抵达。

7 月 28 日，广西壮族自治区林业厅张锁副厅长护送 11 标段部分工作人员抵达。

8 月 17 日，由曾沛霖总工程师带领交通部 5 名工程师抵达。

9 月 26 日，翻译欧光莲带领一批在南宁经过强化培训的司机和机手抵达。

10 月 13 日，张诗云副总经理带领两名工程师最后抵达孟加拉国。

当筑路健儿们的双足踏上孟加拉国的这片土地时，他们深情地呼喊着：“多库公路，我们来了！”

12标段经理饶东平第一次与业主方和监理处接触，就经历了令他刻骨铭心的一幕。

12标段的任务最为艰巨，全长44公里。12标段的人马也最整齐，几乎清一色的年轻人，都是正规军——交通厅公路局的机械施工队伍。

经理饶东平一到工地，就发现原12标段经理部在吉内达镇租房住，住地离工地太远，一个来回要耗掉一两个小时，这样不行，工作效率太低了。他与副经理韦勇球、总工徐德商量之后，当天就在泰戈尔的故乡库什蒂亚搭起了简易的工棚，住在工地就近指挥。

业主方和顾问处在吉内达有一个办公点。第二天，刚到任的饶东平去吉内达拜访了业主方和顾问处的有关人员。礼节性的拜访之后，他就匆匆赶去料场查看备料情况。

饶东平离开后，业主方和顾问处的人继续在交谈，就像讲相声一样，一个逗

总经理部部分工作人员与孟加拉国员工合影

哏，一个捧哏，拿饶东平开涮，极尽挖苦讽刺和奚落之能事。

“哈哈，中国又来了一批旅游人员，打算旅游多久呢？”

“谁知道啊？只知道这是他们第四批旅游团了。”

“那个刚来的矮个子经理（指饶东平）是个什么级别？什么职务啊？”

“说不准，看那样子像拿破仑，个子虽然不高，级别一定很高吧？”

这些人太无聊，竟然拿人家的身高来说事。

“他在中国，究竟是多大的官，享多大的福呢？”

“中国人不叫官，叫公仆，叫领导。现在公仆又出国旅游观光来了。”

“还是社会主义好。”

“还是他的命好。”

这一番对话让在旁边的中国翻译全听去了。

第二天，翻译把业主方和顾问处人员的这段“相声”转告给了饶东平，饶东平气得头发都要竖起来了。

翻译说：“当时我都听不下去了，鼻子都快冒烟了！这不是糟蹋咱们中国人么？我真想臭骂他们一顿，恨不得扇他们大耳光。但是这些人怎么得罪得起，只好打落牙齿往肚里吞啊。”

饶东平拳头攥得紧紧的。他是抱着必胜的信念来孟加拉国的，打算在工程中大干一场。他周到的礼仪和满腔的热情，竟然遭到如此嘲讽。他的牙齿咬得咔嚓响：“如果我在场，定会当面教训他们一番。”

这件事对饶东平刺激很大。

这一切，不都是因为工程没做好吗？他们在嘲讽我，实际上是让我们的国家受辱啊。

“不完成项目，誓不活着回国！”饶东平发了毒誓。

与业主方和顾问处的第一次照面，对饶东平而言，实际上是一场生命的淬火，高温的铁器淬入冰冷的水中后，只会使铁器变得更加坚硬。

各路人马陆续抵达孟加拉国，他们的经历大同小异，异国他乡的风俗习惯、生活条件、地理环境等与国内迥然不同，他们将要在这种陌生的环境中完成施工任务，他们面临的是一场艰难的、全新的挑战！

## ◎　“老九”不能走

由陈听正率领的新班子进场后，原来许多在孟加拉国工作的老员工，合同期已满，该回国了，那些不堪忍受如此环境和屈辱的员工，虽然合同期未到，也想趁早回国了。

从 1989 年 10 月到 1993 年 8 月，他们经历了 47 个月合计 1 400 多个难熬的白天和黑夜。他们在雨季冒雨养路，一身泥水；他们在旱季在烈日下抢修损坏了的机械设备，一身汗水；他们还经常要承受因施工设备落后难以施工、工程质量不合格得不到认可等种种压力。施工中千难万险，工程进度缓慢，资金收不回，当地居民骂他们“阿里巴巴”，在业主方、顾问处及施工方三方的会议上，他们多次因为工程进度和质量问题遭到毫不留情的指责。这些情景时刻浮现在他们的脑海里，已成了他们心中挥之不去的阴影。工程给他们留下了太多痛苦的回忆。

虽然之前国内也曾派来了工作组进行考察，但是他们没有丝毫的喜悦。他们认为，工作组来了又能怎么样？考察完了就回去了，工地还不是照样一天天的烂下去，施工队伍还不是照样会被扫地出门。他们想，得赶快走，趁现在申请回国还来得及，否则等新的班子建成了，再想走也走不成了。一时间，申请回国潮如风起云涌，大家如同逃离地狱般迫不及待。

那情景，真有点世界末日的味道。

就是在这样的氛围下，陈听正走马上任，来到了工地。

这是陈听正上任后面临的第一个大难题。前任工作人员了解工地情况，有失败的教训，也有成功的经验，他们是工地一笔宝贵的财富，工程离不开他们，如果他们都走了，损失会很大。如果工地留不住人，让他们都走了，就会出现一种颓败之势，由此会让新来的员工滋生悲观情绪，影响工地士气。

陈听正决定立即对他们开展耐心细致的思想工作，让其中的中坚人物留下来。

首先，他留住了总经理部的副总经理叶士寿和马松喜。

叶士寿，铁道兵出身，曾当过团长，在多库公路工程已经待了几年了，他的确很想回国。陈听正劝说他："你这个老领导可千万不能走啊！我离不开你。你铁道兵出身，一不怕苦，二不怕死，又熟悉工地情况，工地很需要你啊。"

面对陈听正的真情挽留，叶士寿的心情十分矛盾。十几年的铁道兵生涯，他抛妻别子，风餐露宿，对亲人充满着思念和愧疚，这几年又在孟加拉国打拼，他已是满身的伤病。工程进度上不去，给他造成了精神上的打击和折磨，他经常寝食难安，身体也一天不如一天。前几任领导都是因为承受不住工作上和精神上的双重压力，身体出了问题，一个个回了国。"如果留下来，我能承受得住吗？"叶士寿不止一次地自问。新领导班子上任后，他萌生了退意。

但是，面对陈听正的真情相邀，他犹豫了。俗话说："国家有难，匹夫有责。"面对没完成的工程，我能决绝而去吗？我能将这个烂摊子撒手推给后任？推给陈听正一个人吗？军人出身的他有一腔对祖国的忠诚和满身的豪气。经过考虑，他郑重地向陈听正表示："好的，我留下来，和大家并肩战斗，直到取得最后的胜利。"

许多老同志，也都经历过与叶士寿类似的思想斗争，在陈听正的真诚挽留下，也都留了下来。

马松喜来孟加拉国有两年多了，分管党务、人事、后勤工作，是一位埋头苦干、任劳任怨的好同志，陈听正当然希望他能留下。他二话不说，欣然同意了。

再就是总经理助理、首席翻译海静涛。

海静涛在孟加拉国工作的合同期满即将回国，新的班子进场后，她回国进行了短暂的休整，然后又在陈听正一封信的感召下重返工地。

苏拥军，戴着一副近视眼镜，黑黝黝的脸，那是孟加拉国的毒日头晒出来的。他年纪不大，却人称"老臣"，因为他也是多库公路工程的"老臣"。论理，此时的他也想告"老"还乡了。

陈听正诚恳地对他说：“拥军，你是多库公路工程项目中的元老级人物，是年轻的老干部，你了解情况，经验丰富，我们需要你。要是信得过我老陈的话，就留下来和我一起干。”

“陈总，我相信你有能力扭转这个工程的局面。”苏拥军留了下来。

冯步广，从1992年起就在多库公路工地工作，后来因病回了国。

1993年8月，陈听正招兵买马，物色标段经理人选，南宁市政公司的林福祥推荐说：“冯步广专业能力强，既能干，又肯干；既能吃苦，又肯动脑筋。”

陈听正说：“那好，再把他请回来。”

1993年9月，冯步广应陈听正之召回到了孟加拉国，担任10标段副经理。

工程项目部驻达卡办主任胡书文，早在1990年1月份赴孟加拉国。他是学理工科的，原来在广西民族大学当老师，作为访问学者，他曾在英国伦敦大学进修，学习非平衡态的统计学。多库公路工程项目在南宁市招聘英语专业人员时，经过严格的考试，他被选上了，当时的职务是9标段经理助理，负责工程的协调工作。他与顾问处的监理打交道比较多，特别是跟大胡子霍克先生的私交不错；他跟大使馆的同志也关系密切，尤其是大使馆经济参赞一等秘书老陈，老陈是广西玉林人，胡书文与他联络甚多，老陈给予了工程很大的帮助。

胡书文是工地不可或缺的人才，虽说也到了退役返国的时间了，但是这样的人怎么可以放走呢？

1993年8月18日，陈听正参加孟加拉国交通部长亲自主持的审查和推进多库公路工程进度会议，当时胡书文也在场。他为陈听正的那场英语演说所深深折服，从中看到了胜利的曙光。

因此，当陈听正对他说：“书文，你是三朝至尊啊，我们离不开你，留下来继续干，行么？”胡书文没有丝毫犹疑，很爽快地答应了。

徐德是中国名牌大学——同济大学土木系的毕业生。他于1992年11月来到孟加拉国。与胡书文一样，因为倾慕陈听正的才华，他从陈听正的到任看到了工程的希望，自愿留了下来。

11标段负责财务的会计吕信方是林业厅的，曾在裴安道手下工作。裴安道回国后，他本来去意已决。自新的领导班子到任后，陈听正找他谈心，希望他能从善如流，留下来搞中期付款的工作。吕信方知道陈听正是个有能耐的领导，也欣然同意了。

师博艺也算是多库公路的“老臣”，跟当地人的关系已经搞得很熟，这样的人大有用处，陈听正自然不会放过，于是师博艺也留下来了。

还有杨涟，是第一批到孟加拉国的，像苏拥军一样，也是“三朝元老”。他在工地流过不少汗，出过不少力，也遭受过不少挫折。工程没搞好，他总不服气，他有一股“不到长城非好汉”的倔劲。他是从云南大山深处走出来的大学生，当初他离开家乡奔赴孟加拉国时，全村的人将这作为一件家乡的大喜事，像欢送举人进京城一样，敲锣打鼓地将他送出村。如果在工程受挫的时候临阵脱逃，他无颜见家乡父老啊！

陈听正希望他能留下来，这正中他的下怀。

新的精英来了，旧的精英留下了。新旧精英团结一致、强强联手。在一切事物中，人是最关键的因素，只要有了人，什么人间奇迹都可以创造出来。

新旧人员的结集，陈听正如虎添翼。对多库公路工地而言，犹如在东方的天际，吐露出了一缕黎明的曙光。

## ◎　风采初露

如果说，陈听正在出国培训班的一番讲话，是对中方员工的总动员，那么，他在孟加拉国与业主方第一次见面会上的发言，则是对外展示中方决战必胜的宣言书。

1993 年 7 月 20 日，陈听正到达孟加拉国。不久，便接到业主方通知，8 月 18 日孟加拉国交通部长在达卡召开审查和加快多库公路工程进度会议，请他参加。

接到通知，他意识到，这既是双方沟通交流对接的绝好机会，更是显示我方新组建的领导班子实力的大好时机，是一场精神战，这一仗打得好，则可以在对方心目中树立良好的第一印象。俗话说，良好的开端是成功的一半，甚至可以不战而屈人之兵。这次的见面会太重要了，决不可等闲视之。

技术部主任苏拥军曾在《孟加拉国日记》里记载了这么一个内容：1993 年 6 月 11 日，孟加拉国公路局局长格林提供了一个信息，到目前为止，还没有表明中方能在合同延长期内完成工程的任何迹象，中方很可能被开除出局。面对如此紧急的情况，业主方确立的初步应对方案是拿出 10 标段和 12 标段重新议标（主要是源于亚行的压力）。因此总经理部必须在 6 月 30 号前拿出加快工程进度的专题报告，包括设备订单，信用证明，材料进场情况，库存及施工管理人员的名单、护照号码、职务等。这其实是对工地的变相制裁，是一种警告。

虽说中方已与业主方签订了延长工期的合同，但是达摩克利斯之剑依然高悬在中方工程承包者的头顶上，随时可能落下来。陈听正素来不打无把握之仗，不打无准备之仗，他一定要在这第一次的见面会上显示出新的气势，展示出我方的实力，尽快将头顶上的这柄达摩克利斯之剑扔进印度洋。

他花了好几天时间反复琢磨，为这次见面会做了精心的准备。他深知，要获得对方的信任。首先，发言要先声夺人，必须与他们有共同的话题，让对方产生文化上的认同感，于是他想到泰戈尔，他准备用他们敬仰和崇拜的文学巨匠——泰戈尔的名言，来打动他们，拉近双方的距离。

其次，要让孟加拉国政府知道，中国政府有关方面已经下达了指令，要确保在合同延长期内完成多库公路工程，并将在资金上给予支持。

第三，先进的机械设备在如期完成施工任务中举足轻重，必须告知业主方及顾问处，我方已经从国外进口了一批国际上最先进的工程设备。

Are you ready?（你准备好了么?）他问自己。

他反复思忖，如何表达才能更容易彰显这三部分的内容呢？若是在会上用汉语发言，通过翻译译出，这些内容当然能表达，但是如果直接用英语表达，既可以显示自身的文化实力，又可以拉近双方的距离。

对，直接说英语。

他在中学和大学阶段，都学习了英语，有一定的英语基础。与别人不同的是，他参加工作后，英语一直没有丢，他坚持利用早、晚的时间背单词，在去工地、出差的路上，他都会随身带着收录机，利用一切可以利用的时间练习听力和口语。他深信，学好了英语总有机会用得上。他曾担任过中国交通部公路情报研究所特聘英文技术资料翻译员，并有多篇文章发表在该情报所的专刊上。现在，他担任孟加拉国多库公路工程总经理，在这个以英语为官方语言的南亚国家，他的英语又派上了用场。

他在这次见面会上，不依靠翻译，而直接用英语与对方交流很有把握。

他事先写出英文讲话稿，然后一遍遍地朗读、背诵，抑扬顿挫，情感充沛。为确保万无一失，还请总经理部的翻译唐雪东来指导，一词一句地过关，确保发音的准确和词语用法的严谨，直到唐雪东认为可以了，他才放心。

一周之后，会议在孟加拉国首都达卡交通部会议室召开。与会人员有：中国驻孟加拉国大使馆的陈参赞、多库公路工程新任总经理陈听正、中成公司代表郭总、孟加拉国交通部长奥里·艾哈迈德、孟加拉国公路局局长格林、亚行项目顾问处总监保尔、总经理部达卡办主任胡书文、翻译唐雪东等。

轮到陈听正发言的时候，他自信地站起来。那天，本来就比较注重仪表的他头发梳得更整齐，洁白的衬衣上打着一条鲜红的领带，裤子笔挺，皮鞋锃亮。

会场响起了陈听正清晰流利的开场白：

Your honor secretary, dear friends(尊敬的部长阁下，各位朋友)：

此言一出，四座皆惊。

因为过去中方总经理发言，都是用中文。业主方和顾问处的人都知道，中方人员不用英语发言，非不为也，而不能也，因为他们根本不懂英语，没有能力用英语和外界交流。而业主方和顾问处的人，都有西方留学背景，不仅熟知本国语言，而且英语娴熟，他们认为那些不懂英语的中方领导，是十足的老土。

在语言这个问题上，中方领导的确不行，在业主方和顾问处面前，因此矮了半截。

如今这位密斯特陈一口流利的英语，让他们刮目相看。

接着，他继续侃侃而谈：

Please allow me to introduce myself, I'm Chen Tingzheng, the newly appointed general manager for the highway reconstruction project from Dorodia to Kustia. This project has lasted for nearly four years since it began in October 1989. The delay of this project makes the people along this highway suffering a lot and seriously slows down the road transportation as well. What's more, it has brought a great trouble to the government of Bangladesh. We regret this and apologize deeply to you. I come to Bangladesh today bearing with the instructions from the Ministry of Foreign Trade and Economic Cooperation, P. R. C. I'll lead our team to complete this project with the best quality within the extension period.

Your Honor, there is a famous saying from the Nobel Prize winner and great poets of India, Mr. Tagore, "For man, for ourselves, to lose faith, is to sin." I sincerely hope that we all will remember the words of the saint and rebuild the trust between us.

With the support of the Chinese government, we have carefully developed a very closed plan. The work progress of the project in the past was just one percent per month. However, to complete the whole project within the extension period, the monthly progress must reach 5%. To achieve this goal, we will increase the current four project segments to eight ones. Therefore, the progress of the project can be doubled. We have purchased world-class engineering equipment costing MYM 6 million. Those equipments will ensure the quality of the project and again double the progress of the four segments at the meantime. In addition, with the most advanced administration methods to be adopted, we are surely to control the quality and progress of the project as well as to achieve the progress of over 5% per month.

Your Honor, in order to achieve our common goals, we have a strong expectation that the local government, the Bangladesh Highway Bureau and Consultant office of Asian Development Bank can provide us with a safe, friendly construction environment and a reasonable, orderly, efficiency working mechanism.

Thank you very much.

发言的大意是：

请允许我自我介绍：我是新任命的孟加拉国多罗迪亚至库什蒂亚公路项目总经理陈听正。多库公路自 1989 年 10 月开工至今，已有近四年的时间了，该工程的延误给公路沿线的人们带来了许多苦难，并严重地影响了全线的交通运输，同时也给孟加拉国政府带来了许多麻烦。对此我深感遗憾，并向你们表示诚挚的歉意。我这次是带着中华人民共和国外经贸部“一定要在延长期内完成多罗迪亚至库什蒂亚公路建设项目”的指令来到你们国家的，我将坚定不移地执行这一使命。

尊敬的部长阁下，我记得伟大诗人、诺贝尔文学获奖者泰戈尔曾经说过：“对人失去信心是犯罪。”我衷心希望我们牢牢记住这位圣人的话，重建我们之间的信心和信任。

过去，我们工程进度每月完成 1%，要在延长期内完成项目，月进度必须达到 5%，为实现这一目标，我们已制定了周密的计划……

尊敬的部长阁下，为了实现我们共同的目标，我们强烈希望当地政府和孟加拉国公路局、亚行顾问处能为我们提供一个安全、友善的施工环境和一个合理、有序、高效的工作机制。

谢谢大家！

陈听正直逼灵魂的话音一落，与会者心灵为之震动。

孙子兵法有云，不战而屈人之兵，善之善者也。

孟加拉国交通部长奥里·艾哈迈德首先发问说：“我们并没有完全失去信心，

也不怀疑你们完成此项工程的能力。但现在的问题是时间，还有不到 1/4 的时间，如何完成剩下的3/5的工程，我们需要你们有力的证据来加以说明。”

陈听正用英语应声答道：“至少，我们可以把工程的进度提高到原来进度的 5 倍。”

“是吗？依据是什么呢？”

陈听正对工地施工已经进行过精心布局，在资金方面，又有雷宇、谢汝煊等领导作为坚强后盾，所以他心中不慌，侃侃而谈：“依据有几个方面，我来具体说明。首先，我们做好了充分准备，将把原来 4 个标段的 4 个工作面，增加到 8 个工作面，这样施工的进度就增加了一倍。其次，我们新的队伍，是经验丰富的技术人员和工人，无论是他们的专业水平，还是他们的敬业精神，都是毋庸置疑的。第三，我们已经为该项目准备了足够的资金，用来购置施工所需的世界上最先进的筑路机械设备，有从美国、意大利、德国、英国、加拿大、日本进口的设备，这些设备即将运抵工地。新购置的设备，在提高工程质量和加快施工进度上将发挥巨大威力，由此我们坚信，工程完全可以在预定的施工工期内完成。”

与会者听了，反复思忖，认为这位新上任的总经理的发言有分量，触及到了工程的关键问题。虽然前三年多他们仅仅完成了总工程量的 42%，但是如果现在使用这些有效的手段和方法，特别是先进的机械设备的进场，工程进度将会在原来的基础上提高 4~5 倍。以前每月的工程量是 1%，那么现在就可以提高到 5%，这样算下来余下来的 58% 的工程量，延长工期之内是可以完成的。

整个会议，陈听正全部用英语跟他们对话，交流顺畅，毫无阻隔。

可以说，陈听正履任后与业主方、顾问处的第一次见面，第一次会谈，第一次对接获得了巨大成功。他在会上的表现和表述，达到了既显示我方实力又树立对方信心的两大目的。

这实际上是一次工程答辩会。

陈听正是工程的第四任总经理，在业主方和顾问处看来，前面中方对总经理的两次调任，换来换去，就是那么回事，但是这一次，中方是动真格的了。

这次见面会让他们认识了一个完全不同于前三任的新的中方领导，由此他们可以认定，为了挽回败局，中方在总经理人选上做了充分的考察，并推测，随同陈听正履任的其他人员业务素质也不会太差。而且中方正准备尽全力筹措后续资金，如果在人员和资金方面确实做好了充分的准备，工程是有可能如期完工的。

这次见面会，陈听正向业主方和顾问处交出了第一张漂亮的答卷。

会后，孟加拉国公路局局长格林先生对陈听正友善地打了招呼："你有什么事，尽管来找我，一天24小时，我的门永远向你敞开。"

孟加拉国交通部长奥里·艾哈迈德也热情地走过来作了自我介绍，热情地说："听了你刚才在会上的发言，我很高兴，我觉得你具有前几任总经理所没有的能力和气魄，我希望你获得成功。今后如果有什么困难，我会尽我所能给予你帮助。"

这位部长的大手紧紧地握住陈听正的手，温暖而有力，他身材魁梧、高大，两眼炯炯有神。他的语言，他极有力度的握手，他沉稳坚定的目光，向对方展示着自身的能力和真诚。

这位奥里部长，军人出身，为人正直而率真，对中国政府和中国人民十分友好，前期中国公司工程受阻，他在亚行面前为中国公司说过许多好话。工程曾经两次获得向后延期的机会，其中奥里部长的帮助起了很大作用。当然他对中国公司也有过指责，但那是一种恨铁不成钢的指责。这次陈听正履任多库公路第四任总经理，奥里部长很高兴，他希望中国公司就此转败为胜。

这次会议之后，奥里部长不食所言，的确给了中国公司许多实质性的帮助。

达卡市长、交通部长对当地的官员告诫说："现在种种迹象表明，中国政府对这个工程下了很大决心，并采取了切合实际的办法。今后如果有谁再敢跟中国人捣乱，那就严惩不贷，把他抓起来，关进监狱里。"

这次会议，是整个工程的历史转折点。

## ◎ 运筹帷幄

赴孟加拉国人员，在多库公路工地齐聚。新老员工，准备携手并肩战斗。

此时的陈听正，一方面，国内有各个方面对工地全力以赴支持的承诺，身边有一支技术精湛、思想作风过硬的工作团队，他充满了信心；而另一方面，客观存在的现实又不容乐观，一是资金的紧缺，二是孟加拉国陌生的施工环境给新到任的员工造成的思想压力，三是雨季施工的困难。一道道难题摆在他的面前，他有一种如临深渊、如履薄冰的紧迫感。在这样的形势下，1993 年 8 月 23 日，他召开了抵达孟加拉国后的第一次战前动员会。

这次会议在总经理部所在地——玛古拉举行。

总部选址玛古拉镇，因为此地处在工程的中间地段，便于就近指挥管理。总经理部办公室兼总经理部员工宿舍租用了当地一栋旧式的两层楼房。楼房是长方形的，带有一个回型内廊，房间多，使用率高，适合作办公室。楼房外面还有一道高大结实的围墙，这倒是非常适合这个治安环境特别混乱的地区，这道围墙多少给员工们增加了一些安全感。

与会者包括工地总负责人及各个标段、各个部门的负责人员。

陈听正在会上作了题为“我们的目标、任务和不可动摇的信念”的战前动员。他说：

“同志们，经过外经贸部、广西壮族自治区人民政府、南宁市、中成公司等单位联合组成的工作组 5 月份对多库公路进行的全面的考察，自治区政府据此做出了‘背水一战，一定要在工程延长期内完成多库公路工程’的决议。从 7 月 20 日进场以来，我们与总经理部领导和标段经理一道，通过对工程详细地分析、调研和评估，经过反复地研究讨论，初步制定了多库公路‘背水一战，转败为胜’的工程计划。

这个计划概括起来就是三个目标、五项任务、七大措施：

第一个目标：我们必须在业主方规定的延长期内完成全线 145 公里的全部工程。具体来说，9 标段和 10 标段预计于 1995 年 3 月 7 日竣工；11 标段和 12 标段预计于 1994 年 11 月 30 日竣工。第二个目标：实现工程决战阶段扭亏为盈。第三个目标：工程质量力争达到优良，这是一个关键的终极目标，如果这个工程仅仅只是在合同延长期内完成而不能扭亏为盈，我们的工作就失去了实质性的意义，因为搞工程的最终目标是盈利。

我应该向大家特别强调的是，工程延长期内全线竣工，只是一个最低的目标，如果按这个时间竣工，我们这支施工队伍和装备要在孟加拉国多待上一个雨季，而雨季做不了什么工程，但是人员工资、设备折旧和消耗以及财务成本等开支，每个月要 50 多万美元，5 个月(一个雨季)就得多开销近 300 万美元。这样，将影响实现扭亏为盈的目标。而且，在多库公路工地待的时间越长，不确定因素越多，风险也越大。我算了一笔账，如果要在延长工期内竣工，工程月平均进度只要达到 3.1%就可以实现。但是，如果工程月平均进度通过努力能够达到 5%，那么，从 9 月份开始(7 月 20 日到 8 月 31 日是新组建队伍进场时间)，用 12 个月左右的时间，即到 1994 年 8 月，工程就可以全线竣工。这是我们必须尽最大努力，力争实现的目标(或者叫作我们内定的目标)。为实现以上三个目标，我们必须完成的任务有：

第一，千方百计在今年雨季抢备完成全部工程所需的各种材料，特别是路面用的石料，这是我们目前最紧迫也是最艰巨的任务。常言道，兵马未动粮草先行。我们绝不能做无米之炊，必须在 1994 年 3 月以前完成漂石和碎石 22 万立方米、砾砂 13 万立方米、中砂 2 万立方米的采购和加工任务。这些任务必须抢在本雨季完成。此外，1.2 亿块过火砖，以及路面、桥梁所需的沥青、钢材、水泥等材料，也必须完成备料。以上应按工程进度要求，做好采备、加工计划，并按时完成。

第二，桥梁工程——重点是 20 号桥和 46 号大桥，必须在 1994 年雨季开始前完成，否则，全线不能打通，将延误 11 标段、12 标段完成沥青混凝土路面的时间。

第三，路基工程和路面的上、下基层必须在 1994 年 4 月底之前完成。

第四，沥青混凝土路面、交通标志、附属工程及收尾工程必须在 1994 年 8 月底之前完成。

第五，全线月平均进度必须达到 5% 以上，雨季所欠的进度，旱季必须补上。”

为完成上述目标和任务，陈听正接着又部署了如下七项措施：

“第一，组建一支懂业务、熟悉国际承包工程规则（国际通用菲迪克条款）、有团队精神、不畏艰险、勇于奋斗的工程管理队伍。这支队伍在交通部、广西壮族自治区交通厅、林业厅和南宁市政府的支持下，已经组建完毕，大部分已到达各自的工作岗位。

第二，装备一整套能够满足工程的进度需要和质量要求的世界一流的工程机械。这项工作，在 1993 年 6 月上旬已经开始。已经成立了由南宁国际公司、南宁香港办事处以及吴敏琪总机械师为首的几名机械工程师、公路工程师组成的设备采购招标小组，采取国际竞标的方式完成了全部设备的采购任务，这批设备将在 10 月初开始陆续运到工地。大型设备，如沥青混凝土拌和楼、石料破碎筛分系统、沥青路面摊铺机等要提前做好安装、调试工作。

第三，完成全部备料任务预计需要 2 200 万美元。该笔资金按计划筹集并及时到账是完成备料任务乃至在预定时间完成工程的先决条件。但是，由于工程第一阶段的严重延误，业主方支付给我们的工程材料预付款早已全部用完，工程的回收款要靠月工程进度达到 5% 以上才能逐步有点余钱用于备料。目前正值雨季，进度根本上不去，工程的资金链即将断裂。唯一的办法，就是靠国内的短期贷款和市政府的拆借资金才能延续工程的备料。这是我们当前面临的最大的困难、最棘手的问题。

第四，要实现工程决战阶段扭亏为盈，乃至整个工程的减亏，加快工程进度，尽可能缩短工期和做好索赔工作是最根本的办法。为此，要做好四件事：首先，做好中期支付工作，加快工程款的回收；其次，做好物价指数——P 值的调整工作；然后，做好索赔工作；最后，做好对业主方对我方都有利的设计变更工作。如何做好中期支付工作，最关键的是我们的计量工程师。由交通部公路情报所派出的四位英语熟练、精通工程和计量的优秀公路工程师，再加上我们各标段原有的计量工程师，将组成一支具有国际水平的计量工程师队伍。有了他们，不愁我们的工程款拿不回来。至于工程索赔、变更和P值调整工作，我们将有专题会议研究，今天就不在此细说了。

第五，建立一套以实现三个目标为基础、符合我们项目的特殊实际情况、具有可操作性的、科学的管理制度，我们把这套制度称为‘以进度为导向，以实力为基础，能充分调动每一个员工的积极性、创造性的PDCA循环’。其中P(plan)是指工作计划，D(do)是实施计划，C(check)是评估结果，A(act)即完善。根据计划执行情况，对计划进行修正完善。这套计划的核心是激励机制和约束机制，而其中最重要的是激励机制。最近，我和黄学强副总、胡安明总会计师反复讨论这个问题，我们认为，应该以标段为单位，把每个员工的基本津贴、加班费、补助等收入与经顾问处认可的工程进度产值(通过中期支付实现回收的工程款)挂钩，按一定的百分比从回收的工程款中计抽提每个标段的工资总额，然后由各标段根据按劳付酬的原则分配给每一个人。这个办法的优点在于把个人收入与备料进度、工程进度、工程质量(进度要符合质量标准，顾问处才能认可)，工程成本与盈利和工程款回收直接挂钩，这可以产生立竿见影、吹糠见米的效果。

总经理部各个部门要根据PDCA循环的科学方法，分别制定备料、进度、质量、中期结算、机械、材料、外事纪律、劳动纪律等管理制度。

第六，总经理部领导分工：

我负责全面工作。重点是资金筹措，联络中国驻孟加拉国大使馆、中成公司达卡办，与业主方、顾问处、高层的协调和公关工作，P值调整。

张诗云副总经理：主管工地材料，总经理离开工地时代总经理行使工地管理职务(因国内建委的工作尚未到达工地)。

叶士寿副总经理：分管材料，蹲点9标段、11标段、11.5标段。

黄学强副总经理：分管制度建设、机械调度，蹲点10标段、12标段。

马松喜副总经理：分管党务、人事、思想教育工作和总经理部后勤。

胡安明总会计师：分管财务工作，包括成本核算、中期付款、P值调整、协助总经理筹措备料资金。

曾沛霖总工程师：分管技术工作、工程质量、设计变更。

吴敏琪总机械师：分管机械设备管理，新设备的安装调试，蹲点菲利普沥青拌和场。

海静涛总经理助理：负责统筹整个工程的翻译工作、涉外文件处理及上传下达，协助总经理与业主方、顾问处的联络、公关工作。

第七，全体总经理部领导和各标段经理是我们这支队伍的核心力量，我们每个人都要以身作则，要关心、爱护每一位员工，要吃苦在前，面临危难要挺身向前，毫不畏惧地带领大家顽强拼搏，夺取每一个阶段的胜利，直至工程的最后成功。

同志们，我上面讲的只是一个初步的工程计划，还需要大家一起进一步完善。但是，即使我们的计划完美无缺，都无法完全保证实现我们预定的目标，无法保证我们一定能够使一个濒临失败的工程起死回生，因为，我们面对的是一场苦战、硬战、恶战，我们还要面对许多不确定的因素，我们还会遇到我们有生以来从未遇到过的问题、困难、挫折和危险。我们只有依靠坚定不移的信念，依靠我们为祖国争光、为中华民族争气的崇高信念，依靠我们敢于面对千难万险绝不退缩、绝不屈服、不达目的决不罢休的执着精神，才能夺取最后的胜利。”

这个动员报告，像路标指明了前进的方向，像阳光照亮了前方的道路，又像一剂强烈的兴奋剂，振奋了大家的精神。

只要工程全体工作人员能按照这次动员会的部署一步步走下去，应该说，工程胜利在望。

# 第四章

## 背水之战

## ◎　资金链断裂

新的领导班子终于在工地安营扎寨。

万事开头难，工作一开始所遇到的情况并不尽如人意。

兵法说：知己知彼，百战不殆。新队伍一进场，陈听正就布置了清仓盘点工作。重点是盘点工程进度、资金和库存材料。前任总会计师张军牵头，对工程开工至今的工程财务收支情况进行了清理，结果令人瞠目结舌，工程亏损达 1 291 万美元(折合人民币 11 361 万元)，亏幅达 58. 36%，926 万美元的工程预付款也早已花光。工程部对工程进度也进行了核实，从开工到 1993 年 8 月 31 日止，累计完成工程进度为 41. 37%，产值 2 018 万美元，剩余工程产值 2 859 万美元(折合人民币 25 159 万元)，占总产值的 58. 63%。根据各标段对全部料场的盘点，截至 1993 年 6 月 30 日，库存材料总价值为 585. 4 万美元(折合人民币 5 151 万元)，占完成剩余工程所需材料款的 21. 53%，其中路面工程最稀缺的漂石、碎石库存总价值为 139. 3 万美元(折合人民币 1 226 万元)，占完成剩余工程所需石料款的 13. 26%。通过盘点，家底已十分清楚，情况比陈听正预料的要严重得多。光采购剩余路面工程 22 万方石料就需要 924 万美元(折合人民币 8 131 万元)，但总经理部早已没有备料的资金了。

俗话说：兵马未动，粮草先行。现在的情况是兵也动了，马也动了，营也安了，寨也扎了，8 月 18 日在与业主方、顾问处的见面会上承诺也放出去了，可是粮草却不知在何方。从 8 月 20 日开始，各标段纷纷向总经理部告急，没有钱备料了！这可是让人心惊肉跳的警报。

出征前国内有关部门曾斩钉截铁地承诺为工程筹款，但因款项数量巨大，在短期内筹集不到。

可是工地一天也不能没有钱啊！

干活就得有钱啊！发工资就别提了，好歹是自家员工，先欠着吧——也不能欠太久，欠久了动摇军心。欠薪这词儿也不是陈听正的发明，可是买材料，支付民工工资，运作机械，吃饭等，总得拿钱出来啊，工地哪天不是花钱如流水啊！

钱啊钱，三分钱逼得死一个英雄汉。

等钱筹到位再办事吗？不行啊，时间不等人。距离合同延长期的最后期限只有 15 个月，可是尚有 58% 的工程量未完成，现在是 1993 年 8 月，到 1993 年 11 月、12 月时，如果月工程量达不到 5%，就得卷着铺盖卷灰溜溜地滚蛋了。

料场里施工材料空空如也。现在是料场里没有料，口袋里也没有钱，怎么办？

现在如果因为没钱就不备料，工程必定不能按期完成，这将是死路一条。只有克服一切困难，坚持备料，加快备料，工程才有按期完成的一线希望。在极其艰难困苦的情况下决不退缩，奋力向前，这就是背水之战。

陈听正决心已定，豁出去了！于是，他向全线下达命令：有钱要备料，没钱也要备料！

总经理部为了缓解资金的燃眉之急，号召大家，群策群力，共渡难关，同时发出了“员工自愿借款给工程备料”的号召。陈听正首先带头将自己的 1 000 美元和 8 000 塔卡借给总经理部。这 1 000 美元是他 1987 年在丹麦外交部奖学金资助的丹麦公路学院进修时节省下来的生活费。这次来孟加拉国，他知道工地异常艰苦，便随身带着作为压包钱。而 8 000 塔卡是随工作组赴孟加拉国考察时节省下来的费用。随之，总经理部的小富翁——苏拥军拿出了 4 000 美元，这是他来孟加拉国三年多积攒下来的，准备来日遇上自己的梦中佳人时结婚用的。总经理部办公室主任单刚主动地担负起收集借款的工作，他自己首先拿出了 300 美元，杨荣拿出了 200 美元。此号召迅速在工地上引起了强烈的反响，总经理部领导和各标段项目经理纷纷带头慷慨解囊。借钱不分先后，不分多少，有几千塔卡的，也有几百塔卡的。许多员工，包括司机、机手和刚到孟加拉国的新员工，都把自己手里仅有的一点零用钱借给工程备料。几百塔卡，虽说不多，但是对于那些天天要抽烟的人来说，那可真是如同革他们的命啊。常言道：礼轻情意重。钱多钱少，并不重要，关键是体现了每一位员工爱国、爱团队，愿意与工程同舟共济的精神品质。当年，大家并不富裕，没有什么积蓄，他们能拿出的钱虽说数目很少，但是对个人而言，这笔钱也许是他们的全部积蓄。这笔钱借出去了，最后工程是败是胜？能收得回来吗？都是一个未知数。但是，为了工程，没有谁打个人的“小九九”。最后，单刚对全线200多名员工筹集的资金进行统计，共有4.6万美元。这对于当时已经囊中羞涩的财务部，可是一笔大钱——可以买1千多方优质的石料。

在无钱也要备料的号令下，各标段人员削尖脑袋，变着戏法，巧舌如簧地从材料商手中赊购材料。料是备了一些，紧接着问题也来了。

8月26日，11.5标段的经理刘月莲急匆匆地赶到总经理部要钱来了：“没有钱哪，材料商的钱欠得太多，挺不住了啦！陈总你赶快想办法呀！”

陈听正表情沉着冷静，要她坐下慢慢说。

“材料商逼得紧，陈总，今天我来讨个准信，你能拨多少款给我？”

恰巧这个时候，总会计师胡安明进门来了。

“要钱，胡总会给你解决的。”陈听正指一指胡安明。

听了他这句话，胡安明一愣神，心中暗想：找我要钱？搞足球赛吗？把球踢给我了！我哪来的钱啊？如今弹尽粮绝，我正是找你陈总来汇报情况呢，你倒好，还让我拿钱出来。

但是胡安明瞧见刘月莲万分焦虑的神态，马上意识到此刻要先稳住她。机智的胡安明一提神，马上进入角色。他安慰刘月莲说：“瞧你这慌里慌张的模样，你那‘扈三娘’的架势哪里去了？钱的事情你不要担心，不就是目前缺点钱吗？你放心，面包会有的，牛奶也会有的。陈总已经下达了指令，我们正在运作资金，少安勿躁。”

当时，胡安明正在运作与美国运通银行的合作项目——实施材料款支票延期兑付，虽然说结果尚未最后确定，但是估计问题不大，所以他大胆地对刘月莲说：“备料的资金不是问题，你们收购了多少石料，我就可以给你开多少银行支票。”

接着他又说：“现在全线员工积极响应总经理部的号召，借钱给工程备料。中成公司也很支持，他们把收到的管理费及时返还给工程方，钱已经在路上了，可以解决当前的燃眉之急。”

胡安明安慰刘月莲，告诉她这只是暂时的困难，也告诉了她解决眼前问题的办法，特别是那句“你们收购了多少石料，我就可以给你开多少银行支票”的承诺，给刘月莲吃了一颗定心丸，她心中有了底，恢复了平日的模样。

刘月莲头发一甩，脚一蹬，走了。回到标段之后，她也效仿着总经理部，号召大家把工资暂时垫出来，以解工地资金短缺之急。

刘月莲走后，胡安明这才凑近陈听正轻声说：“我正是向你来告急的，现在工地只有 21 万美元，资金链马上就要断了。”

“21 万?!”陈听正听了心头一震，他知道工地资金紧缺，但是不知道缺成这个样，21 万，还不够工地两天的开支啊!

“有什么救急的办法吗?”他问。

“现在香港办事处还有 18 万美元，但也撑不过几天。况且，这是回国人员的工资，分文不能动用的啊!”胡安明摊开双手，作出一种无可奈何的姿势。

“与美国运通银行的事情办妥了?”陈听正不解地问。

“是这样的，与运通银行的商谈已经进行了多次，他们总算答应了我们的要求，应该说没问题了。”

此前，为了应付当前资金紧张状况，胡安明曾召开过一次财务工作会议。会上，胡安明说：“如今，总经理部全部资金余额，按目前各标段备料进度支付货款，最多 10 天就没有资金支付了。国内资金要 30 天后才会到账。用什么方法坚持 30 天，现在我们群策群力，看看大家有什么救急的办法?”

会计陈舟提出采用银行汇票形式来推迟材料付款日期的办法。

胡安明与陈舟当即驱车赶到美国运通银行了解银行汇票付款的手续，可惜此法行不通，因为采用此法要有物质担保和审批手续，他们无法办到。

怎么办?回程路上，胡安明又与陈舟仔细商量。“这样吧，既然银行不应承推迟付款，我们就在填写支票日期上做文章。”陈舟是位很喜欢动脑筋的人，关键时刻他总有妙招。他继续说：“具体来说就是开转账支票时，日期往后写。比如 5 日开的转账支票日期不写当天，写 15 日或者 20 日的。但需要解决两个问题，一是转账支票到期时，如果我们的支票账户余额不足，银行方面不要退票，也不能自动从我们存款账户支付，而是必须通知我们，由我们自己转账到支票账户；二是商家必须同意接受我们的支票支付日期。”

胡安明一听，有戏。于是他果断地说：“掉头回运通银行。”

他们又回到了银行经理的办公室，向银行经理提出了他们的要求。当时银行经理不同意。因为银行兑付转账支票时，若遇支付账户余额不足但存款账户有钱时，银行会自动从存款账户把差额部分转到支付账户。如果仍然没有支付能力，银行则会退回支票，并说明开票人账户没钱。经过胡安明的耐心解释和坚持，银行经理终于同意当我方支付账户余额不足时，不采用退票和自动补差额支付的方式，而是马上通知我方，但要求我方必须在 24 小时内把款转到支付账户上。

用这种方法，可以延后付款日期，等待后续资金的到来，算是缓解资金紧张局面的一个权宜之计。他们立刻赶回总经理部，胡安明当天就做了一个 35 天的资金支付计划，确定出每一天的开支金额及每一天的备份，并决定第二天就执行新的资金支付计划。

听完了胡安明的叙述，陈听正说：“目前只能这样了，你赶紧去办理。”

第二天，在各标段材料商到总经理部结算前，胡安明召开了一个小型会议，规定今后与各标段材料商结算时，每次只进来一人，结清一人，再进来一人，逐个说服他们接受我们转账支票日期往后填写的方法。刚开始材料商谁也不同意转账支票日期后推，但经过胡安明耐心细致地做思想工作，他们终于接受了，但都想要尽快拿到款项。对此，胡安明又将材料商划分成三类：一是零散的供应商，仅偶尔或只有两三次的交易；二是交易量不大但次数较多的供应商；三是数量大、诚信好的供应商。对第一类供应商的转账支票日期一般推迟 10 天或者 15 天以上；第二类供应商的转账支票日期一般都推迟 5 天以上 10 天之内(特别情况的另行处理)；第三类供应商的转账支票一般会开两张，一张的日期也是推迟 5 天以上 10 天之内；另一张会按该次结算总额的 20% 马上结算(特别情况的另行处理)。每一天开出的转账支票的金额不能超过当天支付的额度，如果超过了，支票的支付日期就会往后延迟一天或两天。

资金链断裂，十万火急。当天夜里 10 点多钟，陈听正拨通了谢汝煊市长的电话。按照孟加拉国和国内的时差，南宁当时是午夜 12 点。忙碌了一天的谢汝煊刚刚躺在床上，床头的电话铃就急促地响起来了。“这么晚还来电话，怎么，闹地震啦?”他嘟噜着，披衣起床，刚一声“喂”，电话那头的陈听正就连珠炮似的诉说起来了。

一听电话那头传来的是陈听正的声音，他立马睡意全消，仔细倾听。

听完陈听正的诉说，谢汝煊回答他说："刚好今天市政府召开了多库公路工程后勤工作会议，决定动用香港办事处账户上的存款利息25万美元，减去17%的所得税，实际为21万美元，再向南宁市驻香港办事处借款，凑够50万美元给你们汇去，解决工地燃眉之急。"

然后，谢汝煊又加重语气说："听正，你放心，我们对工地的情况非常重视。这次会上还决定，在资金上实行'先外后内'的政策，宁可压缩市政项目，也要尽力支持孟加拉国多库公路改造工程。本月我们将筹集1 000万元人民币的资金解决工地所需。"

谢汝煊一番话，算是安了陈听正的心。第一次的资金危机总算暂时挺过去了。

一波未平，一波又起。

第二次资金危机又再次袭来。1993年9月16日，陈听正接到南宁国际公司电话，说是外经贸部原定的450万美元的贷款不能发放了，因为广西国际公司不愿归还之前向外经贸部借贷的700万美元。

这无异于晴天霹雳。为了向外经贸部贷这笔款，南宁市领导可谓呕心沥血，市长谢汝煊为这件事还急得生了病。目前工地正在等着这笔钱备料，9月正是抢备卵石的黄金时间，备料的事一天也不能停。如果工地在这个雨季不备好料，工期就得往后拖延，这就意味着工程的彻底失败。

为此，陈听正立即采取了紧急措施：一是将情况汇报给大使馆和中成公司达卡办事处，请求他们火速向国内有关部门说明事态的严重性；二是按照胡安明与工地的开户银行——美国运通银行达成的协议，请银行对我方开出的购买材料款的付款支票延长兑付时间；三是召开各标段项目经理、计量工程师紧急会议，向各标段下达中期回收款任务，因为只有获得中期回收款，才是解决资金问题的根本途径；四是向各标段经理下达死命令，大家要充分发挥聪明才智与材料商周旋，无论遇到什么困难，什么阻力，都不能停止备料。大家必须保证按时完成任务。

钱！钱！钱！

工地不断向国内打国际长途、发加急特急电报，像催命符一样，忙坏了国内的人。有人都忍不住发牢骚说怪话："孟加拉国这个工程真是要命，前方一个屁，后方三出戏，累死一船人。""陈听正厉害，竟然敢半夜三更给领导派任务。"

陈听正的秘书班进忠，整天忙得滚开水烫了脚一样。这天晚上，他已经睡了，陈听正的国际长途打来了，电话铃声一响，班进忠立即从床上跳起来。大冬天的，来不及穿外衣，边听电话边打哆嗦，领导在那头千叮万嘱。他知道作为下属、作为秘书，他就是要为领导分担难处的，他知道事情十万火急，陈副市长心急如焚，没时间等他穿好衣服再说了。等那头放下电话，他感觉自己已经冻僵了。

中成公司总经理部驻达卡办事处的郭总，也算是久经征战的老将了，但从没见识过陈听正这要钱的架势，他明白老陈肯定是急坏了，不然怎么会这样？老陈表面上是向国内求援求助，实际上是朝着国内施压呀，这是下级在指挥上级，不怕领导怪罪下来啊？

他无不担忧地对陈听正说："老陈啊，你还想不想当这个副市长了？"

可是陈听正自从临危受命后，早已铁下心来了，还将清代名臣林则徐的"苟利国家生死以，岂因祸福避趋之"的名言作为自己的座右铭。他平静地对郭总说："我已经不在乎了，什么副市长不副市长，就算上头因此怪罪，大不了摘了那顶乌纱帽，乌纱帽和多库公路工程这事儿相比，又算得了什么啊！"

在赴孟加拉国前夕，在雷宇副主席主持的政府办公会议上，他曾立下军令状，一言既出，驷马难追，这也是他对国家、对党作出的庄严承诺，只要是对国家有利，即使牺牲自己的生命，他也心甘情愿，焉能因为头上这一顶乌纱帽而止步不前。

在 8 月 18 日与业主方、顾问处的三方见面会上，陈听正华丽亮相，做了精彩发言，向业主方及顾问处亮出了实力，表明了中方的态度，向他们作出了承诺，也取得了他们的信任。

话放出去了，开弓没有回头箭，下面就要看实际行动、看业绩了。

光说不干，就是耍嘴皮子，那是作不得数的，是骡子是马，得牵出来遛遛。

可是，实际施工中，各种各样的困难接踵而至，时间紧、任务重，资金链一次又一次地断裂，当地供应商闹事，货源短缺，内部员工军心不稳……五花八门，千头万绪，统统压在陈听正的肩头，像一条条巨蟒缠绕着他，让他喘不过气来，再加上孟加拉国这烦人的雨季，加大了施工备料的难度，他如坐针毡，坐困愁城。

我们国家一年分四季——春、夏、秋、冬，而在工程人员眼中，孟加拉国一年分两季——雨季和旱季。

每年7月开始，印度洋孟加拉湾强烈的季风携带着大量的水汽登陆，横扫恒河平原，平原北部的青藏高原阻挡了季风的继续北上，于是季风在这片一马平川的大地上反复盘旋，肆无忌惮。肆虐的狂风给这里带来了大量的雨水，期间几乎每一天都是狂风呼啸，暴雨如注。暴雨导致洪水泛滥，房屋倒塌，一片泽国。1988年孟加拉国曾发生过重大的洪涝灾害，全国3/4的土地被淹，占全国总人口1/4的3 000多万人口流离失所。这样的狂风暴雨，要到10月才逐渐减弱，转而进入旱季，特别是3~6月，每天烈日当空，热浪逼人，气温高达45、46摄氏度。

现在是1993年9月，离1994年11月——工程合同截止日期，只有不到14个月的时间了，还有58%的工程量没有完成。目前正处于紧张的备料期间，可是资金链一次次断裂，加上连日的倾盆大雨，怎么办？等？哪里等得起。每一天的时间都是万分珍贵的啊！

如果到了1993年11月，月工程量达不到5%，中方人员就得卷起铺盖走人。

只有不到2个月的时间了啊！

陈听正发布了战斗号令：抢在雨季备足材料，为旱季施工作好充分准备。

于是各个标段展开了一场无钱备料战，其中有多少艰难险阻，只有他们自己知道。全体工作人员真的是在拼死一搏啊！

各标段无钱备料，欠下了大量材料款。他们一边想方设法地抢备材料，一边还要对付材料商的日夜逼债，真的是身心俱疲。

工期如此地紧张，面对着工地几百万美元的材料欠款，国内资金久久不能到位的现状，陈听正心急如焚。

夜深了，风雨却不肯歇息，闹得更加疯狂。他睡意全无，倾听着窗外的风雨声，希望它们能停歇下来。可是风雨偏偏要和他作对，闹得越来越欢。这时，他想起了明代顾宪成的一副对联：

风声、雨声、读书声，声声入耳；

家事、国事、天下事，事事关心。

要是将上联中的那个“读书声”改成“叹息声”，这副对联就是当时陈听正的真实写照了。

他站在窗前望着窗外的狂风暴雨。突然天边亮起一道闪电，闪电像巨龙，狂舞着要把整个世界搅翻；闪电像利剑，要把整个天幕撕裂。白炽的电光一闪，把窗外照得雪亮，只见暴风将树干吹弯，树木在风雨中颤抖、摇摆，雨滴，不，这不是雨滴，而是雨柱，瓢泼而下，地面早已是一片汪洋。

紧接着一声炸雷响起，惊天动地，震耳欲聋，房屋的窗户在雷声中微微颤动。陈听正的耳朵被雷声震得“嗡嗡”作响，感觉生痛。他想，好家伙，这雷响得，原子弹爆炸也不过如此吧。

闪电过后，窗外又是一片黑暗。狂风仍在肆虐，暴雨仍在倾注。风声、雨声交织在一起，像远古时代的战场，千万将士在拼搏厮杀，千军万马在原野上奔驰；又好像印度洋的滔天巨浪，铺天盖地而来，要将整个大地吞没。

这样的狂风暴雨，对于陈听正来说，是见所未见、闻所未闻的。

他忧心忡忡，不是为个人安危担忧，而是在思考，这样的天气，车怎么开？石头怎么运？

人的斗志可以激励，可是这老天爷不听话，专和人作对，你岂奈它何？

真的是困难重重！为了稳定军心，别看他在人前笑容满面，强装镇静，指挥若定，信心满满，可是他内心的焦虑和苦楚，又有谁人知晓？

雷声还在震响，狂风还在咆哮，大雨还在撒泼……

突然，他又想起了苏联文学家高尔基的《海燕》：

在苍茫的大海上，狂风卷集着乌云。在乌云和大海之间，海燕像黑色的闪电，在高傲地飞翔。

一会儿翅膀碰着波浪，一会儿箭一般地直冲向乌云，它叫喊着——就在这鸟儿勇敢的叫声里，乌云听出了欢乐。

在这叫喊声里——充满着对暴风雨的渴望！在这叫喊声里，乌云听出了愤怒的力量、热情的火焰和胜利的信心。

……

狂风吼叫……雷声轰响……

一堆堆乌云，像青色的火焰，在无底的大海上燃烧。大海抓住闪电的剑光，把它们熄灭在自己的深渊里。这些闪电的影子，活像一条条火蛇，在大海里蜿蜒游动，一晃就消失了。

——暴风雨，暴风雨就要来啦！

这是勇敢的海燕，在怒吼的大海上，在闪电中间，高傲地飞翔；这是胜利的预言家在叫喊：

——让暴风雨来得更猛烈些吧!

这篇《海燕》，陈听正曾经无数次朗读，是他初中开始就喜欢上的一篇课文。今夜伴随着漫天的狂风暴雨，《海燕》再次涌上了他的心头。他发现《海燕》所描绘的情景，竟然与此时此刻自己的心境如此吻合。

突然，他觉得，自己就是那只海燕，在乌云和狂浪中展翅翱翔。

风，在继续呼啸；雨，仍然在肆虐。但是，这正是海燕展翅翱翔、迎击风浪、炼就筋骨的时刻。只有胆小的企鹅，才龟缩于海滨岩石的缝隙。想到这里，陈听正沉郁的心境有所缓解。

睡吧，明天还有许多的事等着办呢。他躺在床上，听着窗外的风雨仍然不依不饶地肆虐。迷迷糊糊中，他一忽儿和一群人驾着小舟在巨浪中翻滚，一忽儿像一片落叶在风雨中翻飞，一忽儿像那只海燕向巨浪冲击。他努力说：定住，定住，千万不能在风雨中覆灭。

朦朦胧胧中，东方的天际泛出了鱼肚白。该起床了，由于一夜睡得不踏实，这时他反倒睡意更浓了。再睡会儿吧，反正还早，他想。不行啊，我怎么能带头睡懒觉，上行下效起来怎么办?

他从床上翻身而起，洗漱完毕。为了掩盖倦意，他特地将胡须剃得干干净净，他要精神抖擞地出现在员工们面前，不能让他们看出自己有丝毫疲惫。

雨还在下，只是和昨夜相比有所收敛。门外是一片汪洋。

他走进了饭堂。饭堂里已经有人开始在用早餐。

“早上好，陈总。”人们向他打招呼。

“大家早上好!”他微笑作答，坐到了饭桌前，炊事员将早餐端到他的面前。

“陈总，昨夜没把你吓到吧?”坐在他身边的司机小周问道。

“昨夜?发生了什么事?”他明明知道小周说的是昨夜的暴风雨，但是为了表示自己对暴风雨毫不介意，所以故作糊涂。

“没发生什么事，我是说昨夜的雨下得真大。”

“哦，你说的是这个。风雨是有点大，在国内我还从来没见过。”他回答得轻描淡写。

“你就不怕大风把你的房顶掀掉?”有人又说。

“没这么倒霉吧，人家孟加拉国的人住了一辈子没被掀房顶，我老陈一来就掀，我和老天爷前世结了仇?”他的幽默把人们逗笑了。

“我倒是要感谢这场暴风雨，让我当了一回海燕。”他顺势展开双手，做了一个飞翔的姿势。

“海燕，什么意思?”旁边的杨荣一脸迷茫。

“你们不知道，我向来喜欢大文豪高尔基的《海燕》。我五湖四海跑得多了，可是总没能体会到《海燕》里描绘的那种海上暴风骤雨的意境，昨晚算是过了回瘾，虽说不是在海边，但是闭着眼睛想象一下，那狂风暴雨就如同铺天盖地的海浪那般，很有气势。”

接着，他背诵了《海燕》中的精华部分。大家凝神静气，听得很认真。

背诵完了，杨荣竖起大拇指说：“高！陈总，看不出来，你学理工出身，还是文学家啊!”

“人家陈总是‘敌军围困万千重，我自岿然不动’，大将风度呀!”胡安明喜欢看书，出口引经据典。

“哟，胡总，你也出口成章，也是文学家啊!”有人又夸起胡安明来了。

“什么时候我们这里成了帽子工厂了？高帽子满天飞。”陈听正一句话，又把大家逗笑了。“好了好了，大家早饭也吃了，笑也笑够了，高帽子该戴的也戴上了，不要再耍嘴皮子了，快去干活，谁要赖偷懒，小心我扣他的奖金!”他笑着说。

大家一哄而散，该干嘛干嘛去了。

一场鼓气动员会，召开于无形。

# ◎ 黄斌殉职

1993年9月10日，那天是星期五，后来被工地的人称为“黑色星期五”。

正是备料最紧张的时刻。

早晨，11标段的材料员师博艺和黄斌等几个司机去玛古拉镇拉石料运往中心料场。

师博艺对黄斌说：“手下败将，白天好好运料，今天晚上看我再杀你个片甲不留。”

“你少威风，昨晚我是让你，今晚试试看，让你领教领教我黄帅主的威风。”黄斌丝毫不让。

黄斌，身体壮实，毕业于广西交通学校，开车技术过硬，这次应聘来孟加拉国，是11标段的司机。

黄斌是个象棋迷，到哪里都想与人来一局。就算是上街办事，看到街边有人下棋，他的脚就迈不开了，非要上前杀上一局不可，所以他自称“棋友遍天下”，自封为“黄帅主”。来到11标段，碰巧师博艺也是个棋迷，虽说俩人相识才十来天，但晚上下班后，俩人早已张飞杀岳飞，杀得满天飞。昨天晚上他和师博艺对阵，1∶3输了，黄斌杀红了眼，时间已是晚上9点，师博艺知道他求胜心切，怕影响明天上班，所以故意连输两局，俩人算是打了个平手，就想脱身而去，可是仍被黄斌拉着不放，他一定要扳回败局才肯放手。

师博艺说：“悔不该当初不把你老婆也招聘来，要是你老婆在，只怕是守着老婆舍不得动，哪里还会缠着我下棋啊。”

二人说笑了几句，各自回房休息，一宿无话。

这个黄斌家住农村，刚结婚不久。新娶了老婆进门，还是老房子，有些拥挤，黄斌心里不忍。他心想在孟加拉国干上年把，赚得点美元回去把老房子翻修翻修，再领着老婆去南宁百货大楼逛逛，只要她相中什么，二话不说，都任她挑。

想到这里，黄斌总是低头暗笑，差点笑出声来。

有时让人瞧见了，人家说：“黄帅主，又在乐呵啦？”

“想老婆呢。”黄斌也不回避。

话说那天上午，师博艺带着黄斌等几个司机去拉了第一趟材料，运到中心料场。然后，他就在中心料场等下一趟。等了半个多小时也不见黄斌拉第二趟来，正在纳闷，他想，下雨天路上车少，车应该开得快，怎么会耽误这么久呢？不会出啥事吧？正焦急着，突然听见一个当地人在喊叫：“波斯，波斯！勃勃轮，勃勃轮！”“勃勃轮”是孟加拉国人在英语发音中夹带的口音，意思是“出事了”。

不好，黄斌出事了！

师博艺脸色骤变，赶紧跑到临时便道查看，便道上有座便桥——贝雷桥，他一上贝雷桥，往下望去，只见车头朝下，砸了个巨大的坑。

他赶紧问：“人呢？人在哪里？”

“人拉出来了，已经送医院了。”有人回答。

师博艺询问现场的目击者，才知道事故发生的缘由。原来，黄斌开着丰田车运料，经过贝雷桥的时候，雨天路滑，视线不清晰，加上桥面狭窄，拉材料的车突然重心失控，刚过便桥就一头栽了下去。师博艺暗自思忖，汽车从十几米高的桥上栽下去，司机凶多吉少啊。

他赶到当地的医院，向医师询问黄斌的伤势。

只见医师两手一摊，表示无能为力：“病人伤得太重，我们这个小医院，设备简陋，没有条件啊。你们还是抓紧时间，自己想办法吧。”

师博艺马上想到，找总经理部的奚医生。当时电话是个稀罕东西，他好不容易找到电话向总经理部报告，得知奚医生在9标段，总经理部的人马上把电话转到9标段，几经周折才找到奚医生。奚医生得知情况后，立马赶了过来。

黄斌出事的车是5号丰田车，出事的那天正好星期五。事件倒霉透顶，偏偏碰上星期五，星期五是孟加拉国的休息日，陆、海、空三军都休息。总经理部通过大使馆和孟加拉国空军联系，想调孟加拉国空军的直升机，把黄斌运到首都达卡医院抢救，那边的空军回答说："你们先做好准备，我们明天就飞过去！"

明天？对于伤员，时间就是生命，分分秒秒都难等，还等得到明天？

奚医生一检查，发现黄斌内脏大出血，要输血。可是用常规法输不进血，只好切开大血管输血，奚医生和孟加拉国医生一起，对黄斌实施现场抢救，给他做人工呼吸，从下午 3 点多钟一直抢救到晚上 10 点多钟。

奚医生将所有能用的抢救措施都用尽了，但是回天乏力，黄斌的心脏跳动越来越弱，他渐渐失去了生命体征。就这样，人们眼睁睁看着年仅 30 岁的司机黄斌永远闭上了眼睛。

在场所有的人都伫立默哀。一块白布盖在了黄斌的脸上。

黄斌出事的那天，陈听正正好陪同亚行的高级项目工程师哥比特博士在 12 标段考察。当时通讯设备很落后，黄斌出事后，员工们不知道总经理在哪里，他也无从得知黄斌出事的消息。直到晚上他返回总经理部途径 11 标段时，才得知出事了，顿时他的心"咯噔"一下，喊了一声"不好"！赶紧吩咐司机："去医院！"等他赶到医院时，黄斌已经去世了。他在黄斌的遗体前站立，低头默哀了数分钟，然后蹲下身去，轻轻地揭开盖在黄斌脸上的白布。望着这张年轻的脸，陈听正无比痛惜，这个风华正茂的小伙子，是年迈父母的儿子，是年轻妻子的丈夫，如今，他走了，他家里的人怎么办？他刚刚踏上孟加拉国工地，还未来得及施展自己的抱负，一场意外的事故，瞬间粉碎了他的希望和梦想，他为工地献出了年轻的生命。想到这些，一阵深深的悲凉和惋惜涌上了陈听正的心头，两行热泪潸然而下。

为了处理好黄斌的后事，为了应对这场突如其来的不幸给整个队伍带来的悲哀和恐惧，陈听正清醒地意识到，作为工地的主心骨，他不能被自己的悲伤情绪所影响，必须振作精神。他连夜与 11 标段经理商量如何处理黄斌的后事，并安排副总经理马松喜负责做好对黄斌家属的抚恤工作。

黄斌的遗体停在医院的一个漏雨的小房子里。

夜里，标段经理刘军带着员工为黄斌守灵。外面下着暴雨，屋里下着小雨，雨水滴在黄斌的遗体上，泪水滴在人们的心里。

屋子里点着几支蜡烛，蜡烛昏黄的焰火在风中摇曳。突然，一阵狂风吹来，把蜡烛吹倒在地上，屋子里一片昏暗，情景十分凄凉。

黄斌来到孟加拉国仅仅十天，就永远地离去了。

“黄斌，昨晚这个时候，我们俩正在楚河汉界上杀得天昏地暗，可是今夜，你却冷冰冰地躺在这里了。”想到这里，师博艺泣如雨下。

“黄斌，我还一直记着你想老婆的时候的笑声呢。”同标段的司机也泣不成声。

黄斌，一个活生生的、人生才刚刚开始的青年人，生命就这样终结了，从此你再也不能回到自己的祖国，再也不能回到自己的家乡，再也不能回到亲人的身边了。你魂飞他乡，身埋异国，我们的好战友，你感到孤独吗？

不敢想象，你的亲人知道这个噩耗，如何能够承受如此沉重的打击，你的父母，白发人送黑发人；你的妻子，再也盼不回那个亲切可爱的身影，他们将是何等的悲伤，这是人世间不能承受之痛啊！

想到这些，守灵的人又是一阵痛哭。

第二天，黄斌的遗体被火化。陈听正带领 11 标段所有的员工去送黄斌最后一程。

整个告别仪式很平静，以刘军经理为首，8 位身材魁梧的战友，抬着黄斌的遗体绕场一周。火化过程中，陈听正和在场的所有人，庄严肃穆地在现场伫立着，向遗体告别。大家满含热泪，心里默默念着：黄斌战友，一路走好。

黄斌的骨灰放在 11 标段的标部，跟他的行李放在一起，以便带回国内交给他的家属。人亡物在，看着他的骨灰和行李，大家心里说不出的苦涩，又是一阵痛哭。

雨，还不停地下着，苍天也在落泪，打在人们的脸上，分不清是雨水还是泪水。送走黄斌后，人们都不说话，黄斌的不幸遇难，在人们心里留下了无尽的哀伤。一个朝夕相处的战友，一个鲜活的生命，昨天还在一起说话，一起笑，一起吃，一起下棋，一起睡，一起拼搏，一起战斗，今天突然就没有了，化作了一缕青烟，这个事实怎能让人接受？

有的人在想，这里施工环境如此之险恶，黄斌的今天，会不会是自己的明天？

黄斌的死，在一些人的潜意识里，悄悄地蒙上了一层阴影。

送走黄斌的那天下午，工作人员相互之间只是用眼睛打招呼，没人说话，大家眼里饱含忧伤，食堂里煮好了饭菜，也没有人去吃。

“兵熊熊一个，将熊熊一窝。”陈听正想到自己是统领，在这个关键时刻，千万不能在众人面前表现出丝毫的心灰意冷，必须沉住气。他对大家说：“怎么能不吃东西呢，人是铁，饭是钢，多少总得吃一点，还有那么多的事等着我们去做。”

为了鼓舞士气，他带头坐下来，端起碗大口大口地吃起饭来。饭菜进到他的嘴里，味同嚼蜡。他的心里也堵得慌。

他对员工们说：“黄斌去世，当然令人痛心，谁也不愿意发生这样的事情。但是做这样一个大工程，要杜绝事故的发生很困难。你们去问问叶士寿副总，他原来是铁道兵的团长，他们部队打隧道的时候是什么情况？一旦发生事故，就有人牺牲。我们这么大一个工程，是一场异常艰苦的硬仗，战斗中有战友牺牲，也在所难免……”

人们听了，心神才渐渐安定下来。

处理好黄斌的后事，安抚好工地员工的情绪，夜已经很深了，陈听正回到了住处。

## ◎　工程，到了最危险的时刻

今年孟加拉国雨季的风雨似乎特别猖狂，印度洋的季风裹挟着暴雨，无休无止的暴雨，肆虐着大地。今年的雨季似乎也特别长，每天哗哗啦啦，也不知哪一天是尽头。

天上乌云密布，地上浊水横流，老天似乎在警告和预示，这个工程将是一场考验人的意志和勇气的战斗。

陈听正带着新的领导班子，从踏进孟加拉国土地的那一天起，就遭遇狂风暴雨的猛烈袭击，气候也成了阻碍工程进展的邪恶帮凶。风吼电闪，闪电在空中乱窜，如无数条银蛇缠斗，紧接着闷雷滚滚，如无数轰炸机从头顶掠过。俄顷，“轰”的一声炸响，有如天崩地裂，整个大地为之颤栗。

他呆呆地坐在书桌前的椅子上，没有开灯。他的心情，就像那阴云密布的天空，非常沉重。

自到孟加拉国以来，工地上，无时无刻都有没完没了的问题等待他去处理，真的是千头万绪。在人前，他镇静自若，处变不惊，可是谁又曾知道，他的内心，承受着巨大的压力。

他履任多库公路工程总经理一职以来，把一帮人带到了这个陌生的国度，大家累死累活，事情没少干，但是成绩却还看不出来，本来大家心里就有点郁结，现在又出了人命事故。这个事故会严重地挫伤士气，刚才他对大家的一番安抚，虽说大家表面上似乎接受了，但是他心里明白，问题并没有从根本上解决，从大家垂头丧气的眼神里和有气无力的姿态中可以看到，此事对大家的信心是一次严重的打击，悲观情绪在暗中蔓延，要做好大家的思想工作，不是一件容易的事情。

黄斌的死，如同汹涌澎湃的巨浪冲击着堤岸，如今，堤岸上出现了管涌。如果洪水渗进管涌，管涌瞬间就会变成一个缺口，洪水会通过这个缺口排山倒海般倾泻，顷刻间堤岸会全线崩溃，洪水会一泻千里……

工程，到了最危险的时刻，千钧一发。

在抗洪抢险中，我们经常听到一句口号：严防死守。现在，工地也到了严防死守的最关键的时刻。

守住了，工程可能转危为安；守不住，就会一溃千里，不可收拾。

此时此刻，他突然想起来孟加拉国之前，曾有一位熟悉多库公路工程的同志语重心长地提醒过他："南宁市几乎所有了解这个工程的人都认为这个工程必死无疑。"当时他听到这句话并没有任何动摇。但现在想起这句话，他竟有点不寒而栗，一种从未有过的恐惧袭上心头……

他碰到了职业生涯以来的诸多的第一次。

第一次在异国他乡挽救濒临失败的工程；第一次承包一个施工过程要接受菲迪克条款严格监督的国际工程；第一次负责一个前期发生了巨额亏损，而且一进场就出现资金链断裂的工程；第一次承担月进度要比前期加快 5 倍左右的工程；第一次在工期如此紧张的时候，还要经历如此漫长而疯狂的雨季的煎熬；第一次经历要从第三国进口昂贵的石头填铺路面的怪事；第一次碰到黑恶势力猖獗，盗贼劫匪持枪威胁、绑架员工的施工环境；第一次看到员工为保护工程材料与歹徒搏斗流下的鲜血；第一次承担关乎祖国荣誉和孟加拉国执政党命运大事的重担……

自己还能像过去那样镇定从容，那样信心满满吗？

一年多的时间里，能完成余下的 58% 的工程量，能不辜负肩上的使命吗？

他心潮翻滚。

他的住所正好处于风口，狂风呼啸，似喊杀声、号啕声、咒骂声、怒吼声，声声向他奔涌而来，他承受着巨大的冲击……

他翻来覆去，无法入睡。凌晨两三点钟，他从床上爬起来，披衣伫立，望着风雨肆虐的夜空。风雨撞开了屋子的门窗，屋内漆黑一片。愤怒的霹雳穿透厚厚的云层，电光一闪，划破夜空，只见前方高大的椰树林在狂风中狂舞，挺直的树干变成了强劲的弯弓。在陈听正看来，这疯狂的雨季，不仅想摧毁我们的工程，还在撕裂着他的心。

自己肩上承载着的，是千斤重担啊！

他不停地在房里踱步，胸口像压着一块千斤巨石，让他喘不过气来。如果不是深更半夜，他真想仰天长啸，将胸中的郁闷一泻万顷。

这时，临行前母亲的嘱咐又在他的耳边回响："正儿，你去到工地之后，无论遇到什么事情，都不要动气，不要发火，不要愤怒，不要失态，记住要保持冷静，冷静，再冷静。""天下有大勇者，卒然临之而不惊，无故加之而不怒。此其所挟持者甚大，而其志甚远也。"

想到这里，他的心绪逐渐平静，心头压力逐渐缓解。

每个人都会有恐惧的时候，勇敢的人能正视恐惧，克服恐惧，战胜恐惧。胜人者有力，自胜者强。

他清楚地意识到，当今重中之重，是扫除工地人员的悲观情绪，备料，备料，备料，备足旱季到来时修路所需的材料。工程距离合同延长的最后期限不多了，时间特别紧迫，我们没有时间犹豫，没有时间悲伤。

他运筹帷幄，紧张地部署着下一步工作。

他指示总经理部向国内发去急电，再次紧急求援。

他支持胡安明总会计师巧妙运作，上门找运通银行协商，在我方的工程款尚未到账时，给我们的材料款支付打一个时间差，让材料商安心持票待付。

他停下脚步，伫立窗前。此时，老天下了一整夜的暴雨，有些累了，停了下来。天空出现了鱼肚白，天蒙蒙亮了。

辗转反侧，几乎又是彻夜无眠。他从床上起来进行晨间洗漱，发现两眼水肿，眼袋很重，他下意识地伸出两个食指，对眼睛做了一番按摩。

窗外被暴雨洗涤一新的绿树，在晨风中摇曳着，他深深地吸了几口暴雨后充满负离子的清新空气，想让昏沉的脑袋清醒些。

出了门来，他张开双手，做了几下伸展运动，调节好思想情绪，紧张的一天又开始了。

昨天，从大家失望的眼神和垂头丧气的表情里，他已经感受到了一种可怕的悲观气息。他深知，作为工地总指挥，全体人员的目光都倾注在自己身上，自己的任何懈怠，都会影响全体人员的情绪，影响全体人员的士气。特别是在工地发生人员伤亡事故这个关键时刻，自身的精神状态，更是成了一个敏感点。

尽管昨晚彻夜未眠，他感到头昏脑涨、浑身无力，但是，他不能让大家看到自己有丝毫的疲惫和不安，他必须挺直着腰板，精神饱满地出现在大家面前。

他立即召开了各个标段负责人的紧急会议。会上，他要求各级领导加强安全防范意识，以防止类似事故再次发生。他说："同志们，这个工程成败的重要意义，你们都很清楚，用不着我重复。为了这个工程，你们告别亲人，来到异国他乡，这里条件艰苦，施工难度很大，你们已经付出了很多很多。有些付出，成效立竿见影；有些付出，或许还要再等些时日才见成效。但是，我相信：有志者，事竟成！"

他接着说："又是资金链断裂，又是战友牺牲，双重打击，肯定会影响大家的情绪，工程进展本来就很困难，现在犹如雪上加霜。这正如一段堤坝，正在遭受洪水的猛烈冲击，现在堤坝上出现了管涌。如果我们加固了，守住了，洪峰过去之后，就会转危为安。但是如果在这个节骨眼上，我们稍有松懈，就会导致堤坝全线崩溃，洪水一泻千里，我们将前功尽弃，功败垂成。兵法所言'气绝而衰'，将士们失去了必胜的信心和决心，就很容易在心理上决堤。"

最后，他提高声调，放慢语速，神情异常严峻地说："同志们，工程到了千钧一发的最危险的时刻，成败关键，在此一举，希望我们全体工作人员，团结一致，众志成城，共度难关，去争取最后的胜利！疾风知劲草，风雨过后，会是满天的彩霞！"

他话音落定，会场先是一片寂静，接着，大家"唰"的一声起立，一齐鼓起掌来。这掌声，表达的是全体与会成员对陈听正动员令的认可。

他的这番充满激情、充满感染力的动员，很快就通过层层会议贯彻到了每一个员工。

有人对湖南人的性格进行了总结："不怕苦，不怕死，吃得亏，霸得蛮。"陈听正的性格是湖南人性格的集中体现，多库公路工程中，在这个工程生死存亡的危急时刻，陈听正将湖南人的性格发挥得淋漓尽致。

# ◎　战歌嘹亮

正在陈听正因为工程事故而忧心忡忡的时刻，他收到了国内的来信。

拿着来信，未曾拆封，他就知道是老母亲写来的，因为那笔迹太熟悉、太亲切了。母亲的信是 9 月 28 日写的，由南宁国际公司黄凤莲带到总经理部来的。

母亲在信中说，她知道工地出事了，儿子一定会承受巨大的精神压力，因此她建议将南宋爱国名将岳飞写的《满江红》的词谱写的歌曲作为工地的战歌，以振军威。陈母在信中写道，这首流芳千古的《满江红》能够激励中华民族的爱国主义精神和临危不惧的英雄气概，在当前的多库公路工地播放简直是太有意义了。细心的老母亲怕儿子在国外找不到歌词，特地将《满江红》的词工工整整地抄写了一份随信送来；她又怕儿子找不到曲谱，还特地寄来了歌曲的录音磁带。

《满江红》这首歌，在他很小的时候，母亲就教会他唱了，他也很喜欢，时不时在家里喊上两嗓子。但是，知儿莫若母，母亲知道，儿子样样能行，读书、干工作从不落后，唯有这歌唱水平，实在不怎么地，有时听着儿子用粗重的男中音喊出的变调曲，母亲总忍不住掩口悄然失笑。母亲想，让儿子教唱是指望不上了，当然，工地也许也不缺歌手，但为了保险起见，还是把录音带一并寄去吧。

收到母亲寄来的《满江红》的词和录音带，陈听正真是如获至宝、喜出望外。这可真的是久旱逢甘霖，雪中得薪炭，这是多么宝贵的精神食粮啊。

他一遍又一遍地读着母亲寄来的《满江红》。

怒发冲冠，凭栏处，潇潇雨歇。抬望眼、仰天长啸，壮怀激烈。三十功名尘与土，八千里路云和月。莫等闲、白了少年头，空悲切。　　靖康耻，犹未雪。臣子恨，何时灭。驾长车，踏破贺兰山缺。壮志饥餐胡虏肉，笑谈渴饮匈奴血。待从头、收拾旧山河，朝天阙。

这首千古传诵的爱国名篇，千百年来，家喻户晓。

可以说，我国古代诗词中，没有哪一首词像这首一样，传播得那么广，影响得那么深；也从来没有哪一首词像这首一样，具有如此强烈的精神感召力量。词中洋溢着决心报效祖国的高尚情怀，词中充满了以天下为己任的英雄气概。读着读着，陈听正觉得，这首词说出了自己的心声，他觉得这首词就是为他们工地而作。

他当即召开总经理部党委会议，提出将《满江红》作为工地战歌的想法，得到了党委成员的一致响应，会议决定由党委负责思想政治工作的马松喜副总经理具体落实这件事情。

马松喜接受这项工作任务后，立即以最快的速度将《满江红》的词打印好，分发给全线每位员工，人手一份，把《满江红》录音磁带复制了几份分发到每个标段，并向各个标段传达了总经理部党委的决定。那些日子，他不停地在各标段的工地和住宿地穿梭奔忙，了解员工思想状况，督促员工教唱、学唱，有时他也亮开嗓子，加入到员工大合唱的行列。每当他引吭高歌时，他感到全身的热血沸腾，力量倍增。

战歌响彻了工地，员工士气大震，马松喜的脸上露出了欣慰的笑容。

从此，工地战歌嘹亮。从此，工地上不再沉闷。

“怒发冲冠，凭栏处，潇潇雨歇……”

在碎石堆积的料场，在机械轰鸣的路面，在霞光初露的清晨，在暮霭沉沉的黄昏，战歌中焕发出员工们的活力。这歌声中透露出沉稳与悲壮，这歌声中传递着信心与坚毅。

战歌伴着车轮转，战歌随着汗水飞。

战歌点燃了工地员工胸中的熊熊烈火，满腔的热血已经沸腾，要为胜利完工而战斗。

精神上焕发出的力量是不可抗拒的，工地健儿们，高唱着战歌在黑暗中迎接着黎明。

# ◎　备料，危局中的生死考验

工程在艰难困苦中挣扎着一步步向前推进。资金链断裂的难题继续困扰着工地。

目前，路面工程最主要的任务是备料，在孟加拉国修路，准备材料是最令人头痛的问题。

工地资金短缺，更何况，即便是资金充裕，有钱也难买到材料啊！

孟加拉国地势低洼，雨量充沛，一场暴雨下来，到处是水乡泽国。路面工程必须要使用水稳性好的材料，才能保证公路的质量和使用寿命，这就需要大量的碎石和砖渣。

作为一个冲积平原国家，孟加拉国缺的就是石头。这一点与广西地区的情况完全不同，广西属喀斯特地貌，石山遍布，取石如探囊取物。孟加拉国筑路所需的石头主要靠每年雨季时从喜马拉雅山上冲下来，但这些石头归印度所有，工地需从印度进口购买，关税、成本、倒车倒船的运费，中间环节很多，因此，材料价格居高不下。进口石头不仅价高，而且量少，根本满足不了工地所需。弥补的方式是烧制过火砖，然后将过火砖敲碎来替代石头，从而减少石头的用量。

在孟加拉国，买石头不易，买过火砖亦很难。

笔者近期曾为写作此书到孟加拉国进行过实地考察，只见公路两旁，相隔不远即有一座高耸的烟囱，烟囱周围堆满了烧制好的红砖。陪同人员介绍说，当年筑路用的砖，也是这样烧制出来的。

烧砖需要大量的泥土，而泥土对于孟加拉国而言也弥足珍贵。首先，孟加拉国人口高度稠密，耕地是个宝，取土制砖，谈何容易。孟加拉国濒临大海，海拔很低，而且每年的雨量很大，制砖取土会使地势更低，导致洪水泛滥，也会失去许多宝贵的耕地。

更何况，孟加拉国是西方政治体制，奉行“私有财产神圣不可侵犯”的原则，那些土地的主人不听命于政府，除非他认定有利可图。所以，砖块价格也属不菲，这无疑又增加了工程的造价。

要在几个月的时间之内，由一群中国施工管理人员在资金短缺的情况下收购22万立方米的石头和1亿块过火砖整砖，真是难于上青天。

每年的7~11月这段时间是孟加拉国采购石料的黄金季节：这个季节的暴雨将喜马拉雅山麓的卵石冲刷而下，而且这时河水流量大，便于通航行船，有利于石头的运输。

按照过去传统的采购方式，这145公里路面所需的22万立方米石料，需要两个雨季方可采购完毕，而两个雨季，意味着得等到1994年10月方可采购到所有石料，可那时工地的施工延长期期限已到。不行！必须在1993年的雨季采购到所有路面所需的石料，这样才能够在规定的期限内完工。

时间是如此的紧迫，任务是如此的艰巨。

大家根据现有货源的情况加以匡算，得出的结论是，现在的货源远远不能满足施工的要求，怎么办？于是大家削尖脑袋四处探访，寻求新的货源。

事情终于有了一点眉目，12标段经理饶东平从达卡一个名叫多勒的材料商处得知，孟加拉国北边靠近尼泊尔边境的一处地方可能有石头，只是距离有点远，与工地相距300多公里。饶东平想来想去，别的地方再也找不到石头，远也没办法，也得去看看啊。

饶东平邀请多勒陪他一同前往，他们又寻访到了一个当地人当向导，加上工地的翻译陈志国。那天天刚蒙蒙亮，他们一行四人开着一辆小汽车出发了。

汽车在高低不平的乡间公路上前行，一晃三摇，像个醉汉，如果路况好，300多公里，最多也就五六个小时的事情，但是按照实际情况，他们估计得用十个小时。

汽车在向前爬行，公路两边的绿树、水田、村落慢慢地向后退去。这是一条偏远的乡间公路，路况极差，路上极少有其他车辆。

突然一阵狂风刮起，公路两边的树木开始在狂风中起舞，他们知道一场暴雨将至。孟加拉国的雨季就是如此，狂风暴雨说来就来，从来不事先打招呼。狂风收集着乌云，很快，乌云翻滚着奔涌而来，天空变成了乌黑的一片。随着一声惊天动地的雷响，一场暴风雨铺天盖地而来。雨滴重重地砸在车窗玻璃上，像是颗颗从枪膛里射出来的子弹，坐在车里的人真的很担心这子弹般的雨滴会将玻璃击穿。他们向旷野看去，只见密集的雨丝形成了一道白茫茫的雨帘，白花花一片，什么也看不清。

很快，脚下的公路变成了一条黄浊的河流。汽车在河流上像蜗牛似的向前爬行。

“停下!”那位当地向导向开车的饶东平示意，饶东平将车停了下来。向导说，这个地方地势稍微高一点，再往前开，汽车就会遭水淹而熄火了。他们只好停在原地等待风雨停歇，等待着洪水退去后再前行。

风仍然在肆虐，雨依旧在咆哮，丝毫也没有偃旗息鼓的打算。

饶东平和陈志国到了孟加拉国后，见识过这里的大雨，但平时他们都在房子里避雨，又和自己熟悉的一帮同事在一起，倒谈不上什么害怕。今天在荒郊野外的汽车里碰上了这场雨，身边又是两个并不十分了解的当地人，饶东平和陈志国虽说是两个大老爷们，但是心里也有点发怵。他们只盼着风快点停下来，雨快点停下来，水快点消退去，他们好马上赶路。

可是，今天这场风雨特别讨厌，“哗啦啦”“哗啦啦”，下得起劲得很，丝毫没有停歇下来的意思，时不时的一声惊雷炸裂，仿佛到了世界末日。

更加要命的是，天渐渐地黑下来了，公路上依然水流成河。没有办法，看来他们只能在这旷野中的汽车里过夜了。好在事先有准备，他们带足了水和食品。

四周越来越黑了，车窗外不见一星半点的灯光，一簇簇在风中舞动的树影像无数包围着汽车的怪兽，似乎随时可能扑过来将汽车咬碎吞没。

此时的饶东平，脑海里是十五只吊桶打水——七上八下：这些车外的“怪兽”还只是假想的敌人，车里坐着的这两个当地人，才真是需要提防的呢。虽说自己和材料商多勒打过交道，但对他不是十分了解，特别是坐在副驾驶座位的这位向导，更是初次见面。人心隔肚皮啊，在这异国他乡的荒郊野外，在他们的地盘上，黑夜沉沉，杳无人迹，他感到孤立无援。天知道他们这时有些什么想法，万一他们以为我们身上带着许多钱，为了洗劫钱财，把我们俩给“做了”，那我们就成了异国他乡的孤魂野鬼了。他望望两位当地人，黑暗中，他们的眼白和牙齿如一道道犀利的寒光，他不禁打了一个冷颤。他有点后悔来这里找石头，但是转念一想，不来也不行呀，工地没石料，这路还怎么修？他又怪自己事先考虑不周，把事情想得太简单，当初如果预想到这种情况，多带几个人，那么人员比就不是现在的2∶2，而是4∶2或者5∶2，那就安心多了。

“饶经理，再吃个馒头。”后排的陈志国将一个馒头递给他。他在接馒头的时候用手使劲地将陈志国的手捏了两下，示意他注意安全。陈志国也同样地用劲捏了他两下，表示知道了。

夜渐渐地深了，雨渐渐地变小了，“沙沙”“沙沙”的雨声变得很柔和，像一首催眠曲。一阵睡意袭来，饶东平有点倦了。

不行！不能睡！千万不能睡！饶东平将食指伸进嘴里，用劲一咬，差点咬出血来，一阵钻心的疼痛让他立马清醒了。

他盼望着快点天亮。可是时光仿佛凝固了，窗外依然漆黑一片。

好不容易，东方天际露出了一抹鱼肚白，饶东平总算是长长地舒了一口气。

雨停了，水退了，上路！

窗外的景色逐渐发生变化，原来是一马平川，现在进入了丘陵地带，也就是喜马拉雅山南部的山麓。汽车在弯曲的山道徐行。

“石头！石头！”陈志国突然兴奋地大喊，多勒和向导也激动起来。饶东平向一旁望去，只见田间地头真的有一颗颗的鹅卵石，越往前走，鹅卵石越多，而且还出现了巨大的石块。

饶东平把车停下，四个人下了车。呀，这里石头这么多！饶东平张开双臂向前奔去，仿佛是要拥抱自己久别重逢的亲人。

他在心中呼喊着：

千百里我追寻着你，
踏遍了异乡的土地。
我只想拥你入怀，
因为你是筑路的基石。

他弯下腰去，兴奋地搬弄一堆大石头，用手抚摸着。

“小心！蛇！”突然，陈志国大喊。

也许是饶东平摆弄石头惊醒了蛇的酣梦，一条大蛇突然从石缝中冒出，竖起前身，对着饶东平吐着信子。

说时迟，那时快，一道黑影飞出，一个箭步冲了过去，以迅雷不及掩耳之势，提起蛇的尾巴用力一抖，那功夫像足了中国杂耍中的舞霸王鞭，顿时蛇的骨头散了架，瘫在地上。

这黑影不是别人，正是那个当地向导。孟加拉国蛇多，这个向导制服蛇很有一手，关键时刻是他显了身手。

饶东平被吓出了一身冷汗。

在向导的带领下，他们找到了当地的庄园主库比森。

库比森在自己的庄园里接待了他们。庄园很美，它的中心是一座漂亮的三层小楼，小楼掩映在密密的荔枝、龙眼、芭蕉等果树的绿荫之中，一条小河围绕着庄园悠然流过。

他用咖啡招待远方来的客人。

当他听说客人来自中国时，就高兴地用中文说：“啊！你好！欢迎你！”

“你懂中文?!”饶东平又惊又喜。

库比森通过陈志国告诉饶东平，他懂一点点中文，因为他的父亲去中国经过商，他的父亲懂中文。

接着，库比森兴冲冲地从屋里搬出了一套茶具，说是父亲从中国带回来的。饶东平一看，是宜兴茶具，上面绘制了传统的中国山水画。在异国他乡看见了这件中国传统文化味极浓的物品，他感觉格外亲切。

顿时，主宾关系变得异常融洽。

库比森听说中国人在孟加拉国修路，来找他是想买他的领地里的石头，他非常高兴。他表示很愿意和中国人做生意，很愿意成为中方工地的材料供应商。

本来嘛，那些个石头，千万年来在山间地头躺着也是躺着，现在能够用来修路，还能够变卖成钱，库比森何乐而不为呢?

经过商谈，双方达成了供销协议，由供货方将石头按购货方提供的样品将鹅卵石破碎成碎石，碎石中不能混有泥沙和草屑，供货数量不限，双方谈妥了价格。

货源是找到了，但是 300 多公里的路途，运输是个大问题啊!

库比森说：“别急别急，这个事由我来解决。”原来这里有条废弃不用的铁路，他觉得可以利用起来作为运载道路。到底他是本地人，家里的人又会经商，有办法。后来正是通过这条铁路，火车将成品石料源源不断地运往了库什蒂亚。

真的是车到山前必有“石”，皇天不负苦心人。

饶东平没想到事情办得如此顺利，那个高兴劲啊，就好比他求而不得的貌若天仙的美女突然投怀送抱，昨夜的辛劳和恐惧又算得了什么，顷刻间，通通被他抛到了印度洋底。

回程路上，一路欢快，一车的人只觉得山也乐来水也乐，就连车轮在滚动中与道路摩擦发出的声响，也变成了一首动听的歌。

回到工地后，饶东平将探访货源的情况向总经理部作了详细的汇报，陈听正听后十分高兴，吩咐他抓紧落实。

工地在采购材料的过程中，遇到的困难一个接着一个。

当地各方势力之间的关系盘根错节，材料商划分了自己的地盘，各有各的势力范围。你垄断这一段市场，我垄断那一段市场。这种边界划分其实是不清晰的，纵横交错，你中有我，我中有你。他们时常为了争夺地盘，相互火拼，打得不可开交。可是，我方哪里弄得清这其中的复杂关系？买 A 方的材料时，无意中开罪了 B 方，买 B 方的又得罪了 C 方，反正都得得罪人。做不成生意的一方，就把怒火燃烧到我们的施工人员身上，施工人员在现场被打得头破血流之事时有发生。

孟加拉国的地方势力欺行霸市，垄断着经营权，处处刁难买家。工程项目急需石料，备料人员不得不硬着头皮跟他们打交道。

资金短缺，一直是工程中一个解不开的结。

在陈听正“无钱也要备料”的号令声中，各个标段的施工管理人员个个削尖脑袋、巧舌如簧地从材料商那儿赊购材料，材料是购回了不少，可是却债台高筑。

如今工地的材料欠款，已高达数百万美元。

在中国，欠账的是大爷，讨债的是孙子。但是在孟加拉国，讨债的是大象，欠债的是蚂蚁，讨债大象的脚一落地，欠钱的蚂蚁就得粉碎成泥。

粉碎成泥也得干，大家为工程铤而走险。陈听正在项目经理会议上一再强调：“当务之急是备料，不惜一切代价备料！”

我方买了材料，一时拿不出材料款，材料供应商就上门逼债。

通常的情况是，傍晚一收工，工地工作人员一回到住处，讨债的就来了。几十上百号人，把住处围得水泄不通，他们吵吵闹闹，让人无法安生。工作人员只得一再跟他们说好话、做保证，但他们全然听不进去，一直闹到深夜 12 点左右，方才退兵。第二天，又这样软磨硬泡，周而复始。

这还算好的，好歹有点君子动口不动手的味道，还有的人干脆动武。

他们动武的方式，是直接拿枪说话，用手枪顶着我方人员的脑门，或者用冲锋枪口朝着我方人员的胸膛："废话少说，要么给钱，要么给命，两条路由你选。"

碰到这种情况，我方人员人身安全受到威胁。像刘月莲、苏志雄等人，就因拖欠材料款受到过材料商的武力围攻。

就算如此，施工人员依然临危不惧，生命不息，备料不止。在材料采购中，工地人员还得与不法材料商进行流血斗争。

有个材料商，在当地欺行霸市，颇有恶名。他运了一批红砖到 9 标段材料场。顾问处检验过后，得出结论：这批红砖质量有问题，不予认可。

按照规定，不合格的材料，就不能收货，更不能给钱，这本来是天经地义的事情。

因为当时确有工地拖欠材料商材料款的情况，于是这个霸道的材料商谎称 9 标段收了他的货不给钱，企图浑水摸鱼，获得不明真相的人的支持，并以武力威胁，企图让不合格的材料蒙混过关。

"这还了得，在老子的地盘上，买了老子的东西，敢不给钱?"霸道的材料商叫嚣道。

一天下午，霸道的材料商喝得醉醺醺的，跑到 9 标段驻地，借酒撒野撒疯。拿着手枪朝着看守材料的 9 标段副经理林福祥晃来晃去，骂骂咧咧，粗话脏话随着满嘴酒气喷出来。

林福祥一看情况不对，赶紧让黄殿芳翻译跑去叫副经理冯步广。

冯步广赶过来说理："老板不要这样，不是我们不给钱，我们在合同中约定得很清楚，所供应的材料必须经顾问处认可。顾问处认为，你的砖不符合要求，不能用。我们根本就没有收你的货，怎么能给钱?"

霸道的材料商哪里会跟他讲道理，用手枪顶着冯步广的头，满嘴喷着酒气，说："少废话！200 万塔卡……这样，50 万……这样，1 比 40……这样，给钱，不给钱今天就打死你!"

刹那间，现场所有人的脸色刷白，屏住呼吸，大气都不敢出，看着黑洞洞的枪口顶在冯步广的头上，冯步广命悬一线。

在酒精的作用下，对方似乎已经丧失了理智。

冷冰冰、黑洞洞的枪口顶在自己的脑门上，这情景只是过去在电影电视上见过，今天自己突然遭遇上了，真的是猝不及防。冯步广眼前一黑，心里暗想：糟了，遇上土匪加酒鬼，他极有可能失去理智杀人，食指一动，我就完了。

但是此刻，工地广大员工冒死突击为工地备料、护料的情景浮现在他的眼前，工程在每一个员工心中都是千钧之重，冯步广本能地想：即使我死，也不能让国家的财产遭受损失，不能让工程项目死。

他为自己壮胆：怕什么，大白天，众目睽睽之下，他敢随便开枪打死我，他也跑不了。

想到这些，冯步广立刻镇定下来，盯着对方看了几秒钟。发现对方血红的目光稍微有一丝躲闪后，他立刻做出了判断：这家伙其实不敢开枪，他仅仅是威胁而已，目的是要钱，不是要命。

双方僵持着，这其实是一场心理战，“狭路相逢，勇者胜”。

冯步广对材料商说：“老板，材料不合格，这钱真的不能给。如果你真的觉得你那批货值200万塔卡，你就开枪！”

毕竟是一正一邪，邪不压正。僵持了一会，那家伙本来以为用枪这么一威逼，中国人便会乖乖收货，乖乖交钱，没想到碰上了这样一条硬汉。见威胁无效，他收起了手中的枪，丢下几句话：“你今天不给，明天也得给，你跑不了，跑不了的！”然后走了。

这其实是灰溜溜地退了场。

在场的当地人都看傻眼了，等那家伙走后，纷纷围上来，仰视着临危不惧的英雄冯步广说：“你真行啊，居然不怕死！”

“怕死，就不来孟加拉国。”他随口说了一句。

中国人不畏死，奈何以死惧之？从此，在当地人的心目中树立了中国人高大威猛的形象。

这样企图以次充好的事件还发生了多起。1993年11月的一天中午，有一伙材料商趁着工地人员吃饭的时候，把不合格的材料运进11.5标段料场，直往合格的材料里堆，企图蒙混过关。

刘月莲闻讯，立即驱车赶往料场，向他们声明：“你们这些材料未经顾问处认可，不能往这里放！”

她继续警告说：“你们堆上去，我们也不能付款。”

材料商运来的不合格的料已经堆上去了，见经理部的人来了，他们赶紧开溜。这种以次充好的行为，只要人没被当场抓住，事后你经理部的人就算长着八张嘴，也说不清。

刘月莲和司机见对方想开溜，赶紧下车阻拦。于是双方由拉扯变为打斗，打斗中，刘月莲的头发连同头皮被扯下一大块，鲜血直流。

司机和她同时大声呼喊：“救命啊！救命啊！”

刚好此时吃罢午饭在料场的我方工程人员听到呼声，赶来参战，抓住了行凶的歹徒。

这时刘月莲的头部还在流血，司机拉她上车去医院做清创处理。

刘月莲说：“现在没空，等下再去医院，我必须在这里指挥，将那些未经监理认可的不合格的材料清理出去，当场让他们拖走，不然事后说不清。只有我才分得清楚哪些是合格的材料，哪些是混进来的。”

经过一个多小时的清理，这事才处理完毕。

随后，刘月莲来到医院清理伤口。这时候伤口上的血已经凝成黑色的硬块，头发和血块粘在一起，很难分开，很难清创，只能将伤口周围的头发全部剃去。医师责怪她说：“为什么不早来处理？现在才来，要增加许多痛苦，万一感染了怎么办？这是头部伤口，可不是闹着玩的。”

刘月莲没有多做解释。医师一边和她说话，一边为她清理伤口。不一会，刘月莲的头被剃成了“阴阳头”，她见到镜子中自己的模样，笑了。当时带着满头的鲜血坚持在工地指挥清理材料时，她也感到阵阵疼痛，甚至一瞬间眼前发黑，险些晕倒。但是她身处在全体员工冒死备料、护料的非常时期，大家都有一种忘我的献身精神和满腔的热血，在这样的大环境下，每个人都有一个共同的信念，就是为国家的利益而拼搏。更何况刘月莲没意识到自己的伤势有那么严重，以为只是受了点小伤，没关系，所以她坚持不下火线。

这类事件屡屡发生，引起了总经理部的重重忧虑。刘月莲是个女同志，身处吉内达那种命案频发的地方，有时凶手逃之夭夭，警察都管不了。刘月莲在那里再待下去，实在是太危险了。

毕竟，这场硬仗需要的是谋士、是战士、是勇士，不是烈士啊。

经总经理部研究决定，将刘月莲同志调离 11.5 标段，到总经理部来工作。

接到调令，刘月莲想：我在标段工作已经进入角色，标段已离不开我，我不能离开。于是她向总经理部领导打了一个报告。

总经理部领导：

我标段的所在地吉内达，是整个工程项目中社会治安最混乱、环境最恶劣、情况最复杂的一个地方。就算把我调走了，以后不管是谁来接任这个标段经理，都要面对这个无法回避的现实。如果我因为这件事情调离，当地人就会认为我们中国人胆小怕事好欺负，他们就会更加猖狂、更加频繁地来骚扰我们的工作，破坏我们的生产，威胁我们的生存。到那时，工期的进展将延迟，工程更处于被动状态。

更何况，我已经熟悉这里的情况，这里的工作离不开我。

有鉴于此，我决定还是留下来坚守岗位，和大家一起同生死、共存亡，为祖国的荣誉决一死战！

我早已把个人的生死置之度外，只要能确保工程顺利完成，哪怕死了，我也死而无怨！哪怕死了，我也是为国争光！

刘月莲

这个报告写得很悲壮，表达了一种“我不下地狱谁下地狱”、事业重于生命的献身精神。

陈听正看罢，喟然长叹：“有这么坚强勇敢的女汉子，有这么深明大义的好同志，何愁我方工程不胜！”

于是总经理部批复：

总经理部党委高度评价刘月莲同志在保卫国家财产和加快多库公路工程建设中大义凛然、无私无畏的崇高精神。我们尊重刘月莲同志的请求，同意她继续留任 11.5 标段经理，直至施工任务完成。同时要求 11.5 标段的全体员工在刘月莲同志的领导下，在勇敢面对黑恶势力的挑衅和破坏时，首先保护好自己的人身安全。

在陈听正发出的“没有钱也要想方设法、千方百计备料”的号令声中，各个标段拼死苦战，终于让料场石料堆积如山。

各标段为了采购这些材料，可谓历尽艰险，流血玩命。可谁曾料想，采购材料要玩命，守护材料也要流血玩命啊！

工地采购人员将千辛万苦买回来的石料堆放在料场。这些石料原来是毛石，从印度进口，用船、用汽车运过来，然后拉到工地被加工成碎石，材料费、运输费、人工费等加起来，一方碎石的成本为 42 美元，当时相当于人民币 370 元，一堆堆石料，其实是一堆堆金钱啊！

一些心怀不轨的当地不法分子打起了材料的歪主意。他们有时偷，有时甚至明目张胆地抢。他们将材料偷抢走后，又将这些材料卖给我们，这样，同一批材料购买两次，成本自然增加。

孟加拉国社会治安混乱，不法分子偷抢工地材料时往往持有枪支，我方人员在保护材料时常常要冒着生命危险。在一次次材料保卫战中，我方人员上演了一幕幕只有在警匪电影中方可看到的惊悚场面。

1993 年 10 月 16 日晚上，玛古拉乌云密布，雷鸣电闪，狂风大作，椰树摇曳，下起了倾盆大雨。11 标段材料员师博艺老是挂念着料场的那些价格昂贵的进口石料：有漂石，也有鹅卵石。漂石是从印度进口的，鹅卵石是从尼泊尔进口的，都是珍珠般的宝贝啊，盗贼极有可能在下雨天对它们下手。于是，第二天清晨，雨还没停，他骑着孟加拉国朋友比滚借给他用的那辆摩托车，赶往距离标段 5 公里处的料场。

一看，糟了，果然有贼！

料场外停着三台窃贼的卡车，几十号人趁着大雨时周围无人看管，手忙脚乱地“咣当咣当”往车里装石料。

他马上冲到卡车前，张开双臂，指着窃贼大喊：“你们搞什么？住手！”

几十号盗贼，见他孤身一人，停下来，望着他。

师博艺一人与几十号人对峙着。

盗贼的头头一声喊，“打！”瞬间，几十块砖头朝师博艺砸了过来，他一边后退，一边用手护住头部。手被砸伤了，流出鲜血，他也顾不得，赶紧发动摩托车返回标段，向经理刘军报告此事。

刘军立即赶去报警。

师博艺顾不得包扎伤口，又开着摩托车赶回料场。谁知，三辆卡车不见了，盗贼也不见了踪影。

盗贼，你往哪里逃！他顺着公路一直猛追，追了十几公里，终于看到了其中的一辆盗窃石料的卡车。他超车过去，不顾生命危险，把摩托车横在路上。

师博艺手扶摩托车柄，双脚蹬地，屹立在道路中央，像一尊威武的雕像，想以此震慑逃跑的盗贼，逼他们停车。

这些盗贼真是贼胆包天，他们见横在路上的摩托车和人也不减速，径直向前冲过去，他们大约想以这种方式逼迫对方让道。

师博艺见卡车竟然径直冲过来，他本来可以一踩油门，开着摩托车躲闪，这样他自己会很安全，可是盗贼就会逃脱了。为了拦住卡车，瞬间，师博艺做出了一个非常危险的举动。他没有骑车躲闪，而是从摩托车上飞身跳下，闪身往路边一窜，留下摩托车横在路上截拦卡车。他刚从摩托车上跳下，“砰”的一声巨响，卡车就撞上了摩托车，摩托车在路上翻了几个滚，卡车才被迫停了下来。

幸亏师博艺身手敏捷，闪得干脆利落，如果稍有牵扯，躲闪不及时，此刻被撞飞的，就不单单是摩托车了。

千钧一发啊，如果师博艺晚跳离一两秒钟，他就会被卡车撞飞。这是生死时刻，有时生与死的界限，只在一两秒的瞬间。

师博艺飞身翻起，冲到卡车前，像交警一样做出停车的手势，挡住卡车的去路。

盗贼被师博艺的举动镇住了，他们不敢再往前开。

此时，12 标段的经理饶东平和书记曾德文，还有总经理部的几个领导去标段开会，正好路过。见此情景，忙问怎么回事，师博艺把事情的经过说了一遍，告诉他们刘军已经报警了。饶东平等人怕师博艺吃亏，就一起待在那里等警察来。不一会，警察驱车赶了过来，车被扣下，盗贼被逮捕了。

直到这时，师博艺才觉察自己的胳膊受伤了，于是他回到总经理部做了创口处理。

后来，部分被盗抢的石料被追回。

事后有人问师博艺：“你以身拦车，难道不怕被车撞？难道不怕死？”

师博艺说：“当时没想那么多，根本就没想到生和死的事，看到窃贼逃跑，我心里着急，一心只想逼停他们，其他的都不考虑了，现在回想起来，我也感到后怕。”

1993 年 12 月 6 日，12 标段的书记曾德文值班，在路上巡查，在距离经理部 17 公里的地方，发现一群盗贼正在偷石料。

对方是一伙人，自己是一个人，怎么办？是赶紧回经理部喊人，还是当场制止？回标段喊人，太远，来不及了。他不顾个人安危，冲上去制止。那些盗贼见对方只有一个人，好对付，就拿着石块砸他。他警告这些盗贼："警察是不会放过你们的！"

他刚想揪住其中的一个盗贼，一块石头忽地飞来，击中他的后脑，鲜血涌出，染红了衣襟。盗贼们以为他会害怕，继续往车上装料。

曾德文想，糟了！寡不敌众，若回去报信又来不及，怎么办？总不能眼睁睁地看着他们盗窃啊。他真有点叫天天不应，唤地地不灵的无奈感。情急之中他灵机一动，一手捂着脑袋上流血的伤口，一手指着他们，用蹩脚的孟加拉国语厉声喝道："你们偷盗修路材料，还行凶伤人，我们已经报了警，警察马上就要来了！"

偷料的事情是曾德文突然发现的，哪有报警呢？原来他在唱"空城计"。

这"空城计"唱得不错，那帮盗贼马上被镇住了。孟加拉国政府为了配合工地施工，对盗窃、抢劫工地材料的罪犯打击力度很大，前不久当地处决罪犯时，警方还将一个抢劫工地财产的歹徒押往刑场陪斩，盗贼见曾德文伤口的血不断往下流，又听说警察马上要来，害怕了，丢下盗得的石料，慌忙逃离现场。

闻讯赶到现场的海静涛看到曾德文头部流血，吓了一大跳，赶紧扶着他回到标段。那天总经理部奚医生正好也在标段，见曾德文头部的伤口在流血，忙着给他止血。奚医生把棉球放进伤口清创，边操作边问："小海啊，你怕不怕？"

"不怕的。"她神情淡定地回答。

奚医生掏出来第一个鲜红的棉球，接着掏出第二个鲜红的棉球，当第三个棉球掏出来的时候，海静涛晕了过去……

看着曾德文鲜血淋漓的头部，奚医师的心也在发抖，作为医生的他努力控制自己的情绪，不让自己的手发抖。

奚医生的每一次清创操作，曾德文都感到一阵阵刺痛，他紧紧咬住牙关。伤口处理完毕，曾德文的衣服也已被汗水浸透了。

9 标段的料场在菲利普，那个地方跟吉内达一样，治安混乱得很。

1993 年 10 月 23 日，9 标段副经理杨荣才带着员工去拉料，一帮人围过来拦住他们："不能拉料，你们的材料钱没有给够，这些材料还是属于我们的。"

真的是胡说八道，材料钱明明已经给够了，怎么又说没给够呢？这是明目张胆地打劫，是地头蛇组织人来敲诈勒索。

杨荣才副经理派翻译林东庆去谈判，林东庆和他们好说歹说，都没说通。

工程都火烧屁股了，不拉料怎么施工？杨荣才火气上来了，大声说："不理他们，我们装料！"

对方头儿见状，捋起袖子喊："你们敢装料，我们就敢打！"敲诈勒索者倒先喊打喊杀起来，反了天了！

要开打？杨荣才还会怕你？论打斗，他可算是个把式，他一声大吼："想打架？来啊！"

只见杨荣才一个马步扎庄，稳稳当当地定在那里，对方的人在头儿的带领下，蜂拥而上，对他一阵拳打脚踢，杨荣才岿然不动。这种拳脚对杨荣才来说，不过是花拳绣腿、耍小儿科。等他们闹够了，突然，杨荣才大吼一声，来了个360度扫堂腿，那帮人像秋风中的落叶，被扫落一地，一个个哭爹喊娘。杨荣才一挥手，对司机和修理工喊道："给我上！"大家一齐向对方扑去，一顿猛捶。有道是"射人先射马，擒贼先擒王"，杨荣才一个恶虎掏心，抓住对方头儿的胸襟，然后像玩木偶般，换手抓住他的后衣襟，几阵摇晃之后，杨荣才猛力向前一推。头儿往前几个趔趄，摔了一个嘴啃泥，趴在地上动弹不得。其他人见状，撒腿就跑，我方人员紧追其后，杨荣才招呼大家停手。他一只脚踏在头儿背上，说："今天算是小试拳脚，给你们一点教训，让你们尝尝口味，想和我玩武行？你们还嫩点。今天放你们一马，今后还想捣乱，尽管来。"

杨荣才事后谈起此事，十分自豪："施工环境实在太恶劣了，有时警察也不管用，在那段日子里，你要是怕死，工程就莫要做了。不光是我们9标段的人敢打敢拼，所有标段的员工遇到这类事，个个往前冲，个个不怕死，真是打硬仗的队伍啊。"

总经理部随队的奚医生，在这段职业生涯中做得最多的一件事，就是经常做护士的工作，为挨打的工程人员处理伤口：消毒、清创、止血、包扎、缝针……

修这条路，不但让人流泪、流汗，还要流血啊！

据不完全统计，在购买和保护材料战中，先后有36位干部职工被歹徒殴打致伤，但是谁也没有因此退却，谁也没有说一句怨言，他们擦干血迹，包扎好伤口，又投入了新的战斗。

有人说，以陈昕正为首的第四任领导班子之所以能反败为胜，让多库公路改建工程完美收官，是因为有国内强有力的资金支援，这话说得对，也说得不完全对。国内的有力支持是工程取得最后胜利的一个重要方面，如果没有国内的资金支持，工地欠了材料商那么多钱无法还清，陈听正等人也许早就被材料商围攻得性命不保，下阶段的施工根本无法进行。但是如果等国内资金到位他们才备料，那时备料的黄金季节已过，没有材料，巧媳妇难为无米之炊，下阶段的施工只能是子虚乌有，只怕是资金到了，我方也该卷起铺盖走人了。所以，如果没有工地员工千方百计、削尖脑袋四处寻找货源，没有工地员工苦口婆心、好话说尽地向材料商赊账，没有工地员工为应对材料商的讨债临危不惧、冒死备料，没有工地员工冒死保护采购回来的材料，即便有后方的大力支援，工程也是不可能如期完工的。多库公路最后之所以能够取得胜利，祖国大后方的尽力支援和工地员工的冒死拼搏，这两方面的因素，缺一不可。

# ◎ 整治10标段

由于在国内处理有关事情，副总经理张诗云最后一批抵达孟加拉国。1993年10月13日傍晚，他登上了由香港飞往孟加拉国首都达卡的航班，随行者，还有他从桂林公路总段带去的工程技术人员古廖华和孟燕京。

飞机上，坐在他身边的，是一个具有西方血统的英俊青年。

“老先生，你去孟加拉国，是探亲还是经商?”

这个外籍青年一口中文说得溜熟。张诗云时才50岁，应该说正值人生壮年，也许是因为他少白头的缘故，被这位青年称为“老先生”。

“不，不是探亲，也不是经商，我们国家在那里有一项工程，我是去参加施工管理的。”“老先生”回答说。

“管理工程?”外国小伙子满脸疑惑，觉得这位中国“老先生”不简单，老当益壮啊。于是竖起大拇指说：“你们中国人，这个!”

“老先生”笑了笑，表示谢意。

夜深了，同机的人一个个进入了梦乡，机舱里很清静。唯独张诗云睡意全无，他内心思潮翻滚。

这位外国小伙子的疑惑并不是毫无道理，一个年届五旬的知天命的人抛妻别子去国外打拼，是有点不合时宜。更何况，自己在国内的事业正是一帆风顺的时候。1967年，张诗云从湖南大学土木系毕业，被分配到桂林公路总段工作，从技术员干起，随着专业知识水平的提高和管理经验的积累，他成为了单位具有过硬施工经验的业务骨干，获得了高级工程师职称，并担任总段的副总段长的职务，是施工和管理方面的双料人才。前两年广西公路大会战中，他率领桂林公路总段施工管理人员参与南梧公路施工，打了一个大胜仗。他主管的工程比别的路段提前一年完工，工程质量过硬，节约了大量的施工成本，一时声名大振。

此时的张诗云可谓工作上顺风顺水，上下人脉畅通，前景看好。可是，他却突然抛下了这一切，只身调往南宁，一切从头开始。

大家都清楚，他被调往南宁，实则是为赴孟加拉国做准备。当时多库公路工程受阻，急需公路工程技术的高端专业人才。服从祖国需要，为祖国贡献力量，是一个具有爱国之心的知识分子最起码的觉悟。当老同学陈听正向他发出邀请时，他没有做更多考虑，就立即答应了下来。

大学时代，他和陈听正就结下了深厚的友谊。他们在一起畅谈理想，畅谈人生，相互交流学习经验。岳麓山头、湘江河畔都曾留下过他们的足迹。

毕业后，他和陈听正一同分配到广西，同在公路系统工作，在工作上、生活上多有交往。

长期的接触，他深知陈听正这位老同学、老朋友的品德、为人、工作能力和处事方法，觉得这个人值得交往。

带着对往事的回忆，他慢慢地沉入了梦境。

一阵小睡之后，飞机抵达了达卡机场，此时正值凌晨2点。他和古廖华、孟燕京一起走出机场，迎面看到一个熟悉的身影——陈听正。

他快步走上去，两双大手紧紧地握在了一起。

“你工作那么忙，又那么远，还深更半夜的到机场来接我，不好意思啊!”张诗云又是感动，又是不安。

“你那么远从国内来了，半夜下飞机，人生地疏的，我不来接，对得起朋友?”陈听正说起话来总是满脸真诚。

几个人边走边聊，坐上了等候在机场外的汽车，西渡恒河。一路上，二人继续聊着天。

“我一句话，还真的把你调来南宁了。你在原单位顺风顺水的，让你到孟加拉国来为我‘陪斩’，不好意思啊。”陈听正不无歉意地说。

“我也一诺千金啊!”张诗云深沉地说。

“一诺千金？对！一诺千金!”陈听正先是一愣，立马回过神来，二人相视大笑。

提起这“一诺千金”，还有一个小故事。

当年在大学读书时，有一天，张诗云回到宿舍，看到桌子上的杯子里有酒，大约有三两，他不屑地说：“这点酒，我一口干。”从不喝酒的陈听正听见了，说：“真的？如果你一口干了，我再去打一斤酒来。”陈听正话音未落，张诗云端起杯子一饮而尽。张诗云以为是闹着玩的，没往心里去。谁知陈听正却“咚咚咚”地跑出宿舍，买回一斤瓶装白酒，交到了张诗云手上。

陈听正一家九口人，父亲、母亲加上 7 个弟妹，全靠当中学教师的母亲养活。一斤瓶装白酒的价钱，对于陈听正的家庭而言，是一笔大数目，张诗云直怪他不该这么较真。陈听正却说：“君子一言，驷马难追，一诺千金啊！”

回想起当年的情景，一阵暖流涌上了他们的心头。

“赵老师准备什么时候调南宁啊？”陈听正转了话题，问起张诗云夫人的调动情况。

“她总认为桂林好，山清水秀的，不愿到南宁来，说是如果调来南宁，将来就没法在桂林养老了，所以她准备提前退休到南宁来持家。”

“哎呀！是这么回事？她也是一个人才，半途而退，可惜了啊！”陈听正表示十分惋惜。

二人在汽车上一路聊着，天渐渐亮了，汽车乘轮渡过了恒河，驶上了多库公路。

第二天，陈听正陪张诗云乘车将整个路段走了一遍。一路上，他给张诗云介绍各个标段的情况，察看各个标段的路面。汽车在坑坑洼洼、崎岖不平的道路上行驶。雨季期间，各个标段备起了一定数量的石材，逐渐步入正常的施工轨道。但汽车行驶到 10 标段时，情况却大不一样了，与别的标段相比，这里冷冷清清，道路也泥泞不平。在公路施工现场摸爬滚打了几十年的张诗云一眼便看出，10 标段是全路的“肠梗阻”，是所有标段中问题最多、困难最大的标段。

一路上，陈听正向张诗云详细地介绍了 10 标段的具体情况。

10 标段原来有 23 名管理人员，是湖南岳阳路桥公司的员工，是陈听正在湖南岳阳公路总段工作的老同学介绍来的。

这支岳阳队伍来到孟加拉国工地以后，严重“水土不服”。广西队伍事先对多库公路工地情况早有耳闻，对这里的艰苦情况也早有思想准备，他们来孟加拉国，是准备来吃大苦、出大力的。而岳阳路桥公司的员工，特别是普通员工却不同，他们事先对工地的困难情况并不十分了解，以为国外遍地黄金，他们是抱着“掘金”的心态来孟加拉国的。来了以后，一看到工地困难重重，他们顿时傻了眼。

他们居住的工棚就搭建在水田旁边，十分潮湿，睡觉的床板下面长了一层厚厚的霉，让人看着就会起一身的鸡皮疙瘩，睡上去浑身发痒。下大雨时，半夜醒来，床铺像水面上的一条船，床下全是水，床下的鞋子飘得不知去向。他们的工作也遇到了困难，由于隔三岔五下瓢泼大雨，他们所承建的道路成了一个接着一个的大水坑，几乎每天深夜都要去抢救在路上抛锚的车辆。碰上脾气不好的司机，还要被羞辱甚至殴打。他们进场两个月了，工程进度几乎为零。这一切，让他们大呼：早知如此，悔不当初。他们一个个垂头丧气，干活无精打采。所以，别的标段干得热火朝天，这里却是冷冷清清的。

岳阳方面人员认定工程会搞不下去，最终会以严重亏损而收场，为了回避风险，他们提出要改市场承包为劳务承包，这样，所有的亏损是总承包方的，与他们无关。

经过与岳阳方面的几轮紧张谈判，陈听正接受了他们的变总承包为劳务承包的要求。

尽管岳阳方面的要求得以实现，但他们还是认为来孟加拉国是上当受骗，当了“冤大头”，怨气大得很，动辄骂娘，出工不出力。

最后他们决定毁约退场。

这件事情非同小可，只要有一支队伍毁约退场，可能就有人仿而效之。

事不宜迟，陈听正马上赶到 10 标段，亲自挽留，和他们分析事情的严重后果，劝他们以大局为重，树立信心，以长远的观点看问题，坚持下来，争取最后的胜利。

可是岳阳方面仍坚持毁约退场，去意已决。

既然如此，好合好散，宁可人负我，不可我负人。于是陈听正说：“你们实在要走，留也是留不住的了。那好，我让人开车把你们送到达卡。”

岳阳方面一听，顿时瞪大了眼睛，他们原本以为陈听正会恼怒地拂袖而去，却不曾想他有如此的绅士风度。

就这样，岳阳方面的人员基本走了，只有苏俭来领着六个人留了下来。

真的是屋漏偏逢连夜雨，岳阳方面毁约退场是继黄斌事故后对陈听正的又一次沉重的打击。他生怕这件事情引起连锁反应，这样就溃不成军，一败涂地了。

陈听正担任着这个总经理的职务，犹如挑着一担满满的油，光着脚在泥泞溜滑的道路上走，时刻都得万分谨慎，万分小心，不能有丝毫摇摆，要保持绝对的平衡。挑着的油不能洒出一滴，洒出了油，就会增加路面的滑度，路面一滑，就会更难以行走，若稍有闪失，一脚滑出，一担油就会泼个精光。

神经如此紧张，长此以往谁受得了啊！

好在，由于工程渐有起色，由于岳飞的《满江红》成为了工地员工的精神支柱，因此，工地没有因岳阳方面的退场而引发思想上的波动。

岳阳方面的人员走了以后，10 标段的力量十分薄弱，必须补充施工管理人员并加强领导力量。于是，陈听正找到杨荣说："杨荣啊，想安排你一个新任务，去 10 标段当经理，原来 10 标段的经理苏俭来当副经理。"

杨荣听后想了想说："不行啊，你原来是说让我来搞电脑的，现在让我去管 10 标段那几十号人，那些人个个有一手，让我这四肢发达头脑简单的人去管他们，开什么玩笑。"

"不是开玩笑，你的头脑可不简单，你是公路工程专业出身，完全有这个能力。"陈听正认真地说。

杨荣虽说想推托陈听正的安排，但是，他知道陈听正遇到了难处，才会来找自己。陈听正对自己是有知遇之恩的，自己怎么能一推了之呢？他答应了下来。

"你去了以后，给你一个硬指标：第一个月必须完成 400 万塔卡的产值，否则就地免职，遣返回国。"

这下杨荣张大了嘴巴，惊讶得不知说什么好了。他想，一个月完成 400 万塔卡的产值？这是不可能的，这不明摆着是要将我遣送回去吗。

杨荣找到最了解工程情况的苏拥军，和他进行探讨，苏拥军经过一番思索后，鼓励他说："杨荣，你能行的！"

之后总会计师胡安明也找杨荣仔细分析了工地的情况，并和他认真地规划如何在第一个月完成 400 万塔卡的产值和方案。最后，胡安明也跟杨荣说没问题，让他大胆地接受任务。

"我这里存有茅台酒，我把酒留着，等你完工的那天给你庆功。"胡安明说。

就这样，杨荣到 10 标段上任了。

但是杨荣和岳阳方面留下来的副经理苏俭来在工作方式和观点上不统一。两个人都是年轻人，都自命不凡，又都是火爆脾气。平时两人经常因工程中的事情发生争执，火药味十足。

1993 年中秋的晚餐，饭堂炊事员做了几个菜，大家喝了几口酒，有点眼热耳酣。

杨荣说："老苏，过了节，你负责的那些涵洞不能再拖了，赶紧动工。"

"老子负责的事情老子自己管，用不着你操心！"苏俭来喝多了，借酒发起了疯。

杨荣是谁？他可是有名的头上长角、身上长刺的货色，多少人都不放在眼里，只有人家绕着他走的，他还从来没绕过别人。你苏俭来算个什么，敢在我面前耍泼，算你有眼无珠！

杨荣抡起拳头一拳捶在桌面，震得桌子上的盘子、杯子乱晃，他大声吼道："苏俭来，你充谁的老子？嘴巴放干净点！"

"我就是你杨荣的老子，怎么的！"苏俭来借助酒兴愈加狂妄了，瞪着眼睛吼道。杨荣冲过去要揍苏俭来，被人死劲拉着。岳阳人乘机起哄，把酒桌掀了个底朝天。这一架闹得两人怒目相向，谁也不服谁。

陈听正是竹筒倒豆子，把 10 标段的情况向张诗云抖了个明明白白。

最后，他们在 10 标段停了下来，当晚，他们参加了 10 标段的工程例会。

会后，陈听正对张诗云说："怎么样，老同学，10 标段这个烫手的山芋，你是不是接过来，先到 10 标段蹲点？"

张诗云很仔细地听了陈听正对工地特别是对 10 标段情况的介绍，他心里明白，老同学是想把这个最艰巨的任务交给自己。本来，张诗云初来乍到，对各个标段的情况并不了解，在这样的情况下，他让张诗云去 10 标段蹲点，张诗云肯定二话不说接受任务。但是事先陈听正却带着张诗云走了一遍整个工地，让他了解实情，让他事先明白，这是最落后的标段，是最艰巨的任务。这是陈听正一贯的工作方法，也是张诗云最佩服他的地方。

"没问题，老同学，你将最艰巨的任务交给我，是对我的信任啊！"张诗云毫不犹豫地表了态。

"另外，你还得负责整个工程的材料收购管理工作。作为第一副总经理，如果我离开工地，譬如说回国开会，你还要代我行使总经理职务。"和张诗云说话，陈听正很随便，直来直去的，一口气将工作布置完毕。

把 10 标段交给张诗云，陈听正是有他的考虑的：张诗云和杨荣都是广西公路系统的人，张诗云是自己的老同学，这点杨荣知道，所以杨荣一定会买张诗云的账。同时，张诗云是湖南人，和岳阳方面留下的那七个人同是湖南老乡。“老乡见老乡，两眼泪汪汪”，有这层关系，相互之间可以拉近许多距离。

所以，张诗云如同是一贴强力黏合剂，加之在行政管理上，他很有一套，所以让他来管理 10 标段，再适合不过。

这就是陈听正知人善任的又一个表现。

安顿好了张诗云，陈听正准备回总经理部，临行前他拍了拍张诗云的肩膀说：“老同学，好好干，功成之后，又让我妈妈煮狗肉来庆功啊！”

说起这这个故事，两个人又陷入了往事的回忆中。那是 1962 年的深冬，湖南长沙寒气逼人。

“星期天上我家吃狗肉去！”有一天，陈听正对他的好朋友张诗云和谢再根说。那时的穷学生肚子里油水少，大冷天的能吃上一顿热乎乎的狗肉，暖人啊！

到了星期六，他回家把想请同学来家里吃狗肉的事对妈妈说了，妈妈很高兴，对于儿子的每一个愿望，当妈妈的都尽力地满足。

星期天一大早，他陪着妈妈来到菜市场的狗肉摊，妈妈指着一腿最肥大的狗肉说：“就要这个！”

他眼睛睁得老大，呀！这么大一腿肉，家里过年都舍不得买啊。他家经济困难，平时很少吃肉，偶尔吃肉时，每人只有小小的一两块，他们兄妹总是把肉埋在饭的下面，吃完饭后再吃肉，然后慢慢回味肉的美味。

狗肉煮好了，陈妈妈给听正的弟妹每人夹了两块狗肉，让他们先吃饭，说：“孩子们乖，把狗肉留给哥哥们吃，他们读书很辛苦。”

弟妹们很懂事，他们没有半句多话，吃完饭，一蹦一跳地出门玩去了。

陈听正则回学校接张诗云和谢再根。那天，三位风华正茂的年轻人在湘江边的朱张渡登上了渡江的木船，向对岸驶去。在滚滚的江流中，他们回望西岸的岳麓山上满是火一样的红枫，红枫映红了他们青春勃发的脸，温暖了他们热情洋溢的心。

陈妈妈的厨艺真不错，那天的狗肉的味道，直至现在他们仍记忆深刻！

事隔几十年，在异国他乡，他们又回味起了当年吃狗肉的情景，一股牢不可破的兄弟情谊，将他们紧紧地系在了一起。

这里补充说一句，当年那个吃狗肉的谢再根，后来成为了湖南大学教务处处长，在陈听正为招聘多库公路工程人才而辛苦奔波时，他也曾精心地为陈听正推荐过人才。

陈听正回总经理部后，杨荣陪同张诗云察看了10标段全程。

情况的确十分糟糕：所有的路面坑坑洼洼，道路两边的树还没砍，路基未动，涵洞未做，备料不足。8月份工程量为0.11%，9月份工程量为0.26%，以这样的进度，猴年马月也完不了工啊！

张诗云一头扎入了10标段工地。他进行了细致的分工，从经理到员工，明确每个人的责任，规定每项工作完成的具体时间，并且定期检查，不留下任何一个死角。

他针对标段广西帮和湖南帮互不服气、互相抬杠的毛病，设定了“七嘴八舌”会，这个会每七天开一次。他说：“本来，工作中大家各有主见，各有看法，这很正常，但是工作中的分歧，只能通过会议探讨的方式解决，有意见大家在会上谈，私下不能互相抬杠。”这种方式逐渐起了成效。张诗云在广西帮中有威信，与湖南帮又是老乡，加之他实事求是，处事公平，很快就得到了双方认可，成为了他们中间的黏合剂。渐渐地，标段人员之间不团结的现象逐渐得以解决，他们分工合作，配合默契，工地情况有了很大起色。

苏俭来是负责涵洞施工的。涵洞施工应走在道路施工之前，为了争取时间，他每天带着他那帮湖南小兄弟起早贪黑、顶风冒雨地指挥施工。保证“U”型涵台背面的填料的压实度是涵洞施工质量的关键，张诗云在修南梧路时创造的“沙灌水法”在这里又派上了用场，他指挥施工人员在涵台填充恒河的河沙，然后大量灌水压实，代替传统的填充黏土压实的方法。这种方法不仅达到了施工质量的要求，节约了材料成本，还加快了工程进度，为下一步施工赢得了时间。

张诗云还是那一套用惯了的工作方法，每天在施工路段上巡回，有时候他坐在车上，更多的时候是车子跟着他，他背着手在工地来回走。他一天走几十公里，不管是风吹雨打，还是烈日当空，从来都不间断，他说这是将办公桌搬到施工现场办公。他一边走，一边用他那双公路施工专家的眼光四处观察，发现问题及时解决。他在路上走，现场人员也很容易找到他。

他在工地走得多了，对工地情况了如指掌，解决起问题来也得心应手。

# ◎ 与菲迪克条款接轨

所谓菲迪克条款，即国际咨询工程师联合会编写的《土木工程施工合同条款》，简称为“菲迪克(FIDIC)条款”。它以科学的制度设计和极强的可操作性有效保障工程质量和降低成本而著名，是目前国际上标准的、权威的工程管理制度之一。从实际效果看，它也是铲除工程腐败的重要机制之一。

所谓“没有规矩，不成方圆”，毫无疑问，以菲迪克条款监督施工，是工程质量的有力保障。可是对于中方施工管理人员来说，菲迪克条款却是个全新的课题。

多库公路改建工程是广西公路部门第一次跨出国门承建的第一个工程，当时国内的公路施工尚未建立科学的管理机制，施工随意性很强。1988 年我国首个《关于开展建设监理工作的通知》才正式颁布，然后在全国八个城市开始试点。广西是 1992 年才开始设立施工监理机构的。所以多库公路工程的工作人员，上到指挥部，下到施工员，对“菲迪克条款”“顾问处”极为陌生。多库公路工程项目的顾问处类似于我国的监理公司，由亚行聘请，服务于甲方(即业主方)，他们根据极为严格的菲迪克条款对施工过程进行全程严格监管，譬如在路基施工中，规定一层 30 厘米，路基填料必须达到最佳含水量，才能压实，多了要晒干，少了要洒水，如果达不到要求，对不起，返工，重新来。我方施工质量经常因为达不到菲迪克条款的质量标准而被要求返工。

陈听正率领的新的施工队伍进场后，虽说也强调过菲迪克条款的重要性，并组织全体人员学习过，但是，积重难返，仍然有人对非迪克条款认识不足、重视不够，时而导致工程难以一次性获得验收通过而再次返工，这不仅耗费工时，还增加了工程造价。

顾问处的技术权威康斯尼博士，斯里兰卡人，英国牛津大学博士生，他技术精湛，在工作中以一丝不苟而闻名。在前期施工过程中，中方经常因为工程质量不达标而受到他的严厉批评，并被勒令返工。因此中方人员对他既佩服又很惧怕。

康斯尼在一次交通事故中不幸骨折，被送往英国住院治疗。大家以为他从此远走高飞，不会再回来了。不料，过了三个月，他一瘸一拐地又出现在工地上，让人吃惊。大家对他不得不佩服，凭良心说，康斯尼工作认真负责，很敬业，是一名称职的、优秀的监理工程师，是应该为人称道的。

由于工程前期很不顺利，引起了康斯尼的不满，他曾经对中国工程指挥部的施工人员说："做了这么多年技术顾问，我算是长见识了，你们中国人承包的这工程合同期定了三年时间，实在是太短了，应该定为子孙三代，爷爷这一代做不完，儿子接着做，儿子做不完，孙子还要接着做。"

看来这个康斯尼读过中国的寓言故事《愚公移山》，这是他用这个寓言奚落嘲讽中国人呢。

康斯尼见了我们的东风牌四吨运输车，讽刺我们说："你们的车怎么这么小，是火柴盒吧？"

面对康斯尼的指责和嘲讽，我们能说什么呢？都是因为工程质量存在问题啊！如果换位思考，谁见到了这种情况，都会对施工方有看法，都会对施工方持批评的态度吧。

正如后来陈听正说的："这位康斯尼，看重人的能耐，你越没有能耐，他就越是挑剔你；反之，他则尊重你。他的所作所为，目的无非就两个，一是要逼着你把工程做好；二是如果你做不好，就把你淘汰出局。"

国际工程对施工程序要求极其严格，必须按部就班，事先铺设好各种试验路，取得各种有效的数据，经顾问处审查合格并认可后，才能进入下一步，按照他们的具体指令施工。通俗来说，就是在生产之前，必须先拿出样品来，样品检验合格了，获得了合格证，生产部门给你发放了生产许可证，你才能按照样品的质量要求正式投产。

国际监理对工程质量的掌控十分严格，对工程的认可程序是一丝不苟的。对于如何适应国际监理工程师对工程质量的严格要求及认可程序，我们每一个标段都走过弯路，都有过沉痛的教训。

有一次，11.5 标段做完了试验路段，正准备正式施工的时候，却接到顾问处的指令，试验路没做好，不能正式施工。刘月莲只好遵命，在驻地附近的路面基层再次铺装试验路。

原来，刘月莲的管辖区内，有两公里的底基层是使用经过破碎的过火砖渣材料，由于破碎的砖渣标高没有控制好，高出设计 5 厘米，当时顾问处监理工程师提出要返工，施工人员居然无视监理的指令，不加修改就在上面铺上级配碎石，铺完后，他申请监理来验收认可，监理人没有来，却正式来函告知“彻底返工”。

看着这几个字，这位施工员像是挨了几记重拳，一下被击倒跌坐在地，脑子“嗡嗡”作响，眼冒金星。两公里长的路啊，多少个日夜，多少汗水和心血？

刘月莲心急如焚，立即向总经理部汇报此事。总经理部派工程技术人员到现场调研、论证，最后认为必须听从顾问处的指令，最终这两公里路返工重做。

不仅如此，他们返工之后，康斯尼博士又要求他们把拉回料场的那些掺有少量过火砖的级配碎石混合料，重新将过火砖、碎石挑出来分别堆放，重新申请材料认可。

这件事情，给那位施工员以及各标段极其深刻的教训。陈听正责成总经理部针对此事发出通告，要求大家吸取教训，严格遵循菲迪克条款的质量要求，下不为例。

顾问处监理的严苛，有时达到了令人难以想象的程度。一次，11.5 标段为了赶工程进度，经申报认可，顾问处同意他们夜间施工大转盘的内侧水沟。他们挑灯夜战，连夜赶工，凌晨即将完成任务。要收工的时候，突然出现了一个小小的意外：工地上有一盏灯泡被烧坏了。他们感觉虽然灯灭了一盏，但能见度尚可，应该对施工没有影响，于是他们继续加油干，终于把剩余的一段水沟浇注完成。

当他们怀着胜利的喜悦，即将收兵回朝的时候，监理过来了，命令道：“把灯泡坏了以后浇注的水沟拆除！”

“我们晚上施工，是经过同意的啊，质量也能达到标准。”

“不行！灯泡坏了，照明度不够，水沟表面平整度难以达到，所以必须拆除！”

大家只好按他说的做，把灯泡烧坏之后浇注的水沟拆除重做。

还有一次，工地某路段封油层施工，准备工作已全部就绪，等待旁站监理来到现场即可立刻施工。旁站监理来到施工现场后，对施工路段进行地毯式的检查，发现有个别地方骨料露出达不到1/3的面积，他下令：不准封油层！

一位施工员解释说：“我们中国做路面封油层施工，只要求在上基层稳定、无松散离析的情况下，清扫干净就可以洒沥青了。”

这种经验主义的施工方式，在国际工程施工中是绝对行不通的，监理严肃地说：“这里不是中国！你们现在是在孟加拉国施工！本项目执行国际菲迪克条款，所以做封油层施工时，必须要把级配碎石面层表面上的细粒料清除掉，以每粒骨料露出粒径1/3为宜，否则不能施工。”

监理的命令如山，如果不听从，后果很严重。他们立即从附近工地调来30多个民工，用钢丝刷把细粒料清除。细粒料清理完了，还是不行，监理说粉末没有清扫干净，要用水冲洗。他们只好调来洒水车清洗，足足忙乎了三个多小时，监理才肯罢休。但此时洒油车的沥青温度已经低于100 ℃，喷不出来了，监理又下达指令，重新到沥青料场换回温度达标的沥青，方能施工。事实再次证明，国际监理，用的是国际标准，国内那一套在这里行不通。

按设计要求，桥台背填土须采用本地沙灌注密实。有一次在施工中，我方工程人员担心这样做会下沉，影响行车安全，决定用渗透力强、承载能力好的材料，他想着这样会提高桥台背填筑的稳定性。于是，他们把清理料场的过火砖、碎石、本地沙等路面混合料，拉去桥台背铺装。

按程序施工完毕后，经检查压实度已经达到设计要求，只等监理前来认可。可是，当监理来到现场一看，便猛兽般地吼道：“混账！谁叫你们这样搞的？马上叫你们的经理到现场来！”

现场的施工人员是个小伙子，哪里见过这阵势，当场吓得面色发青。

刘月莲火速赶到了现场，只见这位监理还在那里骂骂咧咧的。

刘月莲装作没听见，强压怒火，耐住性子把自己的想法和做法详细地向他告知，说明是为了保证质量，不计成本来做这件事情的，请求他的理解。监理听了，虽然停止了发飙，但还是不以为然地说：“过火砖、碎石、本地沙几种材料的性能和强度不同，绝对不能混在一起使用，不信，你回去把黄豆和大米混在一起煮，看看煮成的饭是什么样！你们什么废话也不要说，唯一的办法就是返工重做！”

他们只得按设计和规范要求重新施工。把那些填充的混合料拉回料场，重新挑选，分别堆放好，重新等待监理认可。他们本来是想做得更好，可是没有遵守设计和施工规程，反而吃了大亏。

不过，事情也有例外，顾问处也不是时时事事都正确，中方人士也并不是时时事事对他们俯首帖耳，关键靠技术和实力说话。

譬如说，有一天，监理发现12标段有十多米路面不合格，勒令返工。

曾沛霖总工一看，这事好办，他用英语直接对这个监理说：“拿点沥青柴油来稀释一下，沥青加热，不就变成液体了吗？然后再一刮就行了。”

“不行！”监理说。

“去，把你们的头找来！”曾沛霖命令说。

监理请来了顾问处的权威——康斯尼博士。康博士听了曾沛霖的解释，觉得他的方法切实可行，他对那位监理说：“怎么不行呢？这样很好啊！”

三十多年来，曾沛霖一直致力于沥青路面的研究，积累了极其丰富的经验，是这方面的权威。他英语好，可以十分流畅地与顾问处的监理交流，加之这次他的施工举措，更是令康博士对他刮目相看，他觉得这个中国专家不简单，水平在自己之上。

过去业主方和顾问处有个印象——中国人不懂技术。实际情况是，懂技术的人不懂英语，懂英语的人又不懂技术，所以造成了这种偏见。曾沛霖和交通部来的几位工程师既懂技术，又懂英语，他们的出现，树立起了中国工程技术人员应有的形象。

工程在顾问处的严格的技术监控下施工，我方管理人员也在施工中对菲迪克条款逐渐了解、熟悉，他们的思想意识与菲迪克条款逐渐磨合，施工质量逐渐得以保证，施工因此一天天走上正轨，业主方、顾问处和我方终于建立了相互信任的关系。至工程后期，我们的施工质量越来越好，顾问处对已完工程的认可也越来越及时，施工进度也就越来越快。

应该说，监理工作的确是施工过程中不可或缺的一环，对保证工程质量至关重要。多库公路顾问处的监理们，从整体上来说是非常称职的，特别是像康斯尼博士这样有国外留学经历的、经过严格考核被录用的监理，水平高，工作一丝不苟，认真负责。但是也有些当地监理，技术水平不高，思想素质也成问题，他们在监理中以权谋私、鸡蛋里面挑骨头，借故刁难以捞取好处费的事情也是有的。但是这是很危险的事情，一经发现，将受到顾问处的严厉处分，索贿者和行贿者都将受到严惩，那可不是闹着玩的。

如果遇到监理从鸡蛋里面挑骨头的情况，我们必须以菲迪克条款与对方据理力争。中成公司孔繁琪董事长在陈听正出国前曾经指出，施工方必须熟知菲迪克条款，一方面是为了自身的规范施工，另一方面是当对方对自己进行刁难时，菲迪克条款又成了保护自身的盾牌，这话说得非常正确。

## ◎ 战地玫瑰分外香

在多库公路工程145公里长的战线上，活跃着一群年轻能干的女翻译，人们把她们称为“铿锵的战地玫瑰”。

先说一个小故事。相传，在古巴比伦，人们突发奇想，有人想要上天看看。可是怎么上去呢？有人提议建一座塔楼，大家认为这个主意不错，纷纷响应。于是人们开始搭建，希望这座塔楼可以把他们带上天。塔楼越建越高，惊动了上帝，上帝想阻止他们搭建塔楼这种荒唐的行为。于是，上帝分派给不同的人以不同的语言，顷刻间建塔楼的人无法沟通和交流，彼此互不了解对方的意思，塔自然也就建不成了。如果放到现在，上帝的阴谋就破产了，塔楼就可以建成了，因为有一种职业，可以帮助不同语种之间的人们传递信息、促进沟通、达成共识。

这个职业就是——翻译，翻译是友好的使者，是不同语系的人之间交往的桥梁。

20世纪80年代，在中国施工人员迈出国门之初，大部分工程技术人员不懂英语，即使有人能看得懂英文书也无法开口交流。因此在国际施工工地，配备翻译是必不可少的。

多库公路工地的翻译们正是我方人员与业主方、与顾问处、与当地居民之间友好交往的桥梁。

翻译们天天跑工地，事务庞杂，最主要的有：第一，根据总经理部领导的指示和安排，跟业主方、顾问处的管理人员联系沟通，建立友好关系；第二，协助总经理部工程师提出我方对工程设计方面的意见和建议，同时把业主方和顾问处对我方工程建设方面的要求转达给我方；第三，翻译并向业主方提供英文版的全线月工程的进度报表，在工程例会上担任翻译；第四，与当地警察局协调工程全线安全管理事宜；第五，配合财务人员跑银行，协助做好资金周转工作；第六，跟工地现场的业主方及顾问处的监理工程师沟通，协助标段把已经完成的工程任务进行工程数量和工程质量的认可；第七，协助标段材料人员购买工程建设材料，协调材料辖区范围内的社会关系；第八，标段所需要的其他翻译任务。

其中第六、七、八项任务主要由各个标段的翻译完成。

每个标段配备两个翻译，一个翻译负责跑工地，号称半个工程师，主要跟业主方、顾问处打交道。跑工地的翻译光懂英语是远远不够的，还必须具备一定的土木工程相关知识，否则无法将我方的意思准确无误地表达。他们个个都是好样的，不仅英语熟练，而且从零起步，在施工实践中补习有关土木工程方面的知识。渐渐地，他们熟知了土木工程相关术语和技术，在外行人眼中，俨然成了土木工程专家。另外一个翻译则负责材料采购等商务谈判及处理各种杂事，和各种人打交道，不仅英语要说得很流利，还要能说几句常用的当地语言，而且要会应付当地的三教九流。

翻译们的工作划分不是绝对的，他们之间既有分工，也有合作；既要能上得工地，也要能与方方面面顺利沟通，一个个都是全才。他们不仅是语言的沟通者，还是外交人才。他们协调了我方与业主方、与顾问处的关系，就像是一部机器上的润滑油，是我方人员与各个方面友好相处的使者。特别是工地的女翻译们，她们以特有的女性的温柔，经常化干戈为玉帛，为工程鸣锣开道、保驾护航，做出了特殊的贡献……

孟加拉国多库公路工程中，时刻有翻译们忙碌而矫健的身影。而海静涛、刘茜、欧光莲、吕夏婷、黄琳等女翻译，就是风雨中一道道绚丽的彩虹，是战场上绽放的铿锵玫瑰。

这里再来介绍几个关于她们的故事。

※　　※　　※

先来说海静涛。

海静涛历任第二届、第三届、第四届总经理助理，是工地的首席翻译。

当我采访海静涛时，她感到有点为难，她说：“让我说什么好呢？翻译工作琐琐碎碎，翻译人员既不是工程的决策者，不像工程的领导那样独当一面、运筹帷幄、发号施令；又不是工程的实施者，不像工程人员那样完成一项项实际施工任务。翻译人员的工作是附加在领导和员工的工作之中的，难以单独立项，只是领导、员工与业主方、顾问处之间一座沟通的桥梁而已。”

而我则认为，“翻译是桥梁”，这一点，正是一个很好的记述题材。

海静涛对翻译不仅要懂英语，还必须具备相关专业知识这点体会尤其深刻，做得也非常出色。她认为，当翻译，如果仅懂外语，担任一般的生活翻译还能凑合，但是在专业技术领域，则是远远不够的。就像是一个中国人，中文很精通，但是并无专业技术知识，在这种情况下，你让他和医学专家去谈解剖学、病理学，去和物理学家谈原子、分子，谈核反应、核裂变，和生物学家谈基因、遗传变异，是不行的。他必须具备这一领域的专业知识，才能与这个领域的人进行专业技术的对话。因此，公路工程的翻译必须通晓土木工程方面的专业知识，方能成为称职的工程翻译，方能顺利开展工作。

当然，海静涛的这些认识是在孟加拉国工地的工作实践中逐渐形成的，这个认知的形成过程，也是她工作的艰苦磨砺的过程。

海静涛历任三届总经理助理，三届连任，这可不是偶然的事情，没有几板斧，没有娴熟的翻译技巧，没有具备熟练的土木工程专业知识，是不可能获得连任的。

想当年海静涛初到孟加拉国，那真的是困难重重。

她要过的第一关，就是晕车关。她在国内就有严重的晕车毛病，以为在孟加拉国经过锻炼可以克服，没想到初到工地时却因晕车严重而诱发了美尼尔氏综合征，昏睡了 3 天。不得已，出门前半小时她必须吃晕车药，上车后就喝咖啡提神，这样一直咬牙坚持了 3 个月，终于度过了这晕车关。

她不仅克服了晕车的毛病，还学会了开车。她这门开车的技术还派上了用场。有一次，一个工地上的孟加拉国司机因为无理要求得不到满足嚷着要罢工，海静涛走上前去说：“你要罢工？好吧，把车钥匙给我！”这司机听到这个翻译说她会开车，顿时傻了眼，乖乖地开着车上工地了，从此他老实了许多。

海静涛面临的第二关是业务关。

她刚到玛古拉总经理部不久，与前任进行工作交接。前任对她说：“再过两个星期，我就回国了，你就要全面接替我的工作。”接着，前任拿出一份中文的《工程进度报告》给她，说：“这是各个标段每月上报给总经理部的《工程进度报告》，你的工作是把它翻译成英文，再以总经理部的名义将它上报给业主方和顾问处。此外，你还要陪同总经理或总经理部其他领导参加的、由业主方主持的、有顾问处和承包商共同参加的工程例会……”一连串的交代，让初到多库公路的海静涛目不暇接。她翻开这个《工程进度报告》一看，顿时傻了眼，这上面写的都是些什么呀，什么“牛腿”“翼墙”“底基层”“上基层”，哎呀，这简直就是看不懂的天书嘛，连中文都看不懂，如何翻译呀?!

这一夜，海静涛失眠了。她躺在床上翻来覆去，思潮翻滚。

海静涛是一个秀秀气气、文文静静的女子，出身于一个教师世家，来孟加拉国之前，她是广西大学外语系的教师。像她这样的女子，本来就适合站在讲台上教书育人，或者成为救死扶伤的白衣天使，再不就是坐在高级写字楼里担任高级文秘，可是她偏偏来到孟加拉国这个到处都是泥呀水呀、烟尘滚滚的工地。她望望窗外，窗外一片漆黑，偶尔传来一两声不知是什么野兽发出的吼叫，让人毛骨悚然。这时，她想起了她的家乡南宁，想起了她的原工作单位广西大学，广西大学的夜晚是那么美好，那里有高大的教学楼、办公楼、图书馆、宿舍楼，那里有茂盛的树木、幽静的小路，还有荷花盛开的湖面，她想象着此刻广西大学的美景，应该都掩映在一片闪烁的华灯之下；她想起了她以前的工作情景，在学校里工作得心应手，她的教学示范课，很受学生欢迎，作为教学案例在全国大学英语教学经验交流会上与业内人士交流，她被评选为广西高校教书育人先进个人的模范教师。可是现在来到了孟加拉国，生活环境艰苦倒还罢了，工作中又遇到了这么大的困难，这可怎么办呀？想到这里，她的泪水湿透了枕头。

这也许是后悔，也许是畏难，但是，这只不过是瞬间的闪念。海静涛就是海静涛，她是一个外表柔弱而内心坚毅的女子，好马不吃回头草，开弓没有回头箭，自己选定的道路，就要勇敢地走下去。更何况，别人能够干得好的事情，难道我海静涛就干不好吗？她既是在拷问自己，更是在勉励自己。

第二天早晨，当那一抹金色的阳光升起在东方天际的时候，她的心里也充满了阳光。

她拼命地学习，主动揽下了全线各个标段每月上报的《工程进度报告》的翻译任务，从翻译中学习土木工程知识，经常一干干到深夜。工地所有的土木工程人员都成了她的老师。炎炎烈日下的工程施工场地，本来没她什么事儿，但是她却泡在那儿，看、记、问。功夫不负有心人，渐渐地，她学到了许多专业知识，俨然成了半个土木工程师；渐渐地，工作中她得心应手、轻车熟路，翻译中土木工程术语一套套的。在随后的工程会议，或者在双方的工程技术交流中，业主方、顾问处的工程师们因为她对工程技术的娴熟和地道的翻译，还以为她是会说英语的土木工程师。新来的翻译欧光莲看到她翻译时的场景，羡慕不已，说："海姐，你成土木工程专家啦，行啊!"

1992 年初的一天，12 标段经理部向总经理部请求派翻译下去支援，原因是他们有一个路段一直未得到顾问处的认可。应 12 标段经理部的请求，总经理部派海静涛去支援。她到达后，并没有马上去找顾问处，而是直接去了 12 标段的实验室，向实验室的廖工程师请教有关路基压实度的达标要求以及我方施工材料和压实度的情况，并且在实验室观看了现场取样的过火砖的冲击值实验。在得知我方的材料是符合相关质量标准，自检压实度也是合格的情况后，她直接去顾问处找到监理工程师，仔细说明材料实验的情况和现场取样的检测结果，对于对方的质疑、否决，她据理力争，用娴熟的英语针锋相对、丝丝入扣地作答和辩驳，对方被她非常专业的工程知识驳得哑口无言，心想：这个人不仅仅是个翻译，还是个懂英语的土木工程师啊！就这样，这段路终于获得认可，搁置多时的问题迎刃而解。

路还是那段路，过去在验收中一直过不了关，这次却能顺利地获得顾问处的认可，关键是换了翻译。她不仅英语娴熟，而且熟悉土木工程相关知识。她不是施工方和监理方之间的传声筒，不再以哀求的语言或以磨嘴皮的方式请求对方的认可，而是直接就有关工程质量问题与监理方进行对话，用事实说话，以理服人，将合格的理由表述得清清楚楚、淋漓尽致，这是一种高效且直观的翻译形式，这种形式基于翻译对语言、对相关专业的双重熟练。在后来的工作中，海静涛对土木工程专业知识越来越熟练，可以直接与对方就工程问题交流、答辩。这种基于专业基础知识之上的翻译形式逐渐成为了海静涛的翻译模式，笔者权且将此称为"海氏模式"。"海氏模式"大大提高了她在对方心目中的地位。

通过大量的工作实践，海静涛不仅在工程翻译中如鱼得水，在与当地人的交往中也得心应手。别看她文文静静的，在与一些刁滑的当地人打交道时，她可是风风火火，凌厉泼辣，就连当地一些地痞都怕她三分。

第三任总经理裴安道曾经因为工地拖欠材料款被当地材料商绑架，她立即到警察局报案，接着，又面对面地与绑架者周旋，和他们唇枪舌剑。绑架者辩不过她，加上得到当地警察局的支持，最终裴安道被顺利解救。

在工作中，海静涛犀利大胆的工作作风，经常弄得当地一些地痞非常恼怒，这些地痞曾经扬言不许她出来，要把她赶走，如果她胆敢抛头露面，就要绑架她。

海静涛才不信他们那一套呢！

当地有个地头蛇叫沙欣的，是吉内达的材料供应商。此人老奸巨猾，其文化程度在当地算很高的了，他懂中国话、印度话，也能讲英语。他垄断了材料供应链，材料供应上的事情，他都有话语权，我方购买材料都得他点头。有一次我方没经过他直接和材料商打交道，惹得他不高兴，他就说："不给中国人供油，让他们的车开不动，让他们的工程瘫痪。"

他对海静涛也心怀不满，说："那个 Madam(女士)最好不要出来，只要她一出来，就绑了她。"

听到风声，12 标段的曾德文书记为海静涛担忧，对她说："小海啊，这段时间当心点，不能出去啊。"

"绑架我？赶我走？没这么容易。"海静涛不信这邪。她也针锋相对地向沙欣喊话："我出不出来无所谓呀，我不出来，你们的生意也不好做，看谁着急。"

沙欣听了，想来想去还是怕丢了市场，最后服了软："Madam 出来，我保证你的安全。"

这就是海静涛，能干的海静涛。

能干的人都是抢手货。

陈听正履任孟加拉国后，海静涛在孟加拉国工作的合同即将期满，准备回国。有一次陈听正在 12 标段检查工作时，12 标段书记曾德文以海静涛为例，谈到了要保住现有人才的问题。曾德文说："海静涛是一位非常优秀的翻译，是工地不可多得的人才，她的合同即将到期，应该把像她这样的人才留住。"陈听正也是个求贤若渴的人，经过多方的了解，证实了曾德文的说法。他亲自做海静涛的工作，希望她继续留在工地。1993 年 7 月，海静涛回国休假。休假期间，她接到了由陈听正的秘书班进忠转来的陈听正一封亲笔信，信中写道："……小海，希望你假满后能尽快返回，为祖国的荣誉再立新功，党和人民会记得你的。”海静涛离休的父亲看到这封真挚的书信，对她说：“国家需要你，即刻回去吧。”

海静涛感到了肩上的责任和使命。在处理好家事后，她即刻返回了多库公路。

是金子总会闪光，因海静涛出色的工作能力，返回工地后她再次受到推荐。

有一次，中成公司达卡办的一位工作人员对前往公司办事的陈听正推荐一个人。

陈听正问：“谁？”

对方回答说：“就是不久前从国内返回工地的那个翻译海静涛。”接着，他陈述了推荐的理由：工程前期员工的积极性没有充分调动起来，工作人员出工晚、收工早，甚至有人上班时打牌，工地经常看不到干活的人，虽说工地领导三令五申强调工地纪律，要求大家努力工作，但是无济于事。

那位达卡办的工作人员知道海静涛是前任总经理助理，于是请她谈谈对工地现状的看法。海静涛说：“一个集体里，如果有一位员工表现差，是这位员工的问题；如果有两位员工怠工，还是员工本身的问题；但是如果整个集体都是这样，那就是领导的问题。”他觉得她这番话说得很对，很有水平，她对问题看得准，看得透，而且敢说真话。从此，海静涛在他心目中留下了深刻的印象，所以他将海静涛作为现任总经理助理人选推荐给了陈听正。不过他补充一句说：“事先声明，这个人爱提意见哦，你敢用这样的人吗？”

“只要人能干我就用，我不怕提意见。”陈听正说。

联想到12标段书记曾德文对海静涛的评价，陈听正决定任命海静涛为总经理助理。这是她第三次担任总经理助理这个职务。同时，她还被定为工地的首席翻译。

若不是业务上能力非凡，若不是工作责任心无可挑剔，海静涛能担当此任吗？

海静涛再担重任，再度发挥她超强的业务能力，凭借她的“海氏模式”翻译风格，为工程作出了特有的贡献。

有一次，顾问处聘用的当地监理阿拉姆和西西，对我方上报的稳定土质量检测报告颇有微词，顾问处决定要对我方的稳定土质量进行抽检。抽检人员有顾问处的康斯尼博士、现场项目经理法开，有业主方的现场项目部经理沙拉姆，还有阿拉姆和西西。海静涛得到抽检通知后，事前到现场进行了周密部署，与我方工程师一道精心准备，严格把控稳定土的质量，再加上现场她精准内行的表述和应对，这次的抽检全部达标，出乎他们的意料。

这次抽检是一个良好的开端，它消除了对方认为我方工程难以合格的成见，树立了我方新的形象。

作为总经理助理的海静涛，在繁忙的战场上，到处可以看到她忙碌的身影：吴经纬总工路面结构公关时有她；曾沛霖总工搞技术攻关时有她；其他标段与业主方、顾问处打交道碰到难题时有她；为加快46号桥施工，陈听正与现场顾问处保尔、业主格林多次交涉时有她；陈听正因回国参加会议，张诗云副总临时负责工地全部工作时，身边也有她……

她就是总经理的左臂右膀，是总经理身边一个不可或缺的得力助手。

白天，她活跃在各个工作场合。晚上，她还要挑灯夜战，将白天的工作写成文件，或翻译、或整理有关的收发的文件，并将文件分类送达有关部门、呈给总经理部有关领导签阅，将总经理的指示形成文件上传下达……这些工作关系到方方面面，很繁琐，很细致，稍不留神就会出错。可是，海静涛处理得井井有条。

这就是海静涛。

※　※　※

再来说一说工地的另一位翻译刘茜。

1993年7月，刘茜抵达孟加拉国后，被分配在9标段任翻译，后来担任9标段、10标段两个标段的翻译。

刘茜到多库公路之前也是广西大学的教师，她离开了自己熟悉的讲台，来到陌生的孟加拉国，一切都那么生疏，让她感到手足无措。刚开始跟那些印度籍监理交流时，刘茜傻眼了：印度人听得懂她的话，可是他们说什么刘茜一句也不懂，急得她满头大汗。幸亏一个第一批来孟加拉国工作的老同志从中帮忙，用英语夹杂孟加拉国语与对方沟通，再加上刘茜用笔在纸上写画，好不容易完成了她在多库公路工程的第一次翻译任务。这第一次的翻译经历告诉刘茜，在工程一线当翻译，与当地人打交道，光懂英语是不够的，还得懂些孟加拉国语，所以，在工作之余，她开始学习孟加拉国语。

与刘茜打交道的顾问处的计量工程师皮肤比较黑，加之为人不地道，与顾问处和中方工地人缘都不好，因此，大家称呼他为“老黑”。“老黑”惯于给中方人员使绊子，因此大家提醒刘茜要提防他。刘茜初来乍到，不知该如何与“老黑”打交道，因此去向前任翻译吕夏婷请教。吕夏婷告诉她，对于女性，“老黑”还算客气，只要在他面前扮成一个弱者，貌似虚心地向他学习，多陪他聊聊天，作温顺乖巧状，事情就会好办得多。刘茜想，我将近一米七的个头，平时说话办事风风火火，素有“刘大侠”的称呼，如今为了工作，要袅袅婷婷地扮温顺乖巧状，实在是强人所难了，但是为了工作，没办法，也只好如此了。

那天，刘茜拿着填好的计量申报单来到了“老黑”的办公室请求审批。刘茜将申报单递给“老黑”后，就按照吕夏婷密授的机宜与他交谈了起来。她先是夸他工作出色，她一到工地就听说他的大名，接着又虚心向他请教，聊了大约半个小时，好不容易，“老黑”总算拿起了申报单，不经意地瞄了两眼，便在上面点点画画，说这不是，那也不是，让刘茜回去重填。好吧，刘茜想，既然自己是初次干这门活，菜鸟一只，错误是难免的，重填就重填吧。下午，刘茜拿着按照“老黑”的要求重新填好的申报单小心翼翼地交给他，陪他又是一阵闲聊，刘茜想，这回该差不多了吧。不想“老黑”一脸的坏笑，拿起申报表一看，又找出了另外两处毛病，发回重做。刘茜有点恼火了：申报单有毛病，为什么不一次指出来，害得人家填了一次又一次，跑了一趟又一趟。但是恼火归恼火，刘茜忍气吞声，只好再次返工。

第二天，刘茜为这个申报单第三次来到“老黑”的办公室，“老黑”说他要出门，让刘茜将申报单留在办公室，走人了。刘茜望着他远去的背影，无可奈何。下午，刘茜第四次来到“老黑”的办公室，“老黑”却又忙得不可开交，把刘茜晾在了一边。其实“老黑”是在故意刁难刘茜，他要给她一个“下马威”，显示自己的权威。

这时有人进来说顾问处项目经理要见刘茜，请刘茜到办公室去。

刘茜来到项目经理办公室刚刚坐下，“老黑”拿着刘茜的申报单就跟着来了。一进来就向项目经理诉说刘茜递交的申报单修改几次都不合格，害得他没法去料场进行检测。刘茜一听，一股子怒火窜上了脑门，你“老黑”明明在刁难我，怕我向你们经理反映情况，倒是恶人先告起状来了。她本是火爆子脾气，这几天是为了工作忍气吞声，装温柔，这下子再也装不下去了，什么温顺乖巧状的攻略，被她忘到了九霄云外，她竹筒倒豆子，将这两天受的窝囊气，“噼里啪啦”地全倒了出来。刘茜说：“我的申报单有问题，你一次指出来啊，你一次指出一点，让我跑了一趟又一趟，在办公室不办正事，只闲聊天，工程任务这么紧，你们不配合，工程量上不去，到底是你们的责任还是我们的责任？”一番质问，问得“老黑”无话可回。项目经理一听，觉得自己的人理亏，不好做出解释，就说：“这是你们的私事，别在我这里说，你们自己去解决。”刘茜一听，更是得理不饶人了：“什么‘你们的私事’？我和他有什么私事？你们顾问处的工程师就是这样在办公室办私事的吗？一个材料申报单，我跑了四次都批不下来，以你们这样的效率办事，我们的工程量能上得去吗？申报单到底错在哪里？你们指出来呀，到底是谁拖延了工程进度？你们说呀！”这一番话，真是说得痛快淋漓，刘茜的嗓门高，伶牙俐齿，对方被说得哑口无言，招架不住。说完以后，刘茜拂袖而去。

也许是“老黑”的确心虚，第二天，他拿着申报单乖乖地去料场干他该干的事情去了。

标段将这件事反映到了总经理部，陈听正就此事和业主方及顾问处进行了沟通，顾问处也的确觉得自己的人理亏，不久之后，以工作调动为名将“老黑”调离。“老黑”的调离，算是搬掉了工地上的一块绊脚石，也是对顾问处某些人企图在工作中向中方卡、拿、要者一个警示，这是中方的一个小小的胜利。

这件事情让刘茜觉得，温顺乖巧的工作方式不符合自己的性格，还是本色办事吧，于是在工作中，她那风风火火的性格展露无遗。

刘茜在工作中有着属于她的特色，她是工地员工中一道挡风墙，一个灭火器，还是一朵交际花。

许多熟悉刘茜的人，喜欢将她比作当年中国女排的那个有“天安门城楼”之称的拦网手周晓兰。人们之所以会产生这种联想，这是因为她们有三个相似之点：一是她们的身材都很健美；二是她们都是运动健将——诸位可能不知道，刘茜不仅是一位出色的外文翻译，一位出色的高校教师，她还是一位优秀的羽毛球运动员。她不仅羽毛球打得好，还熟知羽毛球赛场规则，是一位出色的羽毛球裁判。加之她娴熟的英语语言能力，因此，她取得了羽毛球赛国际裁判的资格，在世界羽毛球赛事的裁判席上，偶尔能看到她健美的身影；第三个相同点则是，她们都是“城墙”。

周晓兰是位优秀的排球拦网手，以其严密的防守被称之为“天安门城楼”，这点已广为人知。而我们的翻译刘茜，也是多库公路工程中的一道为员工遮雨挡风的“挡风墙”，她一身巾帼豪气，危难时刻，她总是不避锋芒，挺身在前。

刘茜是这样当“挡风墙”的。

有一天，刘茜和交通部祝建生工程师去工地办事。她突然见到，不远处的工地上，9 标段经理苏志雄被一帮材料商团团围住，开始时材料商对他推推搡搡，接着就揪住他的衣领，卡住他的脖子，挥起拳头就要动手打人。

眼看一场血案即将发生，刘茜忙喊：“停车！”

车子停下后，刘茜跳下车，向围攻人群奔去，她三下两下将围攻者推开，张开双手将苏志雄护住，对围攻者大吼：“住手！你们想干什么！”

“我们要他还钱！不还钱就打死他！”围攻者气焰嚣张。

当时工地因资金短缺拖欠了材料商的材料款，因此我方人员经常受到他们的围攻，有人被打得头破血流，有人甚至遭到绑架而几乎性命不保。

“你们找他没有用，要钱找我！”刘茜大声说。

那帮人住了手，转过身来问他：“为什么找他没用？”

“你们讲的话，他一句也听不懂！”刘茜说。

其实，在孟加拉国多年的施工，苏志雄是略懂点孟加拉国语的，刘茜故意这样说，是在保护他。

对方听了她的话，放过了苏志雄，转身冲着她来了。

刘茜举起手，请他们息怒，然后跟他们解释：“听我说好吗？我们近来手头有点紧，材料款暂时还没有转过来，请你们宽限几天，资金一到位，第一时间就付给你们，分文不少，请你们放心，我们中国人讲话是算数的。中国有句古话叫‘和气生财’，有话好好说，我们工程量很大，以后我们的生意还有得做，何必伤了和气呢？”

接着她又告诉围攻者，材料款要从中期付款中提取，可是顾问处审批太慢，致使工程款迟迟没有到位，建议他们去顾问处反映情况。

刘茜一番话，软中带硬，有好几层意思：一是请他们理解我方目前的难处；二是告诉他们钱一定会有；三是暗示他们如果再这样动手打人，以后购买材料就不找他们了，他们的财路就断了；四是让他们去顾问处反映情况，告诉他们索取材料款的另一种方式。

那些材料商听了，觉得她的话有道理，中国的公司又不是皮包公司，不会不给钱的，如果真的闹翻了，今后做不成生意，财路就断了。他们说：“记住啊，过几天我们再来。”就闪人了。

一场血案就此得以化解。

刘茜回到车上，祝建生问她：“你引火烧身，胆子真够大，你就不怕挨打？”

刘茜说：“因为我了解孟加拉国的国情，这个国家的人对女性相对爱护，一般男人是不打女人的，他们特别是对有工作能力的知识女性很尊重，我估计他们是不会打我的。”

孟加拉国男人不打女人，这话只说对了一半。11.5 标段的经理刘月莲不也是女人吗？却因为工作的原因被孟加拉国的男人打过，头发都被揪掉一把。所以，孟加拉国的男人不打女人并不是绝对的，他们或许不打本国的女人，但对外国女人又是另外一回事，这点刘茜是清楚的。当时的刘茜恐怕并不是那么把握十足的。但是，不管怎么说，她认为作为一名女性此刻站出来，总比男人与男人之间的对峙气氛要缓和些，至于说也有可能因此引火烧身，情急之中，她也考虑不了那许多了。

刘茜是这样当“灭火器”的。

一天，因为材料质检问题，顾问处有人把 10 标段经理杨荣叫去，对他劈头盖脸地一顿指责，最后说：“这样的质量，过不了关！”

杨荣是懂一点英语的，不待刘茜翻译，他听懂了对方的大致意思。

杨荣觉得材料没有问题，是这位顾问处的人故意刁难，平时他受了不少顾问处的窝囊气，忍了无数次，这次忍无可忍了，他情绪有些失控，立马回敬道：“狗屎！”

刘茜一见，哟，不好！双方干上啦！火药味浓着呢，刘茜敏感地意识到，此刻杨荣与顾问处监理的冲突，不仅仅是他们两个人之间的冲突，也不仅仅是双方之间说话态度引起的冲突，而是牵涉到菲迪克条款的问题。一方面，前期工程中中方人员的确因为对菲迪克条款不熟悉而遵守不够，顾问处的人因此对中方人员很有看法；另一方面，中方人员在菲迪克条款的问题上经常受到监理的训斥而心存怨恨。今天的冲突就是双方情绪的总爆发。因此，刘茜觉得当前首要的任务是熄火，然后是对材料进行面对面的鉴定，这样才能妥善地将问题解决。她赶紧把杨荣拉在了身后，面带微笑，然后说：“他姓杨，知道‘杨’在中文里是什么意思吗？就是年轻。”

在英文中，“杨”和“young”同音，但是在不同的语境中不同义，在中文中，“杨”就是“年轻”的说法有点瞎扯淡，这不是忽悠人吗？但是刘茜知道这种忽悠无关紧要，于是继续忽悠：“在中国，年轻人发火总能得到别人的体谅。你也是，这一个！”她一边说，一边满脸笑容地对监理竖起了大拇指。

监理也不傻，他虽说听不懂“狗屎”是什么意思，但是他从杨荣说话的态度和语气上也知道他是在骂人。但是冲着刘茜的笑脸，冲着她竖起的大拇指，他不好再说什么，一场一触即发的争斗，瞬间烟消云散。

在这种氛围下，双方开始就材料质量问题加以论证说明，最后的结论是，材料是合格的。

回到标段，杨荣很恼火，责备刘茜：“你为什么不按照我的意思翻译？”

刘茜倒也不恼，她笑着说：“哟，真的是‘狗咬吕洞宾，不识好人心’，我为你解了围，又解决了材料的检测问题，你不表扬我，还冲我发火呀！”

她又说：“骂人的话，翻译出去会激化矛盾。他们不签字，你就拿不到钱；拿不到钱，工程就死定了。现在问题解决了就达到目的了，何必一定要让对方接受你抛去的那坨‘狗屎’呢？”

杨荣一想，是这个道理，也笑了。

刘茜是这样当“交际花”的。

不要一听说“交际花”三个字，就联想起当年上海滩那些流连于舞场上、穿梭于达官贵人间的妖娆美女，甚至还觉得“交际花”三个字带有几分贬义。我们这个交际花可是绝对的正面形象，如果换一个时髦的词儿，就叫作“公关能手”。

公关也是生产力。

1994年春节，为了活跃员工生活，总经理部决定举办“春节联欢晚会”，刘茜是这场晚会的具体操办者。晚会上，刘茜穿上了精致的晚礼服，俗话说“人靠衣装马靠鞍”，她本来人就漂亮，漂亮衣服一上身，就更加光彩照人。作为晚会的主持，她成了晚会的灵魂和焦点。参加联欢会的有总经理部全体人员、各标段的代表，以及业主方、顾问处、材料商的代表。刘茜为晚会出了许多点子，晚会内容丰富多彩，开得非常成功。

为了维系好与业主方、顾问处的关系，刘茜很注意公关的方式。她夸赞业主方质量工程师的太太很漂亮，并选择了合适的小礼物送给这位太太，借此拉近与业主方质量工程师之间的距离。

有一次，她拿着一幅中国挂历送给顾问处的质量工程师，这挂历是幅美人图，工程师望着挂历上的美女，高兴地说："唔，很好，中国的大美女，我把她挂在我的床头。"

这一来二往的，刘茜与顾问处的关系拉近了，办起事来就顺畅多了。

※　　※　　※

工地还有一位翻译明星叫欧光莲，当年也是从广西大学招聘去多库公路工程的。工程完工后她依然返回原单位，现为广西大学外语系教授。她也不一般。

她初来工地时对土木工程知识也是一窍不通，看见海静涛的土木专业术语那么熟练，钦佩得不得了。但是在经历了一番磨炼后，她也成了半个土木工程师。她花了许多功夫，在工地上，和顾问处的人就工程质量是否达标的问题唇枪舌剑，不可能像在学校讲台上讲课那样事先备好课，也不可能像搞笔译那样翻《英汉词典》，一切都得即时回应，即席发言，没有土木工程专业知识不行啊！

一段路修好后，她就要用英语填写质量、数量申报单，一项又一项，非常繁琐、单调，但绝对不能出差错，然后将申报单送往顾问处，请顾问处的监理工程师来检验，顾问处的监理看了我方的申报单后，才决定是否到工地去验收。

顾问处有一个点设在吉内达。11 标段所有的申报单都要先送往吉内达顾问处，待顾问处认可后，施工方再请顾问处的工程师到路段检测。一般情况下，翻译去请顾问处的工程师，工程师磨磨蹭蹭，不愿意去；有些人倒是愿意去，可也会趁着机会要好处费，很难对付的。

路基、路面都是分层施工的，基本做法是：下面的一层做好后，验收合格，才能做上面的一层。当时施工的实际情况是，半边路施工，半边路通车。如果验收不及时，当那半边路上的车碾过来，就会压坏已修好的路，前功尽弃，又得重新做一次。所以，顾问处的监理及时赶过来验收很重要。

请顾问处派人来验收是翻译的事，欧光莲为这事吃尽了苦头。

有一天一大早，欧光莲就去顾问处请监理工程师来工地验收。可是那些监理一个个爱理不理地，欧光莲说尽好话，他们只当没听见。好不容易等到中午了，他们才说：我们先去 12 标段验收，然后再去你们标段。欧光莲听后只好回去等。回到标段，她又饿又累，中饭已经开过了，没办法，饿着肚皮休息一会儿吧。刚合上眼皮，就被经理刘军发现了。刘军等了一上午监理，没等到，却见到欧光莲在休息，一肚子火正没处发，于是劈头盖脸地把她一顿臭骂。欧光莲上午在顾问处受了一肚子气，回来又挨批，心里那个委屈啊，无处诉说，只有一遍又一遍地抹着眼泪。

类似这样的情况很多，如果没有忍耐力，没有耐烦心，没有对工作极其负责的精神，很难坚持下去。

翻译工作不仅繁琐细碎，还得讲究方法。

因为监理不能及时验收，施工方经常跟顾问处发生矛盾。施工方的人说："我做好了路，你们不及时来验收，被车碾压坏了，责任在你们顾问处，不关我们的事情啊。"

这话不好翻译啊，如果直译出来，这不是在责备顾问处的人么？不利于工作。

顾问处的人则说："质量不合格，不行，重来！"

如果这话直直地翻译给施工方，施工方肯定也有脾气。

有时一段路做好了，顾问处不通过，欧光莲跟顾问处反复沟通，解释缘由，请顾问处认可。顾问处好不容易同意按要求解决遗留问题后签字，可是个别施工员又不严格按照顾问处的要求去做，导致验收又不合格，搞得顾问处的人责备欧光莲，使她很为难。

随着欧光莲对土木工程专业知识进一步的学习，在与对方的辩论中，她能抓住要害，申述得当，工程在验收中也就顺利多了。

※　　※　　※

别以为周旋于中外人士之间的翻译很是风光。在多库公路工程当翻译，工作是这样繁琐、单调、憋屈、辛劳，他们要不断地跑腿，要会磨嘴皮子，要受得住气，要赔得起笑脸，还要能言善辩。为了给国家挽回损失，为了保持国家的尊严，为了顺利完成工作任务，他们不辞辛劳，用自己的聪明才智和精湛的业务水平，活跃在各自岗位上，为工程的顺利进展做出了极大的贡献。

多库公路工程上优秀的翻译，还有很多很多，他们一个个都是好样的，限于篇幅，这里就不逐一列举了。

## ◎　结缘康斯尼博士

1993 年 10 月 31 日，康斯尼博士家中的供电系统出了问题，他请中方派人前去修理。

根据合同，顾问处的车坏了、房子漏水了、灯管不亮了等问题，都是承包商负责修理维护的，这在菲迪克合同条款中有明文规定。但是，对于这项规定，中方前几任总经理中有人认为派人给顾问处人员干修理之类的活是侍候人，所以往往不予理睬。总经理助理海静涛熟读菲迪克条款，她认为根据合同，这些应该是分内之事。在对这个问题的处理上，她与前任领导有过分歧。

这天去康博士家修理供电系统的通知是海静涛接到的，她走进陈听正的办公室，试探性地将这事告诉了他，她不知道这位新上任的领导将如何处理这件事情。

“好的，马上通知电工去修。”不想陈听正回答得如此痛快，海静涛大感意外，她暗自佩服，这位新领导果然有水平。

之后，陈听正又想：我一进场就要求我方各级领导要与业主方、顾问处建立良好的工作关系，借此向他们展示我们的实力和诚信，一旦与他们建立起了良好的沟通关系，彼此之间的合作就会很愉快。进场后，我们向交通部长、公路局长、顾问处的总监、总工程师等作了许多攻关工作，效果不错，但是我们与康博士还没有单独交往，今天不是一个很好的机会吗?

“等等，小海，我准备趁此机会去拜会康博士，你通知修理人员后准备一下，我们尽快出发。”他对海静涛说。

他的这个临时决定，更是让海静涛对这位领导刮目相看，能这样当机立断地抓住机会疏通与顾问处的关系，高明啊！

“好！”海静涛高兴作答。

陈听正带着海静涛和电工，很快就来到了康博士的住处。

根据菲迪克条款的规定，顾问处监理们的待遇是很优厚的。他们不仅有高额薪酬，而且生活条件也非常优越，比如住房、用车等。像康博士这个层面的监理，有留学欧美名牌大学的经历，是经过严格考核被录用的，业务素质和思想素质都很高。

康博士住在一栋漂亮的别墅里。

他们走进别墅的大门，映入眼帘的是两排高大的凤凰树，茂密的绿叶映衬着红色和金黄色的花朵，阳光透过花和树叶的空隙，在绿色的草地上洒下了一片金色的光圈，大大小小的光圈随着微风中摆动的小草跳跃着、闪烁着，一派生机。康博士的别墅是花园中央的一栋浅黄色的二层小楼。

海静涛事先和康博士电话联系好了，博士站在门口等待他们的到来。他50岁左右，戴着一副厚镜片的眼镜，黑瘦的脸上满布皱纹。康博士对陈听正的到访十分意外，也十分高兴，他对陈听正有良好的印象，当时陈听正在与业主方、顾问处第一次见面会上用英语发表的那份颇有分量的演说，他的沉稳自信、潇洒倜傥，令人折服。另外，陈听正履任以来脚踏实地、雷厉风行的工作作风给工地带来的巨大的变化，让他觉得这位新任领导的确不同凡响。康博士相信陈听正的到任，工程反败为胜应该不成问题。康博士很有才华，又很自负，一般的人认为他高不可攀，他也的确瞧不起那些无能之辈。但是，对于有能耐、有才华的人，他又特别佩服，这大约出于人类的一种“等级认同”的心态，人们往往对于思想、智慧、道德水平与自己相当者相对容易认同而互相吸引，这就是所谓的“惺惺相惜”，而对不如自己的人则有一种排斥的心态。所以，在能人面前，你越是有才，他越是佩服你。康博士眼中的陈听正，就是一个有能耐、有才华的人，他已经将陈听正归于自己的同类，所以，对于他的来访，他特别地高兴。

刚坐定，康博士就热情地给他们冲泡了浓浓的炭烧咖啡。

“Good smell, your coffee.”陈听正喝了一口咖啡，用英语赞叹道。

“听说康博士是斯里兰卡人？”陈听正又问道。

“是啊是啊，我的祖国——斯里兰卡——印度洋上的一颗美丽的翡翠。”一提起自己的祖国，康博士非常高兴，非常自豪。

“怪不得啊，斯里兰卡是咖啡的盛产地，很遗憾我没有去过你的家乡，但是今天我在这里闻到了斯里兰卡咖啡的香味。三年前我去英国考察时，曾专程去过牛津大学，当时在大学校园教堂内的咖啡屋里喝过咖啡，那天的咖啡和今天我喝的这杯一样浓郁、香醇。”

“啊？是吗？”陈听正的话进一步引起了康博士的浓厚兴趣，他接过了陈听正的话题：“牛津大学，我的母校啊！那是一所历史悠久、学风严谨的大学，它坐落在牛津郡——一座美丽的大学城，那里伫立着许多精美无比的古典建筑，那里有清静的街道、有繁花盛开的花园，还有风景如画的泰晤士河。”一提起母校，康博士沉浸在美好的回忆中，话语滔滔不绝。

陈听正说：“是啊是啊，那里的确很美。我不仅参观了你的母校牛津大学，参观了牛津大学城，游览了美丽的泰晤士河，还去过离伦敦不远的莎士比亚的故乡——埃文河畔的斯特乐斯福小镇。给我印象最深的是镇中间那座16世纪的两层楼的尖顶小木屋，莎士比亚就是在那里出生的。二楼的房间里至今还陈列着莎士比亚用过的木床和摇篮。还有，一群群白色的天鹅在埃文河上戏耍，我觉得特别美丽，如诗如画。”

陈听正的一番描述，更加唤起了康博士对往事的回忆，他无限深沉地说：“英国是我的第二故乡，我的中学、大学、博士研究生阶段都是在那里完成的。我的工作作风深深地受到牛津大学严谨、一丝不苟的学风的影响。”

一杯咖啡，将俩人的距离越拉越近，他们越聊越投机，有相见恨晚的感觉，他们如同一对久别重逢的挚友。

两人一阵热聊之后，陈听正转了话题：“前几年，我们工程的延误给孟加拉国政府和顾问处带来了不少麻烦，对此我感到十分遗憾。现在我们政府对多库公路工程给予了高度的重视，加强了队伍的力量，增添了先进的、世界一流的工程机械，我们一定会在延长期内保质、保量地完成这个项目。”

康博士说：“是的，我们已经看到了以你为首的队伍的素质和装备的变化。我以前说过，这个工程是‘子孙工程’，并非恶意，只是恨铁不成钢呀！我相信你们来了，工程一定会如期完成。”

陈听正又进一步请教康博士：“作为承包商，你认为对我方工程起关键作用的是什么人?”

“计量工程师。”康博士很干脆地说了一句。

康博士的这个回答，与陈听正心中的想法不谋而合，中期支付的多少和快慢是工程盈亏的关键，所以计量工程师对工程至关重要。出国前陈听正专程去交通部挖人才，就是看中交通部在计量人才上的绝对优势。陈听正的这一做法，说明他对业务的精通，的确具备高瞻远瞩的战略眼光。今天康博士能对陈听正毫无保留地点明要穴，足见他对陈听正的一片真诚，说明他是一个可以信赖的人。

陈听正这次对康博士的拜访，在工作上所产生的效能可以说是立竿见影的。

不久，就要进行上磨耗层和上基层的施工了。曾沛霖总工提出了一个设计变更方案，把上基层的排水层取消不做，把磨耗层从 5 厘米加到 7 厘米，并分两层铺。下面一层 4 厘米，用开级配；上面一层 3 厘米，用密级配。这样变更，不仅可以增加路面的强度和平整度，还可以加快工程进度(因为可以多用机械施工)，同时还不会增加造价。为此，曾沛霖和海静涛一起，向康博士和顾问处经理法开先生详细汇报了我方的变更方案。这事如果放在以前，一定是要碰钉子的。但是，这一次，他们听得很认真、很仔细。听完后说可以考虑，但要和业主方项目负责人、公路局局长格林先生和保尔先生商量研究。过后，陈听正和海静涛特意去达卡找格林先生汇报此事，格林先生也表态支持。不久，设计变更方案批准下来了：取消排水层，磨耗层改为 4 厘米+2.5 厘米。

这件事情办得这样顺利，康博士是其中举足轻重的人物，陈听正的外交加友谊攻略，初显成效。

还有一个就是磨耗层的配合比、油石比。曾沛霖总工觉得原来设计的配合比不适合当地炎热多雨的气候条件，热稳性较差，他们通过实验室的对比研究，建议对磨耗层石料级配和石粉的细度进行调整，以增加级配石料的嵌锁性和结构的强度，并将英国标准和美国标准进行对比，建议采用美国标准。很快，顾问处就接受了他们的方案。新的配合比不仅增加了路面的热稳性和强度，而且比原来的油石比减少了 0.7%，减少了沥青的用量。事后证明，多库公路能够通车十余年都不用大修，这两项变更起了很大的作用。

还有一件有趣的事情。1994 年 1 月，沥青混凝土路面的施工已进入高潮，一天中午，中方人员突然接到通知，康博士和法开先生临时决定要查看中方的沥青混凝土拌和楼的拌和质量。陈听正、曾沛霖、海静涛及设备负责人黄非工程师陪他们两位前往，他们一起爬上了近三层楼高的拌和楼控制室，当时控制室的技术操作人员刚下去吃饭，设备设定在自动控制档位上。康博士问为什么没有人值班？曾沛霖告诉他，这台意大利玛连尼沥青混凝土拌和楼是世界上最先进的沥青混凝土拌和楼之一，有电脑自动控制装置。康博士又问了集料的配合比，沥青的用量，每盘料的拌和时间，沥青混凝土的温度控制等问题，黄非都一一作答，并说所有的这一切都是由计算机控制的，工作人员在控制室只是掌握开关、观察仪表。康博士和法开先生看完后，带着满意的笑容离开了现场。第二天上午，中方人员陪同顾问处实验室的人员，对昨天铺的那段磨耗层路面进行地毯式钻芯取样，检查级配、油石比、平整度、压实度、磨耗层厚度等，检查项目无一遗漏。两天后，顾问处检查结果出来了，和我们送检的报告对比，完全一致，全部达标。自此，顾问处为磨耗层铺装一路亮“绿灯”。无论我们每天铺多长的路段，都能及时拿到认可书。最多的一天，我们铺了 1.7 公里。格林先生说，这个速度，至今是孟加拉国公路工程史上的最高纪录。

跟业主方、顾问处的关系正常化后，真的是一顺百顺，所完成的项目一般能在 24 小时内获得认可，即使针对个别路段有些不同意见，经康博士或法开先生与中方人员在现场协调后，也都能得到妥善解决。

回想以前，中方总经理部从领导、工程师到一般员工对顾问处的工程师们有着很深的成见，顾问处的人对中方人员的态度也很不友好、很不尊重。其原因两方因素都有，从中方来说，前期去孟加拉国的大部分员工不懂菲迪克条款，不懂英语，不清楚每项工程的质量标准和施工达标的方法，加之中方机械设备陈旧、落后，不是一支合格的国际劳务工程队伍，因此亚行顾问处的人看不起中方人员。

现在中方的工程质量上去了，顾问处对中方持信任态度了。

1994 年 3 月初的一天，突然从顾问处传来消息：康斯尼博士要离开多库公路工程了。一种说不出的伤感和留恋涌向陈听正的心头。第二天一早，他和海静涛亲自登门为他送行。二人走进康博士家，他正在房间收拾东西，见他们来了，急忙起身让座。陈听正对他说：“康博士，你即将离开，我们感到十分地突然，非常惋惜。虽然我们共事才几个月，但是我们合作得十分愉快，你对我们的工作给予了很多的指导和支持。现在工程进展很快，成功在望，我们多么希望能和你一起庆祝这一天。”

听到这些，康博士的脸上露出了笑容："是啊！和你们共事确实令人感到愉快。这几个月，从你们身上，我感受到中国人如果下决心干好一件事，是可以做得非常出色的。现在我可以肯定地说，这个工程一定会提前完成，而且是一个优质工程。很遗憾，我因为别的项目要离开这里了。"

大家都依依不舍。陈听正从包里拿出一支崭新的中国制造的英雄牌钢笔送给他，请他留作纪念，陈听正说："希望博士阁下以后有机会到中国访问，你永远是我们最好的朋友。"

康博士紧紧握住陈听正的手，眼睛有点湿润了，他说："有机会我一定去中国拜访你们，希望我们后会有期。"

# 第五章

## 身后有祖国

# ◎　雷宇筹款找吴仪

在孟加拉国前线，工作人员奋力拼搏，干得热火朝天。

在国内，有关部门人员为了支援前线的工作，也在全力以赴，倾心尽力。

事情还要回溯到 1993 年 3 月，全国两会期间，雷宇和谢汝煊作为广西的人大代表，在北京人民大会堂参加第八届全国人民代表大会。会议期间，他们怀着满腔的热情和高度的责任感参加各种大会，认真学习大会文件，积极为国家和广西的兴旺发达、长治久安建言献策。

同时，他们还在思考一个重要而迫切的问题，自从自治区党委和政府接到张序江大使关于多库公路情况的紧急通报后，他们感到了问题的严重性，为如何妥善解决这个问题而思绪万千，他们准备在两会期间向国家有关部门反映情况，取得支持。

这时，雷宇突然接到了外经资部的通知：吴仪部长就妥善解决多库公路的问题将召见雷宇和谢汝煊。

这真的是想过江便来了摆渡的船，天旱时下起了及时的雨。雷宇和谢汝煊觉得喜从天降，兴奋不已。

雷宇赶紧与吴仪部长的秘书通了电话，约定好拜会吴仪的具体时间。

第二天上午，谢汝煊市长陪着雷宇副主席，到了外经贸部。他们上了电梯，到了部长楼层，电梯门一打开，只见吴仪部长、龙永图副部长带着各司的司局长在电梯门口笑脸相迎。

雷宇一见这个场面，感到很意外，说："部长，我们来麻烦你了！这么隆重的仪式，受不起啊。"

吴仪部长说："雷公，你的雷声很大啊，部里的同志如雷贯耳，今日雷公大驾光临，各司局的掌门人都想一睹风采啊。"

"惭愧，惭愧，不敢当啊。"

他们进了接待室，宾主坐定。

吴仪说："大家都忙，我就开门见山了，司局长也在，关于多库公路的问题，我们已经了解了具体情况，今天请二位来，就是想商谈解决问题的方案，看看你们对部里有什么要求，部里能够给予你们什么帮助。"

雷宇听了吴仪部长的讲话后，简要地汇报了多库公路的情况和广西壮族自治区政府的应对措施，然后恳请吴仪部长给多库公路安排500万美元的紧急外汇贷款，以便进口一批先进的工程机械和解决工程急需的流动资金。

吴仪说："广西是少数民族地区，经济基础比较薄弱，政策方面能够给予什么样的关照，我们尽力而为。"

谈到具体操作，吴仪要求他们必须按照规定呈上相关的财务报表，还有项目的评估报告。

1993年上半年，我国经济生活中出现了"四热""四高""四紧"现象："四热"，即开发区热、房地产热、股票热、集资热；"四高"，即高投资规模、高信贷投放、高货币发行、高物价上涨；"四紧"，即交通运输紧张、能源紧张、重要原材料紧张、资金紧张。因为经济过热，为了抑制通货膨胀，国家采取调控手段，开始紧缩银根，减少贷款发放量。

但是多库公路工程事关国家荣誉，属于特殊情况，吴仪表示将特事特办。

吴仪还特别交代谢汝煊，让他回广西后立马向有关方面汇报情况，希望广西有关部门立即组织专家团队对多库公路工程进行实地考察，一定要在工程延长期内完成全部工程。最后，吴仪望着谢汝煊严肃地说："这个工作组你要亲自带队前往，而且越快越好。"

雷宇和谢汝煊从会议中吴仪所讲的每一句话，特别是她对多库公路问题的透彻分析中意识到，她已经看到了张序江大使关于多库公路工程的紧急通报，而且作为国家外经贸部的领导人，以她高度的政治责任感和敏锐的经济头脑，对这件严重且紧迫的事情给予了高度的关注。这使雷宇和谢汝煊再次感到，孟加拉国多库公路工程的问题，既是经济外交的问题，也是政治外交的问题，它已经引起了国家层面的重视。

想到多库公路的事态如此严重，雷宇和谢汝煊心急如焚，一回到南宁马上向自治区党委和政府、南宁市党委和政府作了详细汇报。

自治区党委和政府、南宁市党委和政府遵照外经贸部一定要在工程延长期内完成孟加拉国多库公路工程的指示迅速行动，贯彻落实。

同时，雷宇和谢汝煊还立即将吴仪表示对多库公路工程特事特办的信息反馈到了工程前线。

陈听正到达多库工路工地后，立即接到了制作多库公路的财务报表和评估报告的指令，他立即将这项工作交予总会计师胡安明具体实施。

胡安明是毕业于中南财经政法大学的高材生，现任南宁市财政局副局长。做报表是一项基本功，对胡安明来说本来是小菜一碟，不在话下，但是做国际工程报表就难了，与国内做报表完全是两码事。胡安明做这项工程评估报告时没有任何有关该工程评估报告的参考资料。接到任务后，他用了一个月的时间，将前面四年的有关的财务资料一件件整理，理清头绪，取得第一手资料，最终他以扎实的数据，包括工程概况、工程报价、工程材料、机械成本、各项收入支出等列出了详细的账目，交出了一份令人满意的多库公路财务报表和工程评估报告。

陈听正仔细看了这项财务报表和评估报告，觉得报告实事求是，有理有据，足以说服外经贸部有关部门的负责人放心向多库公路工程放贷，便让胡安明立即将材料上报给有关部门。

1993 年 9 月上旬，雷宇、谢汝煊和贝永辉三人带着这份多库公路的财务报表和评估报告，专程飞往北京，找外经贸部办理贷款的具体事宜，用当时流行的说法，叫作“跑步(部)前(钱)进”。

当时吴仪从副部长位置刚刚接替李岚清任外经贸部的部长。她有魄力、敢拍板、敢负责、干实事、讲效率、平易近人、毫无官架子，人们评价她比乡镇干部还好接近。

雷宇一行带着资料到了北京，已是晚上 8 点。雷宇与吴仪的秘书联系，希望第二天能去部里汇报情况，办理有关贷款的具体事情。真是不巧，吴仪最近几天的工作日程已经排满了。她的时间都是以分钟计算、排得满满的，怎么办呢?

吴仪办事果断，只要认为事情是对的，是急的，就马上去做，绝不拖延，这个被海外媒体誉为“中国铁娘子”的部长，果然不含糊。听完秘书的汇报，得知雷宇等人到了北京，她说：“广西的同志跑一趟北京不容易，工地需要资金购买设备，这事非同小可，刻不容缓。”正好当时龙永图副部长还没有下班，正在部里组织有关人员召开紧急会议，人员都在，于是她当机立断，安排龙永图散会后立即接见雷宇等人。

雷宇等人接到吴仪秘书的电话后，直接从机场往外经贸部赶。

晚上 11 点钟，龙永图接见雷宇等人的办公会议开始，到场的除了广西来的三位同志，还有龙永图副部长以及外经贸部相关的外贸司、财务司、机电司、亚洲司等司局长等领导。会上，龙永图听取了雷宇对多库公路工程情况的汇报，并根据部里事先批准给多库公路解决 450 万美元急需的设备资金贷款的决定，布置各司、局长马上具体落实，调拨资金。

半个多小时，会议就结束了。

此次雷宇等人上京办理贷款的事情顺利得出乎意外，他们遇上吴仪这样的大事不过夜的部长，实在是幸运至极。

据当时新华社驻达卡记者说，这是外经贸部首次为一个非外援项目拨款，而且是连夜召开紧急会议发放的。

这个工程的举足轻重，可想而知。

国家当时正在紧缩银根，这笔款是属于特事特办，不容易啊。

会开完了，钱也落实了，雷宇等人心里的石头落了地。问题的解决是如此迅速，这是雷宇等人始料不及的。此刻临近午夜，但是他们心情不错，睡意全无。

外经贸部就在长安街 2 号，出得门来，三人举目四望，长安街上灯火通明。雷宇一看手表，凌晨 12 点刚过。钱顺利到手，大家兴奋异常，他想这时候回驻京办事处是睡不着的，天安门广场就在附近，机会难得，何不去看看天安门广场的夜景。他一提议，大家赞同。

贝永辉说：“只是刚下飞机，接着就开会，现在又去天安门广场，怕你这个大首长太辛苦了。”

雷宇说：“有什么辛苦的，我高兴还来不及呢。我算什么大首长啊，你没听说吗，到了广东才知道钱少，到了海南才知道身体不好，到了广西才知道工作难搞，到了北京才知道官小，北京的官啊，一到开会的时候，部级一走廊，厅级一礼堂。我在广西还算那么回事，到了北京，谁认识我这个广西副主席雷宇啊。有人开玩笑说，在北京如果高空砸下一块砖头，砸中的人中起码有三个处级干部。”雷宇精神特别兴奋，一番调侃，说得大家大笑起来。

大家在天安门广场上，一边欣赏着璀璨的华灯，一边散步。初秋北京的夜晚，凉风阵阵，但是此刻他们丝毫没有凉意，广场上，橘黄色的路灯光芒四射，使他们感到暖意盈怀。

他们边走边聊，雷宇又说：“陈听正在国外半夜打电话派给我们的紧急任务，我们在北京半夜完成了，多库公路工程有救了。我们难，但是陈听正在国外更难，事情太多，太急切，他在那边没有办法啊，没有资金，没有设备，影响施工，让人家怎么办？这下好了，有了资金，有了设备，工程进度加快有希望了。”

谢汝煊感慨地说：“找吴仪部长解决问题，没想到这么顺利。吴部长办事真是效率高。”

雷宇说：“吴部长是高级工程师出身，内行得很，我们打的报告，她一看就知道怎么回事，不用我们多说的。”

提起吴仪部长，雷宇谈起了她一战成名的故事。

改革开放之初，中美之间的贸易摩擦不断，当时美国指责中国盗版，不尊重知识产权。为此，中国派出了时任外经贸部副部长、有“铁娘子”之称的吴仪参加谈判。中国代表团先行到达谈判地点，过了一会，美方代表负责谈判的美国副国务卿随意地把文件夹往桌子上一扔，做出很沮丧的样子说：“没想到我们竟然和‘小偷’来谈判。”

吴仪听了，立即反击道：“今天和‘强盗’谈判，我们很荣幸啊。”

然后她站起身来朝着在场的人士说：“大家散会后去美国的博物馆看看，有多少东西是从中国抢来的？”

听到这句话，对手难免有些尴尬，觉察到自己的失言，随即对中国代表团表示歉意。

第二天，全美各大报纸都在显著的位置刊登了这条消息。一时间，中国“铁娘子”的美誉传遍全球。1992 年 1 月，长达两年零两个月的中美知识产权谈判终于有了结果。谈判结束的那天，香港恒生指数大增 128. 38 点。从此，吴仪在国际贸易谈判圈的威望大幅度擢升。

美国前商务部长埃文思评价她说：“她总是面带微笑，在这微笑中能让人感到她坚强的意志和工程师般缜密的思维。”

三个兴奋得夜不愿寐的人在天安门广场走着、聊着，放眼望去，盏盏明亮的路灯像一朵朵盛开的鲜花。

一看手表，呀，不知不觉到了凌晨3点。

## ◎ 南宁支前也拼命

雷宇等人在外经贸部紧急筹款，南宁这边也没闲着。

多库公路工程，前线将士鏖战正酣，后方的领导紧锣密鼓地筹集粮草，丝毫不敢懈怠。

要办成事，两个条件必不可少：上依靠领导，下依靠群众。

多库公路这个项目，得到了各级领导的高度重视，上到外交部长钱其琛、外经贸部长吴仪、广西自治区政府副主席雷宇，下到南宁市委市政府、广西国际公司、南宁国际公司、交通厅、林业厅、南宁市政工程公司、广西的媒体，都在围着这个工程转。

南宁国际公司贝永辉总经理，经常在半夜被孟加拉国的电话吵醒。贝永辉的夫人看多了，忍不住就埋怨："打工仔都有安稳觉睡，你连打工仔都不如，你这个老总做得这么辛苦，我看以后就不要做了，辞了职吧。"

贝永辉电话里正忙着，也顾不上和老婆答话，随她说去。

接完电话，事情才刚刚开始，他还要去解决那一大堆提交的问题。南宁市有关单位的领导都被陈听正"指挥"得团团转。

前方有前方的困苦，后方也有后方的劳累。

那些日子，贝永辉体会颇深，他像是被鞭子抽得不停地旋转的陀螺，转来转去不停歇。他要为派驻多库公路工地的人员政审、体检、办护照，交代出国注意事项，进行业务培训。经常是刚刚端起碗吃饭，电话铃就响了，一接就是急事，于是赶着去办，连吃饭的时间都没有。

对前方人员在国内的家属，贝永辉也要关照，让前方人员没有后顾之忧。如有探亲的，他就帮助办理出国护照；前方人员买回来的大件，他亲自带人到机场去接。这样的事情办得多了，海关和边检部门对贝永辉都熟悉了。

贝永辉除了跑资金、跑人事和跑后勤保障，还得计算有关 P 值、物价增长指数，为此，他和黄凤莲以及南宁市统计局副局长多次跑北京。

他们从广西几大银行，也为多库公路工地筹措了 150 万美元资金。

后方的支援和后勤的保障，对于多库公路工程进展是很关键的。

身后有祖国，这是全体多库公路工程员工心中最大的精神安慰和心灵依托。

# 第六章

## 绝地反击

# ◎　深谋远虑　决战旱季

时间到了 1993 年 10 月 20 日，陈听正一行抵达孟加拉国已整整 90 天。在这 90 个日日夜夜里，在多库公路全线员工的拼死奋战下，工程已初见成效。

眼看旱季的第一个月——11 月即将到来，工程月进度能否达到 5% 是工程反败为胜的关键。当天，陈听正在玛古拉总经理部组织召开了总经理部和各标段领导决战旱季的誓师大会。

会议地点在总经理部二楼会议室，长方形的会议室约有 50 平方米，除了中间的大会议桌和几排椅子外，什么装饰都没有，唯有挂在正面墙上横幅中的“决战旱季，誓夺全面胜利”十个鲜红的大字令人热血沸腾。

陈听正开门见山地说：“今天会议的主题就是‘决战旱季，誓夺全面胜利’”。他接着说：“回顾新队伍从进场到今天，我们经历了无数的磨难和暴风骤雨的考验，经历了无数的挫折和无数个不眠之夜。我们遇到了两次工程资金链断裂，正在备料的高峰时期我们无钱支付材料款，无钱发工资。为此，我们遭受了无数次当地黑恶势力的威胁，还遭受了不法材料商的武力攻击。我们每个标段都为抢备路面材料、保卫国家财产、维护同志的安全付出了鲜血的代价。在这 90 个日日夜夜里，我们经历了这么多的生死考验，都是有生以来从未经历过的。但是，我们以不畏艰难、不怕牺牲的精神战胜了这些困难，我们终于挺过来了！虽然 8、9、10 月的工程进度因为雨季完成得并不理想，但是，我们已经为旱季施工的翻身仗做好了充分的准备。

第一，我们冒着生命危险，千方百计抢备路面材料。现在，我们的料场已经堆满了从印度、尼泊尔边境采购的优质石料，工程用砂和过火砖，这些材料可以满足我们一直到明年1月份完成3亿塔卡(折合8 250万元人民币)产值所需的材料的数量。

第二，我们为创造工程进度的奇迹而采购的全套先进施工机械已经基本进场，并陆续开始投入使用。

第三，我们和业主方、顾问处的关系得到了全面的改善。我们是一支在技术上和职业道德上都非常优秀的团队，几个月来我们奋力拼博的精神、认真务实的工作态度，在他们心目中树立了良好的形象，加之不断进场的先进的装备展现了我方的实力，由此取得了他们的信任。前几天康斯尼博士、法开先生和我一起商量工作时说，他们已经向格林局长汇报，估计我们11月的进度可以达到3%，他们正在商量在旱季如何配合我们加快工程质量认可的效率。如：24小时认可、现场认可、整砖认可等等。他们能如此支持、配合我们的工作，是因为他们认为我们可以在延长期内完成工程任务。

第四，工程流动资金严重不足的问题在外经贸部、自治区党委和政府以及大使馆的高度重视下，目前已暂时缓解。谢汝煊市长在电话中坚定地对我说，市政府决定宁可减少国内的项目，也要保证多库公路工程的资金。等到进度上去了，我们自己就有了造血功能，回收的资金就能基本满足我们工程所需。

第五，关于P值调整的问题。通过我们的缜密运作，总经理部现总会计师胡安明、前总会计师张军、苏拥军部长和各标段的计量工程师以及南宁国际公司正在齐心协力，为调整P值和索赔准备充足的材料。

第六，曾沛霖总工程师正在与业主方、顾问处商讨请求变更路面设计，取消排水层，增加磨耗层厚度和以沙代土等问题，通过这些变更，投资不增加，但可以提高路面结构的质量，充分发挥我方机械设备的优势，既提高路面的强度、平整度，又能加快进度。”

如何确保各标段工程进度实现月工程量5%以上的目标，陈听正则详细说道：“第一，总经理部将向各标段下达月进度任务，总经理部将在10月28日与各标段签订军令状：每个标段的月进度不能少于5%；有条件的标段要超过5%。

第二，继续抢备路面材料，对于同意延期付款的材料商，可以优先购买他们的材料。

第三，设备问题：英国派克沥青混凝土搅拌机和意大利玛连尼沥青混凝土拌和楼正在海运过来，近期将抵达吉大港，请吴敏琪、黄非工程师做好设备安装和德国摊铺机的调试工作。

第四，设备及机手的管理制度要进一步完善，请黄学强副总经理负责此事。

第五，各标段领导和技术干部，除负责认可和中期付款的人员外，白天一律到现场跟班，晚上可轮流值班，材料采购合同可以利用晚上的时间谈。

第六，磨耗层配合比方案必须在28日前确定，特别是菲利普沥青拌和场、设备安装、石料加工、油场建设必须提前完成。

第七，沥青拌和场的负责人是安全、质量、进度的第一负责人，出了问题问责到人。

第八，总经理部领导分工负责，抓点带面。”

会上，他重点表扬了12标段饶东平经理、曾德文书记，11标段的刘军经理，11.5标段的刘月莲经理和9标段的杨荣才副经理、冯步广副经理，10标段的杨荣经理。他们在各种困难和危险面前毫不动摇、毫不退缩，带领全标段员工抢抓备料、抢抓进度；11标段计量工程师史扬、李颖等为完成中期支付报表苦战三天三夜，这些同志和标段为大家树立了榜样，全体员工都要向他们学习。

最后，他提高声调说：“同志们，现在是我们为国争光、为己立业的关键时刻，每一个人都要奋力拼搏，各级领导要敢于承担责任，要吃苦在前、冲锋在前，继续发扬背水一战的精神，不达目的，誓不罢休！”

誓师大会一结束，随着孟加拉湾西南季风的减弱，笼罩员工们头顶上的滚滚乌云慢慢退去，终于露出了蓝天。员工们被压制了几个月的力量瞬间爆发，两百多台设备，上万名孟加拉国民工在全线一字排开，145公里长的工地如万马奔腾，轰轰烈烈。11、12月的工程进度达到了5.31%和5.76%。这样快的进度，已经远远超过了业主方和顾问处的预期。12月底，孟加拉国交通部奥里部长来到工地视察，这是他第一次目睹千军万马战犹酣的施工场面。他激动地说：“我从来没有见过这么壮观的场面，我们原来都认为这个工程项目没有希望了，现在形势喜人。按照这个进度，中方完全可以在合同延长期内完成工程，中国人创造了奇迹，了不起！”

1994年1月9日，孟加拉国交通部副部长在业主方、顾问处和承包商三方会议上正式宣布：“中国公司11、12月的工程进度证明了他们有能力在合同延长期内完成工程。我们将电告亚行，多罗迪亚至库什蒂亚道路改建工程将由中国公司继续完成。”

从此，悬在我方头上的达摩克利斯之剑被扔进了波涛汹涌的印度洋。

刚刚送走奥里部长，12 月 31 日，总经理部又迎来了中国海外工程总公司(原中成公司)方总、黄处长、南宁市张副书记带队的高级工作组。这次的高级工作组与之前的高级工作组有截然不同的目的，此次他们一是来祝贺我们的工程在旱季旗开得胜；二是在春节前夕，代表总公司和市政府慰问全线员工；三是由于我方的施工进度之快已远远超过了业主方的预期，孟加拉国交通部对中国海外总公司不得不另眼相看，欢迎他们来参加吉大港南部旅游公路改建工程的投标。方总一行前来现场考察了投标项目，和总经理部筹划投标的工作，并决定继续与南宁国际公司、广西公路局合作。多库公路工程即将完成，新的投标项目又点燃了新的希望，真是新年开门红。

在这个大好形势下，工程进度一直排在全线最前面的 9 标段大声喊出了“回家过‘六一’”的口号，这个振奋人心的口号，瞬间传遍了多库公路。这是在告诉每一位员工：离全线竣工的日子不远了！对于归心似箭的每一位员工，对于无时无刻不在牵挂老人、思念儿女的中年人，对于新婚蜜月尚未结束就远涉重洋的年轻人，对于日夜盼望拥抱久别恋人的帅哥美女，这个口号就像一杯甘露沁入心脾，像一声夺取最后胜利的冲锋号角，令人心潮澎湃，热血沸腾！

这一声口号让全线爆发出一股雷霆万钧的力量！

正是这股无穷的力量，再配上我方那套令任何一家国际专业工程承包队伍都会眼红的世界一流工程装备，我方可以以月进度 10%，甚至 10% 以上的神奇的速度奔向全面竣工的目标，无需等到 1994 年 11 月 30 日。但是，处事一贯冷静的陈听正，此时并没有忘乎所以。他知道要实现这个以前很多人想都不敢想的目标，前进路上还有巨大的障碍。

翻开他 1993 年 12 月 19 日晚上 11 点写的工程日记，可以看到他当时的心情：“……从三个月雨季的无数艰难里走过来了，但在旱季飞快的进度下，资金又成了最令人焦虑的问题，要保持 8 000 万塔卡(折合 250 万美元)的进度，我方每月要投入 100 多万美元，就是自己开一个银行也没有这么多钱。我从小备受生活的煎熬，什么事都干过，工作了，也面对过许多的挑战和艰难，但从没有像现在这样，好像我一生中的困难险阻都浓缩在这个时期，好像世界上各种各样的困

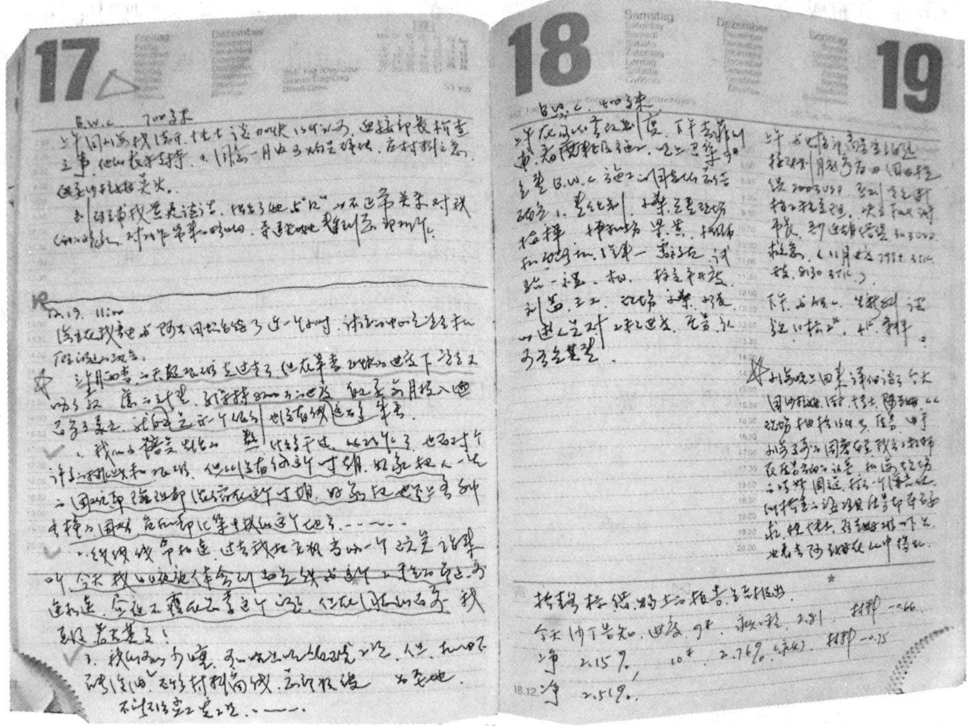


陈听正的工程日记

难、危机都汇集到我们这个地方……俗语说：钱，钱，钱，命相连。过去我们把它当成一个玩笑话来听，今天我深刻体会到的是钱与这个工程的命运、前途紧紧相连，(我)昼夜不停地在思考这个问题。我们可以少睡，可以只吃饭不发工资，但机器不能没油，若不给材料商钱，总经理部将被夷为平地……这个‘钱’字有双重的含义，缺钱，它就是巨大的障碍；有钱，它就是克服障碍的巨大力量。如果工程要保持 5% 的月进度，每个月需要补充的流动资金为 2 200 万元人民币(折合 250 万美元)；如果工程要保持 10% 的月进度，就需要保持 4 400 万元人民币(折合 500 万美元)的流动资金。我们没有这么多钱，也根本不可能向国内再要这么多的钱了。如果我们筹不到这笔钱，就无法加快工程进度，什么回家过‘六一’、什么‘扭亏为盈’都是空话。我们对祖国、对亲人的思念，就会是‘雕栏玉砌应犹在，只是朱颜改。问君能有几多愁，恰似一江春水向东流’。怎么办?”

“目前进度上去了，只是工程成功的一半，钱从哪里来？只有按中国指数调整 P 值，使工程回收款大幅增加，多库公路工程才能有十分的把握走到最后、获得最全面的成功。”这是陈听正常常提醒大家的一句话。所以，第一，按中国指数调整P值索赔；第二，大步加快工程款回收；第三，加快工程进度。这三件工作同样重要，同样紧迫。要三箭齐发，齐头并进。

“三箭齐发，齐头并进”就是总经理部“决战旱季，誓夺全面胜利”要抓的三件最重要的事。具体来说，第一路人马抓工程进度，尽快实现月进度10%的目标；第二路人马抓P值和索赔，索赔的目标早一天与业主方敲定，才能尽多、尽快地实现盈利；第三路人马抓中期支付，做到“多”“快”“准”，实现工程资金尽多、尽快地回笼，做到让每一个美元落袋为安。

总经理部的决策可谓深谋远虑，如果三方面均能顺利进行，多库公路工程这盘棋才算是真正下活了。

# ◎　工程索赔耗心血

“索赔”一词来源于英语“claim”，其原意表示“有权要求”，法律上叫“权利主张”，并没有赔偿的意思。

工程建设索赔通常是指在合同履行过程中，对于并非自己的过错，而是应由对方承担责任的情况造成的实际损失，向对方提出经济补偿或工期顺延的要求。

索赔的依据是国际上通用的菲迪克条款。条款规定，由于施工现场条件、气候条件的变化，施工进度、物价的变化，以及合同条款、规范、标准文件和施工图纸的变更、差异、延误等因素的影响，使得工程项目承包中不可避免地出现损失，需要索赔。

索赔是一种正当的权利要求，它是业主方、顾问处和承包商之间一项正常的、大量发生的、普遍存在的合同管理业务，是一种以法律和合同为依据，合情合理的行为。在国际劳务工程中，由于竞争激烈，加之菲迪克条款约定“最低价中标”，所以承包商一般都是低价中标，只能通过索赔争取盈利。

多库公路工程既是低价中标，又加上前期严重亏损，必须尽最大努力做好索赔工作，这是这个项目唯一可以实现扭亏为盈的办法。

索赔中起关键作用的是P值。P值，是指施工阶段中国建筑行业工程技术及管理人员工资和施工机械的价格指数。我方在多库公路工程所需要的上述中国物价指数的收集、整理、分析、汇总，最后到国家确认，是一项复杂、严密、一丝不苟的系统的工程。它由南宁市统计局、广西壮族自治区统计局提供基础数据后，再到国家统计局审查确认，是一个由下自上的过程。南宁国际公司总经理贝永辉和他的助手黄凤莲在完成这项工作中历尽千辛万苦、不怕挫折，可以说是劳苦功高，功不可没。除此以外，他们还要找经济情报研究所收集我们在孟加拉国施工那几年能反映中国建筑行业工程技术及管理人员工资和机械设备价格上涨的权威的信息作为P值的佐证材料。在孟加拉国总经理部和达卡办，他们还要收集亚洲开发银行、世界银行发布的经济信息以及欧美国家、中国港澳等地区英文报纸上反映的中国物价上涨、通货膨胀的信息，这些也是证明我们P值真实性的重要材料。为了做好这些工作，胡书文、李东、苏拥军、刘开生等同志夜以继日，做了大量艰苦细致的工作。

P值的数据准备好了，再把国家统计局出具的中国建筑行业物价指数文件送到中国驻孟加拉国大使馆，经大使馆签认后，再递交给孟加拉国外交部和孟加拉国财政部，手续十分繁琐。

总经理部达卡办主任胡书文为索赔事宜，每天上午到孟加拉国交通部公路局找项目总工协调，下午到大使馆汇报当天的工作。他一身任几职，既是总经理部的外交联络员，又是办事员、情报员。他负责索赔的具体工作是将所得到的有关孟加拉国市场、交通部和亚行的重要信息，以及根据菲迪克索赔条款计算出的设备退税、物价提高指数情况，官方发布的物价指数、汇率、规定等及时报给总经理部，以提供数据支持。

国内送来的P值文件到达后，陈听正还要让胡安明、苏拥军、胡书文结合本工程情况进行试算，算得比较合适再上报，数据要百分之百过硬，证明文件要完整无缺。

索赔材料准备好了，下一步是攻关工作。没有和业主方、顾问处的良好关系，再过硬的数据也没有用。这就要靠陈听正的本事了。

1993年12月6日晚上，陈听正乘着11月工程进度达到5.31%创下多库公路月工程进度新高的东风，专程和胡书文一起找孟加拉国公路局长格林先生汇报工作并交涉P值调整事宜。

格林先生兑现了自己在1993年8月18日见面会上的承诺：24小时全天候为工地服务，他的大门随时为陈听正敞开。

格林先生对陈听正的来访表示热烈欢迎。陈听正在首次见面会上的英语演讲，令格林先生对他刮目相看。几个月来的工程进展情况足以证明，陈听正那次在会上说的，不是放空炮，不是吹牛皮，而是事实。

格林先生对陈听正说："11 月的工程进度这样快，令人震惊。每个人对此都感到高兴，交通部、公路局对此都很满意。像法开这样古板的人对 11 标段、12 标段的进度都非常满意。法开还说，中国人在迫不得已的时候，总会使事情突然得到好转。这样下去，工程在延长期内完成，不是什么问题。"陈听正感谢格林对我们的支持，并表示工程进度还会加快。然后话锋一转，跟他谈起了调整 P 值事宜。

索赔意味着提高工程造价，直接关系到业主方的切身经济利益，承包商索赔的成败在很大程度上取决于业主方的态度。由于 11 月超业主方预期的工程进度，毋庸置疑地显示了我方的实力，格林在这个问题上态度比较公正，对中方的索赔很理解，也比较支持。他说："这个没有问题，你们尽快提交报告，拿出充分的事实、确凿的证据。亚行的代表来孟加拉国的时候，再由我们向他们提交工程的追加预算。关于这个问题，菲迪克条款上面讲得很清楚，每个季度国家都颁布具体指数，材料、人工、机械设备都需调整。我们知道，一个工程在国内调整索赔好办，在国外就很麻烦，我们会根据实际情况，实事求是地处理好这个问题。"

陈听正此时心里非常清楚，只有我方的工程进度越来越快，质量优良，索赔才会更顺利。这就好比打仗，只有当你打了胜仗，才有筹码与对方谈判。

他回到总经理部，一方面要求各标段加快工程进度，另一方面要求进一步完善调整 P 值的材料。

索赔的第一步，是向顾问处发出索赔意向通知，然后提交补偿经济损失的索赔报告及有关资料，最重要的是提交的有关的证明文件，那上面的数据是索赔的依据。

1993 年 12 月 10 日，我方向负责现场的顾问处经理法开提交索赔报告和资料时，心情颇为忐忑，因为索赔必须取得顾问处监理的认可，他们起着关键性的作用。

法开是一个严格遵循条款办事的人。他冰冷如铁，不苟言笑，像机器人，连说话都像计算机发出的声音。标段经理刘军和饶东平见了他就头皮发麻，每次找他签字，他都是横挑鼻子竖挑眼，甚至是鸡蛋里面挑骨头。这次能过他这一关吗？

法开拿出他在英国牛津大学攻读博士时研究学问的派头来，对我方根据中国建筑行业工程技术及管理人员工资和机械设备的价格指数计算出来的P值持不信任的态度，他十分武断地说：你们提交的指数增长太惊人，不真实。陈听正、胡安明、苏拥军和胡书文当面向他解释：近几年，中国经济高速发展，通货膨胀，工资和物价也涨得飞快，银行的年利率也达到了18%，这些情况，世界银行、亚洲开发银行的报告，以及世界各国媒体都有报道。他们把收集到的资料都拿给法开看，但是，不论我方怎么解释，法开就是板着一副脸，固守他的观点。

在顾问处碰了钉子，我方人员并不气馁，因为他们坚信他们提交的调整P值的报告，是经过认真的调查和核对，并经过试算才得出的结果，是真实可靠、经得起审查的，中国的P值增长较快，这是有根有据的。

这条路走不通，我方就另辟蹊径。没过几天，陈听正又和海静涛单独约见了他们的好友、孟加拉国公路局项目经理的助手阿里。阿里说，调整P值索赔，向来都是难度极大的工作，你们将面临着艰巨的谈判。他建议我们直接找项目经理面谈。

1994年1月8日，陈听正带着去年12月进度为5.76%、1月进度预计将达到8%以上的好消息，与胡书文一道再次拜访格林。格林听到12月份工程进度又创新高，特别是1月份将达到8%以上的消息时，非常高兴。这正是谈判的最佳氛围。陈听正与格林就调整P值的问题进行了认真的探讨。

由于我方提供的调整P值的报告是以事实为基础，有确凿的证据，各种必需的文件、手续都很规范齐全，精明的格林对此也无可挑剔。但是，整整谈了2个小时，格林仍不表态，平时比较爽快大度的他，今天露出了老谋深算的一面。陈听正知道，现在到了工程背水一战的关键时刻了，只有摊牌，逼格林让步。陈听正用略带严肃的口气给格林算了一笔账：我方11、12月的进度已经超过5%，要实现5%的进度，每月需完成8 000万塔卡(折合250万美元)的产值。由于我方的中标价太低，再加上人工、机械费用大幅上涨等因素，要实现这个产值，我们每月都要亏损100多万美元，我们已经山穷水尽，找不到钱备料了，如果不尽快按中国指数调整P值，我们已经顶不住了！如果这样的话，我们的进度将被迫放慢。我们还有7亿多塔卡(折合2 188万美元)的产值未完成，如果按照平均月进度3%计算，并考虑下一个雨季的影响，我们至少还要18个月才能竣工。也就是说，要到1995年7月才能全线竣工。宝贵的旱季将眼睁睁的流失，工期还得进一步延长。如果现在同意我们按照中国指数调整P值的要求，而且加快中期支付的速度，我们就有充足的流动资金备料，我方的人力和工程装备才能发挥出更大的潜力，至少可以完成每月 10% 的工程进度。也就是说，按这样的速度，我们只需要 5 个月就可以实现全线竣工。如果贵方不能根据菲迪克条款编制的合同文件中的特别条款第 70 条给我们按中国指数调整 P 值，我们将不承担因此造成工期延误的任何责任，而且保留我方进一步维权的权利。格林认真地听完陈听正义正严词的要求，沉默了片刻。他心里想："这个中国人好厉害，居然把球踢到了我这边。"当然，他也明白，陈听正要求按中国指数调整 P 值，是合理合法的，而且进一步加快工程进度对双方都有利，对他来说，何乐而不为。双方又经过近 1 个小时的讨价还价，最后双方同意将调整 P 值设定在 1.7。也就是说，我们索赔的最高数额，不超过合同造价直接成本的 1.7 倍。这是我们工程决战阶段扭亏为盈、使整个工程大幅减亏的关键。

深夜，陈听正和胡书文回到达卡办事处。办事处的同志都没有睡，听到调整 P 值索赔大获成功的好消息，大家都惊喜万分。

李东说："陈总，这几年我们一直在紧张中过日子，业主方天天喊着要赶我们走。现在好了，工地资金问题得以解决，我们可以加快工程进度，不用再灰头土脸的，可以挺直脊梁走路了。"

苏拥军说："准备索赔工作纷繁复杂、千头万绪，工作量大，事情又急，现在大功告成，真是太令人激动了！"

就是这样，陈听正和他的团队，巧妙地通过政治途径，通过工程的良好进展和我方的实力，与业主方、顾问处建立了友好的关系，取得了工程索赔的决定性胜利，大大地挽回了工程前期的损失，到工程结算时，光是调整 P 值索赔的款项，我方就获得了 3 000 多万美元（折合 2.6 亿元人民币）。

多库公路工程索赔成功，使后阶段有了充足的资金，工程扭亏为盈已经成功在望，我方全体员工斗志更加昂扬。

# ◎ 中期付款源源来

前一阶段，为解决工地资金短缺问题，国内多方在全力以赴为工程筹款。但是，这只是权宜之计，解决工地资金短缺的根本办法在于及时回收工程款，加快工程中期收款进度。

交通部支援的专家中，除了曾沛霖总工程师负责全线工程的施工技术外，其余的几位：祝建生和胡佩佩分别在 9 标段和 11. 5 标段，蒋瑞年和史扬分别在 10 标段和 11 标段，12 标段的数量工程师是毕业于同济大学的徐德。他们的主要任务就是负责及时向业主方提交中期支付报告，确保工程回收款又多又快。

中期支付工作直接关系到工程的盈与亏，与工程的经济效益息息相关。工程计量越多，就说明活干得越多，收回的钱就越多，反之亦然。有时计量工程师修改一个数据，就是几十万上百万的进出。当然数量的多少，也不是我方计量工程师说了算，还需通过对方的计量工程师严格的审批，所以计量其实是双方工程师的一场较量，计量工程师业务熟练度很重要，要算得准，经得起质疑，特别是不能算少了，算少了就会减少收入。像多库公路这样的涉外工程，计量工程师还必须具备高超的英语水平，能直接和对方沟通，这种直接对话的沟通方式，比通过翻译与对方交流要准确得多、方便得多。

我方的计量工程师，在计算上个个都是高手。陈听正把这些精英都安排在这个位置，正是他的高明之处。

蒋瑞年工程师举了一个例子，他说：“这条公路是在原来的崎岖不平的路面上建的，原来损坏的路面要除掉，挖到某个设计高度，然后再用新的材料回填压实。挖多少填多少，计算量非常大，也很难丈量。我就设计了一个计算模型，用坐标表示原来的路面高度和需要填方的高度，两个高度差就是挖方和填方的数量。用坐标点组成的不规则面积就是挖方和填方的截面面积。在坐标的取舍上有很大的技巧，例如在合理的范围内把原路面的坐标读高一些，挖方和填方就都增加了，因为公路如此之长，高度差一点，体积的差值就非常大。”

多库公路工程的中期付款，刚开始时困难很多：人手少，任务重，时间紧，资金匮乏。当时，他们连计算机也没有，所有的计算和报告都靠笔和机械打字机，工作量非常大。他们向陈听正反映，陈听正说：“我知道你们的困难，就是压缩其他的开支，也要马上给你们买计算机。”很快，陈听正给他们每人配置了一台笔记本电脑，工作方便多了。

中期付款也是一项十分繁琐的事情，要过四道关卡。

首先是签字关。所有的现场丈量单都要现场负责的业主方和监理代表签字，然后是对方的计量工程师签字，接着是业主方和监理的标段经理分别签字，最后是项目总经理部的业主方和监理代表签字。每一次签字都像过一道难关，每次都会遇到不同的难题。

由于前期工程不顺利，负责10标段的顾问处监理“老黑”对中方存有成见，蒋瑞年工程师每次找他签字时，他的脸色就十分难看，蒋瑞年感到备受刁难，有时“老黑”看都懒得看，两眼望着天空，似乎空中写着什么。蒋瑞年笑脸相迎，请他过目后签字，他拧着眉头说：“你们中国人整天什么也不干，还想要钱？有这种好事？先放一放，等你们把活干好了再说。”

说罢，他索性走开了，把蒋瑞年晾在那里。蒋瑞年暗暗叫苦，今天又完了，没有商量的余地，人为刀俎，我为鱼肉，奈何？

如果说材料保卫战中我方人员遭到殴打和攻击，受伤流血是肉体的折磨，那么请顾问签字就是精神的煎熬了。可是，没有顾问处和业主方的签字，就拿不到钱啊。再痛苦的煎熬，我方的计量工程师们也得咬着牙关承受。

面对个别监理对我方工地人员存在刁难的情况，陈听正展开了对孟加拉国上层的公关工作。

陈听正指示胡书文、李东，通过中国驻孟加拉国大使馆的关系，与孟加拉国上层人士联系，向他们反映顾问处个别人员处事不公的情况，希望业主方与顾问处沟通，通过业主方要求顾问处确实地公正地履行菲迪克条款。

苍天不负苦心人，上层攻关的效果出来了。

随着我方施工进度的不断加快，业主方为了配合我方的工程进度，加强了他们自身的技术监督力量，增加了许多工程技术人员，确保了我方已经完成的工程量得到及时认可。

那个曾经刁难蒋瑞年、刘茜的负责10标段工程计量的顾问处数量工程师“老黑”被撤换了。新来的计量工程师十分精明，高个子，卷头发，为人谦和，心地善良。他是从另一个国际工程抽调过来的，经验很丰富。他将他前一个工程的助手桑角推荐给蒋瑞年当助手，这样，蒋瑞年与这位顾问处新来的数量工程师建立了十分友好的关系，一来二去，两人成了无话不谈的朋友。

蒋瑞年给他讲了前期工程遇到的种种困难和挫折，如材料被盗抢，员工被打伤等情况给我方造成的惨重的损失，而顾问处的一些人，还经常卡住我们的脖子，使工程的每一个环节都很难通得过，让我们经常拿不到钱等等情况。

这位新的计量工程师对中方的处境非常同情，他不但不卡我们，而且常常给蒋瑞年提建议，教他如何利用条款，在合理的范围内申报工程量。在他的帮助下，我方挽回了一些经济损失。

所有的现场丈量都是蒋瑞年和监理方的计量工程师一起去做的，有时天气炎热，顾问处监理方的计量工程师就在树荫下歇着，由中方计量，他说完全相信我方的丈量结果。

专家团队加班加点进行工程计量搞中期支付款回收，非常辛苦。蒋瑞年经常吃完晚饭就感觉累得顶不住了，眼皮重得像灌了铅，朦胧中想起事情还没完，不能迷糊，赶紧用冷水冲凉，冲走疲乏和困倦，让自己尽快兴奋起来，又接着干。

因此，10标段副经理苏俭来开玩笑说他是个“夜猫子”。

中期付款的文件一式需打印9份，蒋瑞年常去菲利普镇上打印。这里的打印店都是家庭作坊式的，条件很简陋，一间小屋，不到9平方米，满屋子都堆满了纸张，乱糟糟的，散发着浓重的油墨气味。蒋瑞年每次去打印文件都要排队，有时甚至要等上一整天的时间，于是，他一边监督检查文件打印的质量，一边帮打印店工作人员的忙。

之后，蒋瑞年与打印店里的工作人员搞熟了，他们也很关心这条路，总是问他，路什么时候能够修好？你们在这里还要待多久？有时还问他，你们这么拼命，究竟图的是什么？蒋瑞年回答说什么都不图，就是想着赶快把路修好，早日完成任务。

业主方和顾问处监理的办公室设在9标段所在的城市菲利普，离10标段有20多公里。因路况糟糕，开车要1个多小时。当时10标段只有一辆吉普车，主要是杨荣经理的工作用车。蒋瑞年为了中期付款事项，经常要去菲利普，没有车怎么办？只能搭乘工程车和洒水车去。

蒋瑞年早晨出发，中午就在9标段搭伙吃午饭。有时在业主处做到很晚，没有顺风车搭了，就只得一个人走夜路。

有一天，蒋瑞年没有搭上工程车，独自步行返回10标段。路上没有路灯，黑漆漆的，只能靠着不时驶过的车灯照明。路的两边是树林，他总觉得背后似乎有什么人跟着，他不时回头张望；有时听到野兽的叫声，心里直发毛。沿路都很荒凉，独自一人在异国他乡的旷野赶夜路，心中不由得感到一阵慌乱，他抬头望望天空，天空也是一片黑暗。他想到了北京，此刻该是华灯初上了吧；他想象着长安街上车水马龙，影院、商场人流如织的热闹景况；他想到了自己的妻子，是否正抱着他们可爱的孩子，站在窗前，也在思念远方的亲人……

蒋瑞年的工作情况，也是其他计量工程师工作情况的一个缩影。

1993年11月，初战告捷，月进度达到了5.31%，12月再接再厉，月进度达到5.76%。在总经理部工程师苏拥军的统筹下，经过各标段的计量工程师们昼夜不眠地拼命工作，各标段都拿到了雨季后的第一批中期付款。1994年1月8日，在我方的努力下业主方已同意调整P值的方案，1月16日，11标段、12标段首次拿到了调整P值后的4 200万塔卡(折合132万美元)的支票。这是按中国指数调整P值后收到的第一笔工程索赔款。从我方就调整P值与格林进行艰苦的谈判，到拿到第一笔工程索赔款，仅8天的时间。格林兑现了他的承诺，他的工作效率之高，对我方之友善，对于我方是一种支持和鼓舞。从1994年1月开始，工程产值和进度呈直线上升。1月份产值1.2亿塔卡(折合375万美元)，月进度8.14%；2月份产值1.36亿塔卡(折合425万美元)，月进度9.20%；3月份产值1.5亿塔卡(折合469万美元)，月进度10.18%。

1994年2月6日，大使馆陈文旭参赞、中国海外工程总公司达卡办总经理郭树森和张序江委派的秘书到工地进行春节慰问。汇报会上，当郭树森听到1月份的产值和进度时，简直不敢相信自己的耳朵，他高声地说：1月份月进度这么快，太不可思议了！

我方的《中期付款证书》由过去的几个月一报变成了每月一报，由每月一期变成了每月两期，甚至更多……1~3月，工程进度回收款加上调整P值的收入，一共是5.97亿塔卡(折合1.64亿元人民币)。这是什么概念？工程项目终于有了自己流动的血液，有了回收款，事情就都好办了，备料的进度更快了、工程进度更快了，工程终于进入了良性循环。就如同一个生命体，有了自身的造血功能，从此工地资金可以自给，不仅不再需要“外部输血”，还可以往国内汇美元了！前期向国内申请的工程贷款，可以逐步还清了。

陈听正长长地舒了一口气。这个压在他心头整整8个月，让他饱受煎熬的千斤重担终于可以卸下来了，他眼里闪烁着幸福的热泪。

工程项目的所有员工，也长长地舒了一口气。

工程回收款、索赔款滚滚而来，战局全面扭转，我们预定的决战阶段的三大目标已经成功在望。

工程索赔和中期收款中，12标段做得最为出色。副经理韦勇球和总工徐德亲自抓，月月做到“准、快、多”。为了提高盈利空间，他们随时掌握P值的变化，把已完成的工程产值尽可能地在P值较高的月份上报认可。他们上报的中期支付报告确实精准、天衣无缝，做到每一个数据，每一个字母，甚至每一个标点符号都准确无误，连办事严格的近乎冷酷的顾问处法开博士对他们也不得不另眼相看。之前得到中期支付认可是一件难于上青天的事，可是这在12标段却通行无阻，他们把申报材料递给法开，法开总是客气地说：“韦先生，你坐下喝杯茶，一会儿就好。”不到一个小时，他们的中期支付报告就得到了批准。就这样，从1994年1月开始，因为工期回收款月月增加，工地资金运转已经不成问题了。

为了激发员工的工作积极性，总经理部建立了43条管理制度，其中最有效、最核心的就是“计价工资制”，每个标段每月可从业主处获得的工程进度款中提出一定比例作为奖金，把工程进度、质量、工程款的回收率与收入直接挂钩，工程做得越快越好，回收的资金就越多，个人的收入也就随之而水涨船高。

新的管理制度实施后，随着进度的不断加快，自1994年1月起，员工月平均收入近1 000美元，按照当时的汇率相当于8 800元人民币。员工经济收入增加了，工作热情得以进一步激发，工作热情的激发，又加快了工程进度，工程进度快又加速了资金回收，这也是一个良性循环。

工程取得初步胜利后，总经理部继续坚持严格的计划管理，应用网络技术编制计划，根据工程实情，按照菲迪克条款管理要求，将施工任务、工期、质量、设备、材料、资金、技术力量、普通劳力、奖罚尺度等有机地组织到网络计划系统中。这一举措使工程的施工和管理更严格、更科学，最大程度地减少了工作失误，使广大职工自觉地调动积极性，形成标段与标段、人与人之间和谐的竞争局面。

# ◎ 在孟加拉国过中国年

自1993年7月新的领导班子来到多库公路，如今，180个日日夜夜过去了。一路走来，他们经历了铺天盖地的雨季，他们因为没钱抢购材料差点急白了头发，他们像保护家中的珠宝般保护料场的石材，他们做的路段通过了监理严格的工程验收，他们为工程索赔绞尽脑汁，他们为中期付款奔走操劳……这其中遇到了多少困难、多少挫折，是难以一一述说的。

路，越走越宽，道，越走越平，天，越走越亮。“多年的媳妇终于熬成了婆”，现在，工地步入了良性循环阶段，工程量上去了，工程索赔在顺利进行，中期支付款加快了步伐。

春节临近，想来祖国此时已经雪花飘飞。

冬天来了，春天还会远吗?

面对这一派大好形势，总经理部领导十分冷静。他们懂得，“一张一弛，文武之道”，在这样的形势下，越是要注意保护员工的身体，越是要注意保持员工持续的工作热情，越是要想员工之所想、急员工之所急。

1994年春节即将来临，这是中华民族阖家欢聚的传统节日。可是为了工程，员工们在异国他乡，不能与国内的亲人团聚。于是总经理部决定在工地举办春节联欢晚会，让员工们在孟加拉国过一个中国年。

由于工程进度不断加快，工地一片欣欣向荣的景象，业主方、顾问处、承包商三方关系已经十分融洽。总经理部领导想，何不以此为契机，邀请业主方和顾问处的代表们和我们一起共度新春佳节，一来可以进一步巩固彼此间的友谊，二来可以弘扬中华文化，让外国人了解中国。

总经理部的倡议，得到了全体员工的热烈响应。1994 年春节，各个标段和总经理部都举办了春节联欢晚会，尤其以总经理部的晚会最为热烈。

晚会的负责人是副总经理马松喜，具体操作者是刘茜。

刘茜是个活跃分子，接到操办春晚的任务后，在工作之余，她又为晚会忙开了。

业主方、顾问处的人员与我们一起过中国年

她首先找到电工小张让他制作花灯。小张说："算你找对人了，我是个制花灯的能手，每年都参加南宁市的花灯制作比赛，还得过奖啊！"于是在紧张的施工之余，小张开始制作花灯架子、接线路，刘茜则忙着跑市场、采购花灯的"外衣"、采购年货。

除夕那天下午，工地提前收工。刘茜等一群人紧张地布置会场，傍晚时分，总经理部春节联欢晚会将准时开始。

俗话说：心急吃不了热豆腐。可是，还没等会场布置完毕，吃热豆腐的人们——各标段、业主方、顾问处、材料供应商的代表们都等不及了，纷纷提前来到了会场。怎么办？刘茜等一群人急得脑门直冒汗。代表们一见这情况，立即七手八脚地加入了布置会场的行列，不一会儿，横幅拉起来了，彩灯炫起来了，灯笼亮起来了，一扎扎红红绿绿的气球飘起来了，欢快的乐曲响起来了，欢乐的晚会即将开始了。

这哪里是异国他乡，这分明是中国的俚巷街衢。

大家围坐在餐桌前。“来了!”平日里那些工地上的雄兵虎将，这时候一个个成了热情的服务员，他们端盘捧碟地在桌子间穿梭，一道道传统的中国美味佳肴端了上来：多味拼盘、白切鸡、红烧狮子头、清蒸水鱼……五凉六热、七荤八素、九碟十盘地摆满了桌子。厨师们为这顿年夜饭，没少花心思，员工们从工地回来就忙着给厨师当下手。

年夜饭开始了。在陈听正致了热情洋溢的祝酒辞之后，大家开始以饮料代酒，互相敬“酒”，互相祝福。席间欢声笑语不断，相互敬“酒”的人们虽然来自不同的国家，肤色不同，语言不通，但是此刻他们不分彼此，亲如一家，一个个吃得津津有味，一个个喝得脸热耳酣。席间，总经理部还给大家发了一个红封包，更是增添了一份家庭的温情。那些老外哪里见过这种场面，直呼“好吃！好玩!”

年夜饭结束，文娱晚会开始。

一曲《十五的月亮》拉开了晚会序幕，晚会的策划和主持刘茜真会来事，安排的节目内容丰富多彩，有唱歌、有跳舞、有乐器表演、有喝可乐比赛、有抢凳子、有击鼓传花、有做动作猜字，最有趣的是业主方和顾问处的人上台学讲中国话，台下人即兴出题，台上人立马学讲，台上台下激情互动，老外们学中国话学得笑料百出，逗得大家笑得前仰后合。

新年的钟声就要敲响了，晚会进入高潮，热烈的鞭炮响起。伴随着一阵阵鞭炮声的是一句句热情洋溢的祝福。鞭炮声把附近的居民也吸引过来了，他们也加入了这欢庆的行列，大家在欢快的乐曲声中跳起了交谊舞。

晚会在《难忘今宵》的乐曲声中结束。

难忘今宵，难忘今宵，
不论天涯与海角。
神州万里同怀抱，

共祝愿祖国好，祖国好。

共祝愿祖国好，祖国好。

……

这首歌，两年前的除夕之夜，中国的员工也曾唱过，然而此一时，彼一时，那时，他们的歌声充满了忧伤，而今天的歌声，却充满了欢乐。

春节过后，大家对春节晚会意犹未尽，回味无穷，还津津乐道当时的盛况，特别是中方人员去顾问处办事时，顾问处的人总是笑脸相迎，甚至有时还有人说：“怎么样？小刘，春节晚会上你唱的那首歌我没听够，你再唱一遍?”

在这种氛围中，双方办事顺畅多了，这可以说是一种“春晚效应”吧。

春节过后，冲锋号吹响，全线 145 公里展开了绝地反击的最后战斗。

# ◎ 人性化管理鼓士气

多库公路工程胜券在握，前文的叙述让人不难感受到，工程之所以能转败为胜，是因为有伟大祖国作为坚强后盾，是因为有工地领导班子在施工管理上的正确决策，是因为有全体员工为国争光的冒死拼搏精神。

这里还必须补充一点的是，工地的人性化管理，也是工程转败为胜的一个重要因素。

在整个施工过程中，工地领导特别是工地党委非常关注员工的思想状况，尽量满足员工的需求。他们关心员工的生活，服务于员工，注意以人性化的管理模式调动员工的工作积极性。“又要马儿跑，又要马儿不吃草”，那是不可能的。俗话说“士为知己者死”，在领导的关怀感召下，员工们心甘情愿地、自觉地为工地拼命，这才是一股不可阻挡的、战无不胜的力量。

分管工地政治思想、生活后勤的副总经理马松喜，以及其他一些后勤人员，在这方面做了许多工作。

1994 年 3 月，国内开始了新的一轮专业技术职称的评审工作。工地上有许多年轻人，他们都有相应的学历、专业技术水平、工作经历和业绩，却无缘参加这轮职称评审。技术职称评定是对一个专业技术人员水平高低的权威的评价和认可，对他们今后的工作和成长至关重要，他们对此非常重视。这轮职称评审如果赶不上，就得等下一轮，而职称获得时间的先后也是衡量一个人的技术水平高低的标尺之一。

这个问题不妥善解决，将影响员工们的工作积极性，怎么办？

工地党委想员工之所想，急员工之所急，对这个问题极为重视，特地安排马松喜负责处理这件事情。接到总经理部的任务，马松喜不敢怠慢，立即以工地党委的名义向自治区职称改革领导小组办公室（简称“职改办”）反映情况，职改办也是想工地之所想，急工地之所急。经过请示汇报，最后职改办同意特事特办，派出评审专家亲赴多库公路工地进行现场评审，马松喜全程协助评审小组开展工作。经过一段时间的紧张操办，工地30多名工程技术人员和翻译获得了相应的技术职称。工程技术人员的后顾之忧得以解除，个个欢天喜地，表示要以更加旺盛的斗志投入到工程施工战斗中。

在孟加拉国市场很难买到酒和猪肉。中国的施工人员当然适应不了这种生活，他们需要喝酒解乏，需要吃猪肉补充营养，怎么办？

为了解决这个问题，工地领导和后勤人员没少费心思。

他们做出一个大胆的决定：自己酿酒。说干就干，工地后勤部门立即与国内有关部门沟通，告知了工地人员的需求，请求国内有关部门解决可酿2 000斤酒的酒曲。国内有关领导对此十分重视，对工地的需求有求必应，派专人坐飞机将酒曲送到了工地。利用我方工作人员住地远离当地民居的有利条件，工地后勤人员在夜深人静的时候偷偷地酿制米酒。那些日子，他们怀着期待、忐忑不安的心情日夜守护在酿酒的锅炉边。第一次酿酒成功时，当醇香的米酒像一股细细的泉水流出，就像是家人久久盼望的新生儿终于顺利降生了，大家高兴得手舞足蹈，笑啊，跳啊，端着酒你喝一口，我抢过来喝一口，这情景真的是酒不醉人人自醉。闻着这酒香味，酿酒师醉了。就这样，后勤工作人员用辛勤酿作解决了工地员工的酒水之需，餐桌上，米酒飘香。每当他们看到员工们餐后满足的神情，然后精力充沛，以昂扬的斗志奔向工地时，他们的心也醉了。

在孟加拉国很难买到猪肉，从国内运来不太现实，怎么办？总不能让员工们当和尚吃素食吧，和尚只是念念经而已，我们的员工可是要出大力，流大汗的啊，营养不足，体力不够，不行啊。

为了解决员工吃猪肉的问题，马松喜和后勤部门的工作人员同样花了不少心思。经过多方打听，他们得知在孟加拉国边境有一个地主，是生猪养殖的专业户，他的主要客户是印度人。于是他们找到这位地主，与他签订了每十天向他购买4~5头生猪的协议，由他们杀好，我们用冷藏车运回。就这样，解决了工地员工的吃肉之需。

人是铁，饭是钢。为了改善员工生活，让食堂猪肉诱人、米酒飘香，让员工们吃好喝好，精力充沛地战斗在最前线，用当今时髦的一种说法是：全体后勤人员，也是拼了。

前文提到，1994 年春节，为了活跃工地气氛，为了缓解员工们的思乡之苦，为了增进和业主方、顾问处的友情，工地成功地举办了春节联欢晚会，晚会收到了极好的效果，这也一是种人性化的关怀。

此外，哪位员工身体不适，哪位员工国内亲属有困难，乃至于年轻人的谈婚论嫁，都会引起工地党委的足够重视，并且得到尽可能的帮助。

正因为如此，多库公路工地全体成员就像一家人，他们将工地的事视为自己的家事，拼力而为，将工地的人视为亲人。

正因为如此，事隔二十多年后，这些当年的孟友们依旧经常聚会，当年的情谊依旧，战斗的友谊长存。

## ◎ 抢建 46 号桥

46 号桥是玛古拉通往吉内达的一座双孔预应力钢筋混凝土大桥，由武汉市政工程公司的队伍负责施工。

1993 年 12 月以来，桥梁全体施工和管理人员抓住旱季水位低的时机，日冒骄阳，夜披星月，艰苦奋战，至 1994 年 2 月，完成了水下基础工程。这是一个阶段性的重大胜利，因为雨季是不可能进行水下施工作业的，如果 1994 年雨季来临之前大桥不能完成水下基础工程，就要拖到 1994 年 10 月份以后。水下工程完成之后再进行桥面和路面工程施工，那么这座桥的竣工日期就要拖到 1995 旱季了。与之相关的 11 标段、12 标段的路面工程也将无法在 1994 年旱季正常施工，如果 11 标段、12 标段无法在合同延长期内完成工程，就意味着不仅前面几个月的努力付诸东流，而且中国公司最终还是以败局收场。

因此，46 号桥的建设周期十分关键。

这里的利益双方，一方是以工地总经理陈听正为首的中方，另一方是顾问处的印度籍监理保尔。

保尔是多库公路工程顾问处的负责人，同时又是孟加拉国亚行贷款的公路项目顾问处负责人，所以，不论是中国公司、印度公司还是韩国公司，只要是亚行贷款的公路项目，其监理工作都由他领导的顾问处负责。因此，他想利用手中的权力帮印度公司一把。在多库公路问题上，保尔一直有他个人的考虑。

印度公司在多库公路工程投标时输给了中国公司。本来，他们视南亚为自己的势力范围，他们非常害怕中国公司的势力在南亚市场扩张，这次中国人承包了孟加拉国的多库公路，印度公司感到非常紧张，害怕印度在孟加拉国的经济地位受损，他们做梦都想将中国的经济势力排挤出孟加拉国。

中国人承包的多库公路开始时施工受挫，这让保尔看到了夺回本来属于自己国家蛋糕的大好机会，所以工期拖得越长，他就越是幸灾乐祸，他盼望着中国公司早日崩盘，早日滚蛋，印度公司便可顺利接手。

可以说，保尔的这个小算盘，已是公开的秘密，可谓“司马昭之心，路人皆知”。

而现在，中国公司换了新的领导班子、新的团队、新的工程装备，工程突飞猛进，路基、路面工程一天一个样。他眼看自己的希望即将成为泡影，他眉头一皱：从桥梁工程入手，阻碍路面工程进展，让中国公司无法在延长期内完成工程。

保尔认为，46 号桥是他拖住中国公司后腿的最后一根稻草。于是，他要求我方实施一套既不符合实际又延误工期的桥面施工方案，他指示，46 号桥预应力张拉钢筋混凝土大梁必须采用整体张拉的方案施工。

这是一个狠招，按照这一方案所要采用的工艺和设备，46 号桥肯定无法在雨季来临之前完工。

保尔这个国际级的监理工程师，在技术业务上堪称一流。如果保尔碰上的是一个寻常的对手，这个对手搞不懂他的套路，摸不清其中的深浅，或者知其深浅却拿不出对付的方案，就会在保尔的指挥下被弄得晕头转向，手忙脚乱，不能如期完工，最终自认倒霉。

有道是“魔高一尺，道高一丈”。为了妥善解决这个问题，总经理部专门请负责该桥施工的武汉市政工程公司的桥梁高级工程师以及广西公路局桥梁工程专家、副局长唐柏石和副总工程师沈光銮到现场研究 46 号桥的张拉方案。经过专家们对工地仔细考察、研究、计算和现场测试，大家一致认为，保尔的方案不仅十分保守，而且施工程序繁琐，张拉所需的主要设备——千斤顶和锚具需要重新订货，并且要一个多月后才能到货。如果等到那个时候，我方将错过最佳施工期。于是，我方决定，在保证大桥工程质量和施工安全的前提下，根据英国的工程规范要求，制定出单点张拉方案，根据这个方案施工，可以加快工程进程，确保 46 号桥在 1994 年 5 月建成。

那天，陈听正、海静涛和桥工处的负责人冯崇华、余副经理等来到顾问处，将中方拟定的单点张拉方案交给保尔，请求顾问处的认可。

保尔接过方案仔细审查了一遍，将方案扔回给桥工处说："不！这个方案不行，我不会同意你们实施的。"也许他心中暗暗吃惊：想不到中方这么快就拿出了新方案，而且这个方案对施工质量有保障，完全可以实施。如果按这个方案施工，速度会很快，完全可以在 1994 年 5 月以前把桥修好，看来这回可真的是棋逢对手，招数不灵了。

"我们的方案是通过精确的计算，并且是以英国的工程规范制定的，完全符合施工流程，为什么不行，你总得说出个理由啊？"桥工处据理力争。

"不需要说理由，我说不行就是不行，你们必须按我的'整体张拉'方案施工。"保尔一脸的蛮横气。

"可是如果按你的整体张拉方案施工，工期会拖到明年 3 月以后。"陈听正说。

"是吗？"保尔脸上掠过一丝不易觉察的微笑。

他接着说："那是你们的事情，这个我也无能为力，我只负责监督施工，并保证工程质量。"保尔耸一耸肩，摊开双手，作出一副无可奈何的姿态。

事后，总经理部就这个问题再三与顾问处沟通，单点张拉方案仍然没有获得通过。

怎么办？陈听正果断决定：其一，按自己的方案干；其二，走迂回战术，去找格林，寻求业主方的支持。

此时的格林和保尔各有所思，格林是一心想尽快完成多库公路工程；而保尔却是千方百计想拖延工程的完成时间。

陈听正连夜和海静涛、冯崇华等人赶到达卡。第二天一上班，格林、陈听正、保尔等人在格林的办公室进行了三方会谈。

陈听正向他们陈述了我方对 46 号桥制订的单点张拉的施工方案，以及大桥质量和施工安全保障措施，并一再说明，这个方案，既能保证 46 号桥工程质量，又能确保多库公路工程能在延长期内完成。

听完陈听正的汇报，格林习惯性地眨了两下他的双眼，然后望着陈听正，他从陈听正的坚定不移的眼神中看到了答案。不等保尔开口，格林就直截了当地对陈听正说："陈先生，你对你们的方案有充分的把握吗？你对将要建成的 46 号桥的质量有百分之一百的把握吗？"

“是的，我们有把握。”陈听正即刻回答。

格林又对陈听正说：“既然你们有绝对的把握，那就同意按照你们的方案建设46号桥。但有个条件，大桥建成后，先开放通车三个月，如果没有任何质量和安全问题，我们再验收，然后再支付该桥的工程款，你同意吗?”

他一说完，陈听正立即回答：“没问题，就按你的决定执行。”

格林又眨了眨双眼，望着保尔。

保尔没有正视格林，格林无可挑剔的决定，让他感到非常沮丧且无可奈何。既然业主方发了话，施工方又接受了业主方提出的所有条件，保尔也不好再说什么，只得很不情愿地表示同意。

格林真聪明，他的决定，既没有否定保尔的方案，又支持了中方的作法；自己既不担风险，又维护了自己国家的利益；既保证了大桥的质量，又确保了整个工程的工期。

陈听正终于如愿以偿。但他知道“小心驶得万年船”，一回到工地，他马上和桥工处以及工程专家们再次研究和审查46号桥的施工方案和张拉工序，要求对预应力张拉的质量和大桥的安全做到万无一失。

最后的结果是，大桥采用单点张拉方案按质如期完成了桥面施工任务，大桥顺利验收。

在这场斗智斗勇中，陈听正采用迂回战术取得了一招制胜的神奇效果。这个结果不仅中方高兴，现场的顾问处和业主代表也高兴，他们竖着大拇指称赞道：“你们的总经理简直太精明了!”

从此以后，保尔对我方的态度有明显的转变。

其实顾问处的工作人员很看重能耐，你越是没有能耐，他越是整你；反之，他们会觉得你不好欺负，会佩服你，配合你。

这件事再一次有力地证明了“落后就要挨打”这条颠扑不破的真理。

# ◎　动乱之中巧施工

在孟加拉国，经常发生游行示威、罢工等事件。这种动乱不可避免地影响到工地的正常施工。

1994年，是孟加拉国大选之年，每当换届大选期间，罢工、示威，武装冲突不断，惨剧时有发生。

从1994年年初开始，直到年底，反对党举行了十几次罢工，多次封锁交通，更严重的是包围政府大楼和政府机关。罢工是最常用的手段。孟加拉国的罢工是一种综合性街头行动的总称。在宣布罢工的时间内，所有商店、市场停止营业，所有路段不准摆摊，车辆不能上街行驶。而1994年又正好是工程任务最重，最关键的一年。我方要向全线竣工的目标冲刺，工程不仅是一天也不能停，我方还想一天当成两天甚至三天来用。为此总经理部召开了专门的会议，根据工地的实际情况，研究应对方案并做出以下决定：第一，由于工程正处于施工高峰期，料场堆满了料，路上摆满了价值昂贵的工程机械，如果我们的人都走了，料场的材料可能会被抢光，设备也会遭到严重破坏，国家上亿元的资产将付诸东流。因此，总经理部要求我方的员工在罢工时，未经总经理部批准一个也不能离开工地。第二，我们工地离首都达卡比较远，各合同段都分散在乡镇，动乱不会像达卡市内那样激烈，因此，总经理部要求各标段因地制宜，灵活掌握，没有动乱迹象的可以正常施工。第三，一旦发生动乱和突发事件，首先保证我方员工的生命安全。第四，准备一周的食物，以防罢工阶段买不到食品。第五，总经理部及各标段驻地、料场、大型设备均悬挂中华人民共和国国旗。第六，保持总经理部与中国大使馆、当地警察局、各标段的电话联系，24 小时畅通，各标段必须安排人员 24 小时值班。

“墨非定律”在多库公路工程上也是非常灵验的，人们常说，“蛋糕要从你的手上掉下去，常常会是抹了奶油的一面先着地”。事情就是这样，你越是担心的越是可能发生。

面对这种动乱的形势，11.5 标段久经风浪的刘月莲也特别小心。1994 年 1 月 8 日，刘月莲接到汽车协会发出的不准施工的通知后，内心十分矛盾，既想趁这个时期路上车少人少，多铺垫路面，又担心当地的反对党势力来捣乱，她想来想去，还是保险一点好。因此，她重新调整了施工计划，没有安排工程机械上路施工，而是安排沿线两百多名孟加拉国民工去搞材料的加工——打砖渣、敲碎石等。刚开始，民工比较分散，各干各的，秩序还可以。突然，叫骂声、口号声此起彼伏，原来是新参与材料加工的民工与原来的民工分别属于两个不同派别，政治观点对立，加上抢占施工地盘的矛盾，引发了两派之间的冲突。先是口水仗，继而是武力冲突。领头人举着手中的枪，挥舞着手中的刀，民工则顺手拿起自己的工具，展开了搏斗。瞬间，现场刀枪声、哭喊声、求救声震耳欲聋。一场毫无理智的混战持续了近半个小时，“死人了！死人了！”一声声撕心裂肺的惨叫声不停地在半空中回旋，这才让这群疯狂的人突然感到恐惧和害怕，慌不择路地逃离现场。幸亏料场是一片开阔地，否则不知道还要踩死多少人。现场满是横七竖八躺着的受伤的男人和女人。最令人痛心的是，几位带着两三岁的小孩来做工的妇女，他们的小孩在混乱中被误伤了。这场冲突，最终导致几十名民工受伤，其中两位因伤势过重当场死亡。不幸中的万幸是，我方无一人受到伤害。刘月莲在安排好孟加拉国的民工工作之后，让所有的中方员工都回驻地休整。像这样的械斗，工地经常发生，我方施工管理人员若处置不当卷入其中，也会有生命危险。

这次冲突以后，11.5 标段的工程进度受到比较大的影响，沿线民工被工头的打手武力威胁，他们因此都不敢上工。根据总经理部的指令，达卡办主任胡书文向孟加拉国公路局局长格林汇报了此事，格林说内务部已经直接过问此事了。

1994 年 1 月 27 日，总经理助理海静涛会同孟加拉国的现场项目经理萨拉姆一起找到了吉内达的镇长和警察局长，要求他们尽快平息 11.5 标段的动乱并恢复正常施工秩序。这两位地方长官告知，已经接到了上级的指示，他们对此事极为重视，决定从第二天起，每天派出 6 名警察沿线巡逻，以保证工地的正常秩序。至此，这场风波才得以平息。

※　　※　　※

在这个时期，趁火打劫的事时有发生。材料员师博艺记得，1994 年 1 月 30 日下午四点多钟，工地正好在施工路面，他正在维护交通。这时，11 标段会计携带着 80 万塔卡现金坐在面包车上回标部，开车的司机是当地人。

在离标段驻地不到一公里、距离警察局长家门口只有 200 米的地方，几个不明身份的当地人围上来，把红绳子横着拉开，拦住了车头，伸手示意司机停车。会计以为是当地人办理红白喜事，拉着红绳子向过往的车辆索要利是，于是吩咐停车。面包车刚停下，只见几个人窜上车来，还没弄明白是怎么回事，一包石灰一撒，车上人的眼睛立即被迷住了。这伙人把车上的人控制住之后，将一把斧头架在会计的脖子上，刹那间，80 万塔卡现金全部被抢走了。

会计过了很久才回过神来，将案情报到标段和总经理部。总经理部立即上报孟加拉国警方，警方展开了详细调查。

师博艺觉得蹊跷，又去找比滚，比滚说："还用问，是司机巴鲁纳(孟加拉国语"坏"的意思)。"司机是做内应的"线人"，透露了消息，不然怎么会那么巧，劫匪时间地点盯得那么准，怎么知道那辆车上有钱？但是这也只是怀疑，没有抓到那个司机卧底作案的有力证据，有关方面对他也没办法，刘军经理只能把那个司机开除了事。

没过多久，警察局通知 11 标段，劫匪已经被捕，罪犯对罪行供认不讳，案子是破了，但是钱已经被他们挥霍一空，再也追不回来了。

※　　※　　※

11 标段工程款被抢，引起了总经理部的高度警惕。

胡安明取现金最多时可达 500 多万塔卡(折合 140 万元人民币)，经过这件事，为保险起见，他去取现金时就叫上师博艺和办公室主任单刚，单刚原来是警察，师博艺是军队干部子弟，两人政治上可靠，也会点武功。

他们一路上要倒车倒船，要乘轮渡过恒河。恒河很宽，一眼望不到对岸，行船要走一个多小时，胡安明最担心的就是钱在船上被抢。为防患于未然，他制订好两条措施：首先，运钱的车上一定要是中国司机，不能是当地人；其次，车在路途中不能停留，而且车门要紧锁。

保险柜里面放的钱太多了，难免不引起窃贼劫匪的注意，这简直就是不定时炸弹，令人胆战心惊。胡安明思来想去，将一个保险柜放在办公室，里面放少量的现金。办公室晚上是无人的，很可能遭到偷窃或者盗抢，但是这样做，损失会少一些。他将装有美元的保险柜隐蔽在房间破旧的衣柜里，房里夜间有人住宿，到底安全得多。但万一歹徒入室盗抢，就会危及他的生命，为了资金的安全，他顾不得这许多了。

多库公路工程就是在这样的环境中艰难前行。

应该说，孟加拉国政府对中国人民还是十分友好的，当地警方为确保工地安全施工，做了许多有效的工作，对我们的报警基本上能按时出警。我方施工地段吉内达有一个当地恶棍，多次在 12 标段为非作歹，对我方施工人员的生命和财产造成极大威胁，为此，当地警察局在我方要求下将其关押，直至我方施工完成撤出工地回国后，警察局方才将他放出。另外，我方曾经雇用当地一位老百姓为保安班长，该班长监守自盗，利用职务之便里应外合偷窃工地柴油，数额巨大，情节严重。案件查实后，当地警方将其抓捕归案，并在枪决杀人犯时将其押赴刑场陪斩。此举在当地产生了强大的震慑作用。

经历了 1 月份发生的两起案件后，我方预防突发事件的警惕性更高了，预防措施也更周密了。与此同时，我们积极地向孟加拉国政府反映，取得了良好的效果。孟加拉国政府严令当地政府和警察局维护好即将完工的多库公路沿线的治安环境。因此，从 1994 年 2 月开始直到工程全面竣工，我方工地一直平安无事。全线工程建设热火朝天，进度一浪高过一浪。

※　※　※

为了加快工程进度，工地施工管理人员在工作实践中不断探求更为有效的、切实可行的工作方法，苦干实干加巧干。

譬如前文提到的材料保卫战，虽然材料是保住了，但是工作人员太辛苦，不仅要流汗，还要流血，成本太高。如何扭转这一现状，避免不必要的损失？

9标段经理苏志雄和副经理杨荣才想出了一个行之有效的办法：那就是材料急用了才验货，不急用时，先不验收，堆放在那里。进材料的时候，他们就和材料商谈妥，第一料场由他负责管理。这样，工地的料场置换成了材料商的料场，当地人再来偷料就是偷材料商的料，无异于找死。这样，护料的任务就交给了材料商，即使材料被盗，因未验收，不是我们的货，损失由材料商承担。

材料商反正是卖货赚钱，货能卖出去就行，也不在乎多保管几天，就同意了这个方案。

所以9标段的材料基本不压货，收了马上用到公路上，不用保管。

说起来容易，实际操作起来还是有一定难度的。修路的材料一旦进场，就得马上摊铺，绝不停留。工程环节上要衔接得好，上一道工序刚做好，下一道工序马上接上来，必须紧凑，一环紧扣一环，一步紧跟一步，这就是个技术层面的问题了。如果质量上达不到要求，顾问处不签字，不通过，工序就不能继续往下走，就会造成材料的滞留。或者，我们这边做好了，顾问处迟迟不来签字，也会影响下一步施工。让顾问处及时验收很关键，所以，其中又牵涉到公关问题。如果技术问题和公关问题都处理好了，这种验货方式，不仅能将护料这一环节交由供货商，还可以提高施工进度。

这一点，9标段做得很成功。

12标段在施工中，更是一环紧扣一环，各个环节衔接得几乎天衣无缝，从备料到各路面基层的铺装，对每一道工序他们都严格自检，做到一丝不苟，争取一次成功，不允许任何一道工序存在不符合规范、不符合顾问处要求的情况。一般是他们在先天晚上把第二天要摊铺的材料按指定的规格、数量、位置准确有序地运到施工路段，用机械进行摊铺。第二天一早，再用机械进行精密整平，并压实到规定的标准，下午，边养护边请顾问处监理工程师验收认可，往往是一次通过，杜绝了返工、窝工现象。

※　　※　　※

黄学强副总经理，勤于思考，经营理念不断更新。

工程需要的材料，那些当地居民住地附近的泥土、沙子、砖头，你不要的时候分文不值，一旦你要去买，那就贵了。“嫌贵？去买便宜的啊。”卖家傲慢地说，但是当地人口径一致，谁都是这个价。

针对这个问题，黄学强动了很多脑筋，想法子变通。

一是他仔细观察，发现道路边土的质量可以，精选这里的土和沙，不用向当地人买，省略了买土和买沙的材料钱。

二是他还想到了在附近买土这一招。原来工地要去很远的地方买土，用汽车运过来，费用很高，还耽误工期。黄学强做了变更，在当地买土，让当地人头顶装着泥巴的筐子送过来，节约了大量成本。

三是孟加拉国泥少，买泥成本很高，沙子却到处都是。黄学强发现沙子可以代替泥土，也是强度很好的材料。于是黄学强根据当地的情况，提出以沙代土的施工方案，具体做法是：用黏性土把沙子包住，密封起来，以免水土流失。

经过试验，这种以沙代土的施工方案达到设计标准，符合要求。

材料变更也获得了顾问处认可。

这个变更很成功，泥土贵沙子便宜，两者差价很大，以沙代土还省去了运费，如此一来，节省了不少成本。孟加拉国人口多，劳动力又便宜，人工把沙挖出来，一晒干，一碾压，就行了。

※　　※　　※

12 标段在节约工程成本中，也花了不少心思。公路边坡种植草皮有两个价格，稀植的工序少、成本低，而密植的工序多、成本高。

他们走访当地居民，了解了当地气候条件和草皮的生长规律。于是他们利用孟加拉国得天独厚的阳光和雨露，掌握好天气，在边坡稀植草皮，并做好排水管理，避免草皮被雨水冲走。经过一段时间阳光和雨露的滋养，稀疏的草皮变得密匝匝、绿油油。此时他们请监理以密植草皮的标准来验收，获得认可。于是他们以稀植的低成本和少工序的付出，获得了密植标准的高收益。

别以为上述事例只是一些小的举措，正是这些举措，堵住了不少资金漏洞，点点滴滴地积累，滴水汇成河，粒米积成箩，大大地节约了施工的成本，降低了工程的造价，增加了工程的盈利。

# ◎　7天等于30天

雷宇到外经贸部求援获得的贷款和在广西的筹款，像旱地里下了一场及时雨。外经贸部的450万美元的贷款，加上广西各大银行的大力支持，工程有了600多万美元。

总经理部利用这笔贷款，一口气买了美国卡特彼勒装载机、德国宝马震动压路机、沥青摊铺机、日本日立挖掘机、英国和意大利混凝土搅拌站等新式装备，通过香港进口，这些装备陆陆续续从吉大港运往工地。

当时总机械师吴敏琪请求顾问处对工地采购的设备进行审核，顾问处的康斯尼一看清单，都是国际上顶级的工程设备，顿时睁大了眼睛，由衷赞叹："OK！密斯特吴，这样的设备完全可以胜任了。如果你们早用这些设备，工程就不会拖得那么久了！你们的总经理有魄力啊！"

这些国际上一流的、崭新的先进施工机械设备，在烈日下闪闪发光，一路"咣当""咣当"开进工地，沿途都是羡慕的目光。

这是我们中国人在展示实力啊。

中国施工人员的那个自豪，那个兴奋啊。言语之不足，则嗟叹之；嗟叹之不足，则歌咏之。战地战歌《满江红》伴着"隆隆"的机械运转声嘹亮响起：

……驾长车，踏破贺兰山缺。壮志饥餐胡虏肉，笑谈渴饮匈奴血。待从头、收拾旧山河，朝天阙。

鸟枪换炮了，这下打起仗来，威力和效力不知要比原来高出多少倍。

在这批机械组装过程中，中方创造了一个 7 天等于 30 天的神话故事。

1993 年 11 月中旬，总经理部购买的英国派克沥青混凝土拌和楼已经从英国运到了孟加拉国的吉大港。负责设备安装的英国工程师也到了达卡。负责菲利普沥青混凝土拌和场建设和管理的是总经理部吴敏琪总机械师。吴敏琪听到他盼望已久的拌和楼已经到吉大港感到非常高兴，当天就开车到达卡去接英国工程师。一路上，他迫不及待地问工程师："新的拌和楼安装调试要多少天?"工程师说："我们在上海安装的那台同类型的沥青拌和楼用了 30 天的时间。你们工地的条件比上海差，可能需要更多的时间。"吴敏琪听了，马上说："不行！不行！我们等不起，我们只有 7 天的时间。"英国工程师听了哈哈大笑："7 天？不可能啊，绝对不可能！这不是搭积木，不是玩中国魔术啊！"吴敏琪听了笑了笑，没有和他争论。

吴敏琪，身材魁梧，看上去五大三粗的，虽然才 30 出头，却是一位资深的机械工程师。他对自己的业务能力十分有把握，事先他已向陈听正立下军令状：如果一周时间不能完成拌和楼的安装、调试工作，那就把他这个总机械师就地

沥青混凝土拌和楼

免职。

实际上，早在一个星期以前，他和副手黄非工程师以及机械技师古廖华等7人就开始做准备工作了。他们详细地研究了这台英国派克拌和楼的安装图纸，特别是设备的管线、电力图纸。熟悉图纸后他们马上施工安装设备的混凝土基础，等到英国工程师到达工地时，混凝土基础已完成，设备的基脚螺丝都已经整齐地固定在混凝土基座上了。第二天一早，吴敏琪把英国工程师接到安装设备现场。英国工程师看了，大为诧异，瞪大眼睛说："密斯特吴，照这样下去，你说7天，我相信没有问题啊。"

英国工程师白天来检查、指导管道和电力线的布置，晚上就回去休息了。

安装调试的现场在9标段附近，组装人员吃住都在现场，车子从港口将设备运进来一件，他们就展开流水似的作业：验收一件，吊装安装一件。吴敏琪他们并不是蛮干，而是根据数学家华罗庚的优选法，迅速找到了这套设备安装的捷径，也就是工期最短、效率最高的安装程序，再加上以吴敏琪为首的安装团队的苦干、巧干和协同配合的精神，创造了奇迹。在安装现场，吴敏琪安装团队四天四夜没有睡过一个囫囵觉，困了就在旁边迷糊一会又接着干，大家轮着迷糊。这样到第4天时，全部机械按照图纸均安装完毕，然后通电试行运转，再加油运转，全部合格。

设备安装完成后，在调试过程中，发现加热桶和沥青加热工序方面存在问题，他们又用了两天的时间进行调整。

在吴敏琪和整个安装团队的苦干、巧干、协同配合、共同努力下，基础设施安装耗时1天，设备安装耗时4天，设备调试耗时2天，不多不少，正好用了7天时间。

负责售后服务的英国工程师看了以后感到非常吃惊：密斯特吴竟然把安装调试设备的常规时间提速了20多天！按规定应该是30天，而他们仅仅用了7天，7天干了30天的活，一天等于4天多！

安装机械在吴敏琪看来如同是搭积木，真的被玩成了"中国魔术"。因为这件事，顾问处对吴敏琪佩服得不得了。

吴敏琪想起以前受到顾问处某些人的刁难和白眼，这次终于可以吐气扬眉了，感到特别高兴和自豪。

## ◎ 绝地反击皆英豪

工地购置的机械设备安装好后，陆续投入现场施工。

机械操作代替了手工操作，毋庸置疑，这必将大大地加快施工进度，节约施工成本。当地民工却因此被大量解雇，他们不乐意了，于是他们抗议、阻挠施工机械设备进入施工场地。

事件最先发生在刘月莲领导的11.5标段。

工程进入最后的攻坚阶段，新购置的那些路面铺设施工机械却被那些被解雇的民工以及他们纠集而来的当地居民围困在院子里。只要我方准备开动，聚集在院子门口的人就把门堵住。如果我方硬闯，肯定会酿成事端，一旦事端酿成，就会引发更多的麻烦，怎么办?

刘月莲经理与副手文邦建心里那个急啊！本来日也盼、夜也盼，就盼着这些设备来赶进度，在路面施工中大显身手，好不容易机械设备来了，却被当地人围困在院子里动弹不得。

不行！刘月莲决定，必须突出重围，尽快把施工机械开到现场，投入施工。与其看着机械干着急，不如放手一搏。为此，刘月莲等人做好机械突围方案，并把方案汇报给总经理部。

他们准备先礼后兵，尽可能说服对方。向他们讲清楚修路给当地带来的利益，请他们理解和支持这项工程，避免流血事件发生。

如果文的不行，只能来武的。为了使场面不失控，为了不导致可避免的冲突，刘月莲做好了应对措施。她事先把他们的施工安排跟当地警察局作了详细的报告，请他们在紧急情况下出动警力维持秩序。他们安排了车辆，在前方一公里处接应，确保万无一失。

刘月莲号称“扈三娘”，这“扈三娘”的雅号，可不是自封的。

这天清晨，突围行动开始。

她和文邦建带着蒋吉昌和几名机械手，正要出门。机械还未发动，在院子外围堵多日的当地民工就闻风而来，100 多个村民，手拿锄头、铁器、木棒等在经理部院子门口把守，那架势分明是在威胁：你们的机械想开出这个大门？做梦！不信就试试。

还是先礼后兵吧。翻译蒋吉昌对他们喊话：“朋友们，我们使用机械设备，是为了加快修路速度，路修好了，你们的交通问题就解决了，你们的生产生活就方便了，最终得利的是你们，希望你们能够理解，不要挡路。”

蒋吉昌动之以情，晓之以理，喊得嗓子发哑，可是犹如对牛弹琴，对方依旧锄头木棒相向，气势汹汹。文邦建早就听得不耐烦了，对刘月莲说：“什么先礼后兵，跟他们讲道理，那是脱裤子放屁！”文邦建说着眼睛一横，上车进了驾驶室，“咣当”一声，车门关得震山响。

文邦建是什么人？人称“死仔”“土匪”。

“这场面，我见得多了，今天我要是服了你，就是个卵。”文邦建对着当地民工喊。

俗话说的“生吃狗卵不放盐”，就是文邦建这种狠角色。

刘月莲也爬上德国宝马压路机，与蒋吉昌和机械手并坐在驾驶室，她手一挥，大喊一声：“出发！”

文邦建发动起美国卡特彼勒装载机，后面紧随红岩牌大翻斗车队。随着刘月莲的号令，所有的机械一齐发动，机声轰鸣，震得旁边房屋窗户玻璃“哗啦”作响，也震得那些手拿锄头木棒闹事的民工心里发毛。

“继续开！加大油门，冲出去！”“扈三娘”刘月莲发威。

此刻的刘月莲和文邦建横下了一条心，哪怕天塌下来，哪怕今天死在这里，也要把这些机械开到工地。

加足油门的机械设备，在英勇善战的刘月莲和将砍掉脑袋看成不过碗大个疤的无敌勇士文邦建的驾驭下，轰鸣声像滚动着的雷霆，力敌千钧，声势逼人。工程机械终于冲出了大门，直奔工地。

今天要不是他们这股蛮横劲，还指不定谁输谁赢呢。

※ ※ ※

9 标段，是成建制的队伍，大多都是生龙活虎的后生。决战阶段，他们一个个如下山的猛虎，日夜战斗在工地。

施工中，员工可以轮班，可是经理、副经理不能轮班，他们每天都要在工地和宿舍之间来回巡视。苏志雄经理和杨荣才副经理，每天凌晨 2 点才回宿舍睡觉，4 点之前又必须从床上爬起来。他们怕年轻人因太劳累，瞌睡重，提醒他们按时上班。安排到谁，谁就必须去，人停机不能停。时间一到，施工员、机械手、修理工、工程师都必须到达现场。

这些施工管理人员连日来在高温环境下长时间作业，太疲劳了，全身的骨头似乎都散了架，一躺在床上就像瘫痪了似的，手脚都不听自己指挥，不到一分钟

**碎石加工系统**

就会呼噜大作。听到喊起床的声音，他们的眼皮像灌了铅，怎么也睁不开。但是，这些年轻人真不含糊，虽然累，但当他们意识到该自己上工地了，就像是被注射了兴奋剂，一翻身爬起，揉着惺忪的睡眼冲向工地，没有半句怨言。因为他们知道，抢工期是死命令，少睡觉多干活，这是理所当然的。

就是这样，在决战阶段，由于人手不够，工地管理人员只能两班倒，日夜轮着干，跟打仗一样，拿命来搏。有人生病了、受伤了，服了药、包扎好伤口马上接着上战场。

提高施工效率，杨荣才最有办法。如果一次施工几百米路，碰上天下雨，路面级配碎石基层好几天不干，就不能进行下一步的罩面，耽搁时间，拖延工期。怎么办？于是，他根据当地下雨的特点，换了一种施工方式：每次下雨前铺 100 米左右为一段，下雨时，这一段的级配碎石基层已经铺好，雨停后，再铺下一段。这样，可以同时对下雨前铺好的那段基层进行碾压工作，这样，不仅节约了时间，还免去了用洒水车洒水养护的这一道工序。这种抓住下雨的间隙施工的方法，节约了路面被雨水泡着等待路面干爽后再施工的时间，所以工作效率很高，工程进度很快。

陈听正对这一新的施工方法很认可，对杨荣才说："这种方法提高了工效，你很会动脑筋，有办法。"新的施工方法很快在整个路段得以推广。

机械设备中午休整一个小时，修理工必须抓紧这个短暂的时间争分夺秒地抢修。杨荣才是个急性子，生怕机械修理不及时影响施工，经常催促着修理工干活。

9 标段的机务组长杨卫华，由于连轴转缺少睡眠，脸露菜色，又无暇修理边幅，蓬头垢面、胡子拉碴，像个野人。有一次他到总经理部领配件，总经理部的人竟然一下子认不出他来。财会人员开好单子递给他的时候，发现他已靠在凳子上打呼噜，睡着了。

10 标段副经理冯步广，也是没日没夜地干，连吃饭的时间都顾不上。跟他住一个房间的主任工程师帮他打好晚饭，放在他的床头。他深夜从工地回来，眯一会儿眼，凌晨 5 点，天刚麻麻亮就醒了，他一天一共最多也就睡三四个小时。将床头昨夜的晚饭当早餐囫囵吞下，又上工地去了。

因为太疲劳了，冯步广他们还差点出事了。那天，涵洞的钢筋没有了，当天上午，他先赶到总经理部开调度单，再到 40 多公里外的 12 标段去拉钢筋。他们开的是加长东风车，装了20吨钢筋。装好车后，天都黑了，他们饭也没顾得上吃就往回赶。行车中，汽车灯突然坏了，他们只能减速摸黑行驶。到涵洞工地时，天差不多亮了，他们发现涵洞前面有两个工字钢挡路，两个当地民工下车在后面指挥引导，车慢慢往回倒。这时，开车的冯步广由于疲劳驾驶，人在迷糊中，天又黑，看不清路面，突然汽车失控……

眼看就要翻车，谢天谢地，幸而后面有一大堆沙子，把车子挡停了。沙堆救了他们的命，免除了一场重大的伤亡事故，否则，黄斌的惨剧将再度重演。

鉴于此，总经理部再次发文，保证安全生产，规定作息时间，员工必须保证睡眠，以利再战。

※　　※　　※

10标段经理杨荣，是有名的“拼命三郎”。他的工作任务最重，白天在工地指挥施工，晚上亲自开机械，在总攻阶段，他每天工作16个小时以上，吃饭、睡觉都在工地上。

有一天夜里，杨荣通宵没睡，干“坏事”去了。干什么“坏事”？“偷”运9标段料场的材料。

10标段由于比其他标段开工晚，落下的任务多，很多事情几乎从零开始，很多工序都得从头来过。当时配料这一环节，10标段缺一些材料，等这些材料到了再配料，肯定是来不及了。9标段却有，杨荣向9标段表示想先借一点救急，可是人家也有自己的任务，人家也在赶进度，不同意。杨荣只好向陈听正暗示：“我是走投无路了，10标段要赶进度怕是赶不上了，没有材料。9标段那里有，他们不同意借给我用。”

言外之意就是，他们不借，就只好“偷”了。陈听正装聋作哑，不表态，不反对，不支持。杨荣很敏感，认为这是陈听正默许了，于是夜里先下手为强，忙乎了一个通宵，把9标段的材料偷来了。

9标段经理苏志雄发现材料被窃，向陈听正告状。

陈听正疾言厉色地指着杨荣责备道：“你也太不像话了，如果其他标段也都这么搞，那还不乱套？这件事一定要严肃处理！”

陈听正心里有数，杨荣也是为了工作，是迫不得已，他这样做，让10标段解了燃眉之急，对9标段影响也不大。但是表面上还是要装一装，对杨荣发了一番雷霆之怒。

杨荣自然清楚：陈总只不过在演戏而已。

杨荣马上连连承认错误，表示口服心服，同意接受处分。

10标段在报材料给顾问处检查把关认可的时候，也采取了超常规的方法，如果按程序一步步走，时间周期拉得很长，耗不起这个时间，工程进度肯定赶不及。

非常时期，只得采取非常手段了。

怎么办？他要了个遮眼法，做出一千方的料，报了三千方的料，这样多报，后面二千方的料的检测时间就省出来了。当然这样做是要有方法，而且要冒点风险的，搞得不好就会“豆腐盘成肉价钱”，幸运的是他们过关了。

在结构施工技术方面，设计要求挖路槽。可他们发现，在地下土层很好的情况下，压实就可以确保工程质量，进度上去了，挖路槽这道工序的时间、人力、物力就省下了。

施工方搞得热火朝天，夜以继日，顾问处的监理被他们的敬业精神所带动，也经常凌晨三四点到工地上监督管理。

杨荣率领10标段的全体人员，日夜赶工，挑灯夜战。他还自己开机器，一人顶三人用，每天的进度快得惊人，快得不可思议，工地一天一个样。顾问处的监理见了，心里不免犯嘀咕：这10标段进展速度这么快，是不是自己忽略了哪个监理环节？

监理自然不是吃素的。一天夜里，他悄悄来到工地现场查岗，只见工地上灯火通明、机器轰鸣。特别是杨荣这个标段经理亲自开机器，装载机、压路机、挖掘机等，几乎所有的工程设备他都可以操作，监理不得不佩服，哦，原来如此快的进度是这样通宵达旦干出来的。

但他还是查出了10标段的问题，有些材料竟然没有经过顾问处的检验认可，也混杂在那些认可的材料里铺在了路基上。

顾问处既为他的苦干、实干所感动，也为他的“巧干”十分恼火，他们把这事反映到了总经理部。

面对这个情况，为了给业主方和顾问处有个交代，也给9标段材料被偷一个交代，陈听正只得“挥泪斩马谡”，新账旧账一起算，把杨荣降职为副经理，但杨荣在经理任职期间立下的军令状依然有效，工作任务丝毫不减。

※ ※ ※

在这场绝地反击战中，号称“铁军”的12标段特别出彩。12标段之所以号称“铁军”，因为这是一支专业技术特别过硬、思想觉悟特别高尚的队伍。12标段全体人员都是年轻人，来自广西自治区交通厅，科班出身，干的是路桥专业的老本行。有道是“外行看热闹，内行看门道”，别以为筑路架桥只不过是舞泥弄沙的粗活，谁都可以糊弄几下。其实这是一门精准活，如何精、如何准？外行是说不清、道不明的，只有内行才弄得清其中的道道，不然大学有什么必要设置土木工程系路桥专业？工地前期工程受挫，工程管理人员专业技术不对口就是原因之一。

12标段个个是技术能手。有位叫徐阳均的技术员，本来他的专业技术水准在单位只能算中等，可是在多库公路，却成为了“免检工程师”。因为在施工过程中，凡是他做的施工路段，在顾问处监理工程师的验收中都无可挑剔，总是一次性获得认可。于是顾问处认定，凡是他做的路段，均给予“免检”待遇。

12标段的经理饶东平和韦勇球才是真正的技术权威。别看他们是毛头小伙子，却有着扎实的专业功底和丰富的施工经验。在国内的施工项目中，同时掌管着几个工地对他们来说是家常便饭，来到多库公路管理12标段共44公里的路面，如果单就技术层面而言，没有难度。

正因为如此，他们在进度上创造了多库公路工程中的奇迹，1994年1月的月工程量达到9%，2、3月的月工程进度都超过了12%。也就是说他们现在一个月完成的工作量等于该标段前期一年完成的工程量的总和。

就是这样一支“铁军”，在绝地反击阶段，凭借特别能吃苦、特别能战斗的精神，冒骄阳、顶烈日、出工收工两头黑。他们每天在工地上工作的时间少则16个小时，多则18个小时，中午不回标段，在工地上吃饭，个个晒得像非洲人，一身汗水浸透的衣服从未干过。

在绝地反击阶段，他们干得最漂亮的一仗，莫过于巧修库什蒂亚城市路段。

库什蒂亚是泰戈尔的故乡，泰戈尔庄园每天都吸引着大量的来自世界各地的崇拜者和观光客。库什蒂亚还是孟加拉国水陆交通的枢纽，交通十分繁忙。狭窄而年久失修的城市道路，再加上数不清的五彩缤纷的人力三轮车和行走于街头的多姿多彩、提灯顶罐、巾披飘扬的行人，以致道路拥挤不堪，几乎天天拥堵。在这种环境下的城中心改建一条正在使用的贯穿城市的主干道真是难上加难。因此，为了不影响白天的城市交通，12 标段决定夜间施工。这下可捅了马蜂窝！于是，当地人谣传说，“中国公司想趁晚上施工偷工减料”，“中国公司晚上施工会扰民”，“中国公司不想让孟加拉国人参加他们的施工”！各种流言蜚语不一而足，不明真相的孟加拉国民众也跟着起哄。真是好戏还没登场，就有人来砸场子了。

面对这种混乱局面，韦勇球气定神闲，心中早有预案。他懂得“上兵伐谋，攻心为上”，于是找到库什蒂亚的当地报社，向主编说明了夜间施工的初衷——为了减少对白天繁忙的交通的干扰，避免影响当地的工商活动，避免扰民，接着又展示出了我方的具体施工方案。他说：“我们将尽量使用机械化施工，必须用人力的地方，我们欢迎当地民众参加。为了让大家放心，我们还准备邀请当地的党派代表、民众代表，还有警察、新闻单位代表在我们夜间施工时到现场监督。参加监督的人员由我们付工资，还有免费的夜宵。”主编听罢，哈哈大笑。他说：“中国政府是孟加拉国最好、最值得信任的朋友，中国政府承建的几座友谊大桥圆了我们孟加拉国人民几代人的梦想，真是感激不尽！今天，你们把路修到我们家门口了，而且想得这么周到，我们感谢还来不及！放心，我们一定正面报道修路这件事，明天见报。”

果然，第二天，库什蒂亚发行量最大的报纸《库什蒂亚时报》在头版头条的显著位置刊登了中国公司修路的报道。报纸首先宣扬了孟中友谊，然后详细介绍了修路的方案，最后号召大家积极支持中国公司的修路工程。报纸一出，全市民众奔走相告，再也不以讹传讹了。第一天晚上的施工十分顺利，监督施工的代表们如期来到工地，看着全套机械化的流水施工线——用翻斗车倒进摊铺机的材料是松散的沥青混凝土集料，从摊铺机后面出来，经过碾压后就是一条宽敞、平坦、结实的黑色路面。代表们个个被惊得目瞪口呆。他们说：“你们中国人修路好像变魔术，吃进去的是石头沙子，拉出来的就是一条美丽的大路。”

12 标段发工资给监督施工的代表们，他们一个个都不要，说这是义务，不要钱。但是，美味的中国宵夜，吃得他们一个个乐呵呵的。大约 6 公里的城市过境公路，经 12 标段的周密计划和夜以继日的工作，不到一个月的时间就全面完成了。一条宽广、平坦的，在阳光下闪闪发光的黑色飘带，在美丽的泰戈尔家乡，在盛开着的红色、金黄色花朵的木棉树下，一直延伸到远方。

工程完工后，库什蒂亚的报纸不惜版面赞美我们中国公司，库什蒂亚的商店、学校、政府机关张灯结彩，庆祝道路通车，庆祝孟中友谊取得的丰硕成果。

※　　※　　※

在这场绝地反击战中，可以说人人皆英豪。

曾沛霖在9标段和12标段做材料实验。沥青混凝土的配合比中要求有级配碎石、石粉、沥青等，他在工作中发现，当地的土层下面一米多深处有白沙，这种沙颗粒细，比较均匀。这种沙按监理方的要求是不能用的，主要是沙的粗细比例不符合要求。曾沛霖在实验中发现，只要配合得当，使用这种沙并不影响质量，经过反复试验，他设计出既能保证质量又节约投资的磨耗层配合比，他将这种掺有部分白沙配合比的沥青混凝土集料铺了一段试验路，经过检测，获得了顾问处的认可。这一项材料变更，又一次降低了工程成本。

曾沛霖白天黑夜地在公路上做实验，特别辛苦。有一天，他一阵剧烈地咳嗽，觉得不对劲，发现痰中带血。他感到一阵晕眩，就回到9标段的宿舍里去躺着休息。他对一个年轻员工说："我这个情况你知道了就行了，不要跟别人说，大家都忙着，免得分心。我今天如果没有事，明天继续干，如果有事，你就跟总经理部说一声，把我送到医院去。"

那个员工老实，果真按照曾沛霖的意见，没有向总经理部反映他生病的事。曾沛霖熬过了一夜。第二天，继续上工地做实验。

这个事情最后被在9标段蹲点的黄学强知道了，黄学强批评那个小青年说："这么大的事情，怎么能不汇报？曾总出了事情怎么办？这个责任你担负得起么？"小伙子低头不敢吭声，他知道自己几乎铸成大错。曾沛霖是路面工程专家，如果有个三长两短的，如何向大家交代？

陈听正得知情况，立即勒令曾沛霖住院休息治疗。

但是曾沛霖知道工地离不开他，他觉得自己的身体并无大碍，还是带病坚守在试验场地。每天晚上回到宿舍，他浑身像散了架一样，手脚都似乎是不属于自己的了，全身酸痛。标段多是自建的临时工房，室内温度有38摄氏度左右，施工现场地表温度高达48摄氏度。曾沛霖以及到下面标段蹲点的副总经理们，跟员工一样，晚上住在临时工房里。工房里没有空调，有时实在热得受不住，他们就用凉水冲澡降温，然后倒头就睡，赶快睡上两三个小时，接着还得上工地。

※　　※　　※

吴敏琪总机械师、黄非副总机械师和黄凡、古廖华等机械团队，分别负责菲利普沥青拌和场和吉内达沥青拌和场，这是全线145公里沥青混凝土路面施工的两个中枢，负责供应全线铺装路面用的沥青混凝土熟料。所以，全线沥青混凝土路面铺装的质量、进度都由这两个中枢控制。同时，这两个团队还要负责操作一台德国的摊铺机和与之配套的5台压路机组。这套机械化装备形成了沥青混凝土路面施工的机械化流水线。为了保证工程的质量和进度，他们每天在40多度的高温下工作十几个小时。为确保工程机械设备完好，发挥机械使用效率，实现人停机不停，他们夜间还要精心地维修机械设备。他们在工地连轴转，吃在工地，睡在车上，很少回宿舍。

※　　※　　※

工地上热火朝天，财务部门也没闲着，胡安明总会计师和苏拥军、蒋瑞年、史扬、胡佩佩、祝建生、徐德等各标段的计量工程师，也在夜以继日地工作，忙着统计上报工程数量和物价指数等信息，争取以最快的速度、最大程度回收资金。

以总经理助理海静涛为首的翻译团队，早起晚归两头黑，斡旋于业主方、顾问处、孟加拉国官员三方，各尽其责，各显其能，展开公关，争取我方工程中的各工序尽快获得认可，争取我方上报的所需款项尽快得到批复……

陈听正被孟加拉国公路局长格林先生称为“no sleeping man(不睡觉的人)”，他这个工地的核心人物纵观全局、明察秋毫，在他的部署下，145公里的工地热气腾腾、忙而不乱。他像所有员工一样，吃住在工地，指挥着千军万马。

工地全体工作人员就是这样日夜奋战。人毕竟不是钢铁制成的机器，人是血肉之躯呀！这样超强度的工作，坚持几天、十几天都难，可是这帮硬汉，竟然坚

正在摊铺多库公路沥青混凝土路面

持了几个月。

睡眠不足，会给人的身体造成极大的伤害，导致体内免疫细胞活力减弱，内分泌紊乱，激素分泌丧失规律，脏器受损，人也会烦躁易怒。

古人说，日求三餐，夜求一宿。谁不想好好睡上一觉，谁不知道不睡觉会给身体造成极大伤害？但是工地的健儿们是在打仗，是在进行一场捍卫国家荣誉的背水之战，强烈的爱国主义激情，铸就了他们钢铁般的意志，支撑着他们超越常人的奋战。

五星红旗在他们的眼前飘动，工地战歌《满江红》在他们的心中回响。

# 第七章

## 大战功成

# ◎　旧貌新颜

1993 年 12 月底，孟加拉国交通部奥里部长来到工地视察，第一次目睹这千军万马战犹酣的震撼场面，他激动地说："我从来没见过这么壮观的场面，这个工程项目，我们原来都认为没有希望了，现在情况喜人，今非昔比，按照这样的速度，中方完全可以在合同延长期内完成工程。中国人创造了奇迹，了不起！"

亚行的官员到多库公路上视察，也感慨地说："只要中国人想干，什么事都可以干成功！"

自 1993 年 9 月以来，多库公路工程在短短几个月的时间里变化迅猛，原来公路上汽车的时速不如自行车，现在时速可达 100 多公里每小时。饱尝烂尾路苦头的人们简直不敢相信这个事实，他们耳听为虚，眼见为实，纷纷前来现场一睹公路的新颜。

一位当地老人瞪大眼睛惊喜地抖动双手，逢人便说："这简直是天方夜谭，天方夜谭啊！"

1994 年 5 月 16 日，得知了多库公路工程胜利在望的喜讯，中国驻孟加拉国大使馆张序江大使和苏君禄参赞一行 5 人冒着 38 度的高温第二次走上了多库公路。一是对多库公路 9~12 标段工地全线视察，二是慰问中国员工。

张序江大使一行由达卡出发，乘坐着插有中华人民共和国国旗的越野吉普车，从公路的起点多罗迪亚一直开往公路的终端库什蒂亚。越野吉普车风驰电掣般地行驶在多库公路的柏油路面上。

**竣工的多库公路**

张序江在车上，心情十分舒畅。他放眼望去，平坦的道路向前无尽伸延，公路两旁的绿树郁郁葱葱，犹如整齐列队的士兵在迎接他的到来。绿树一行行地向后退去，此时张序江大使觉得自己像是一位将军，正在检阅着仪仗队。

公路旁的孟加拉国人，无论男女老少，见到了插着中国五星红旗的汽车，都纷纷停下脚步，向汽车行注目礼，向车上的人招手，高喊着："Hi，China！China！China boss！Big boss！"

变了，一切都变了！昔日的泥泞坑洼，变成了今天的一马平川；昔日的尘土飞扬、视线不清，变成了今天的洁净明亮，一望无际。昔日从达卡开往库什蒂亚，需要 9 个多小时，如今只需 2 个多小时。昔日最烂的施工场地变成了今天最好的施工场地。

变了，一切都变了！昔日当地人辱骂中国人是"阿里巴巴"，如今他们视中国人为令人尊敬的"波斯"；昔日中国施工人员被业主方和顾问处嘲讽为"中国旅游团"，今天被称作"不用睡觉的中国铁人"；昔日业主方和顾问处的监理见了筑路的中国人嗤之以鼻，今天他们见到了中国人却以礼相待、笑容可掬；昔日公路上的怨声载道，变成了今天公路上的欢声笑语。

变了，一切都变了！昔日的“中国人修桥可以，修路不行”的评语，变成了今天的“中国人不但可以架桥，而且还能筑路，中国人只要想干什么，都可以干成”的赞誉；昔日中国工地被奚落为“子孙工程”，今天成为不到8个月就接近了尾声的神速工程；昔日在孟加拉国国际承包工程中进度最慢的工程，今日变成了进度最快的工程；昔日被康斯尼博士嘲讽为“火柴盒”的中国施工设备，今天变成了国际一流的美国卡特彼勒装载机、德国宝马震动压路机、日本小松挖掘机、意大利搅拌机；昔日张序江大使因为这条烂尾路备受孟加拉国官员施加的压力，今日他们献给张序江大使的是满脸的笑容，满口的赞誉。

检查完工地后，载着满心的喜悦，张序江一行顺利到达玛古拉的工程项目总经理部，并于当天下午召开了由工程总经理部的领导、职工和各标段主要负责人参加的座谈会。会上，张大使介绍了我国国内和国际形势以及中孟两国发展情况后，还就工地的情况作了重要的讲话。

张序江激动地说：“同志们，在今天的座谈会上，我首先代表大使馆和大使

张序江大使（中）视察工地

馆党委对远离祖国、奋斗在工地上的工程总经理部全体干部职工表示亲切的慰问！并对工程取得的巨大成绩表示祝贺！

今天，我视察了整个工地，感受很深。

第一，工程发生了根本性的变化。1993 年 2 月，我第一次到工地，主要任务是了解工程问题有多大，前景和出路如何。看到工程当时的情况，不少人对完成工程任务没有信心，我的心情很压抑。现在是第二次到工地察看，情况完全不同了。现在工程发生了根本性的变化，工程进入了收尾阶段，我的心情也完全不同了，所走过的路段是欣欣向荣、成功在望的景象。大家工作热情高涨，工程进展快，创下了月最高产值等于以前一年的产值的纪录。全线职工经常早上三四点钟就上工地铺料，一直干到第二天凌晨，有的路段 24 小时都在施工。取得这样巨大的成绩，是和总经理部全体干部职工的艰苦奋战分不开的，也是和国内的外经贸部、中成公司、广西区政府和南宁市委市政府的决策和大力支持分不开的。

第二，外方对工程彻底改变了态度。1993 年 2 月，我到孟加拉国上任后，孟加拉国总理、交通部长，以及其他官员分别对我说：你们的工程进展太慢，群众意见很大，民族主义党也因此受到压力，希望你们加快进度，挽回影响。亚行也对此表示不满。当时大使馆的压力很大。现在大家用实际行动彻底改变了工程的面貌，使他们对工程的态度有了很大的转变，甚至从别的工程调拨资金来给我们这个工程，因为他们相信我们能按时完成工程任务。他们对工程取得的巨大成绩评价很高。业主方说，只要中国人想干的，什么都可以干成；亚行官员说，中国人创造了奇迹。现在我可以理直气壮地对他们说，不光是这个工程我们干得好，别的工程我们也能干好。总经理部干部职工的努力工作，所取得的成绩，也是对大使馆外交工作的一个有力支持。

第三，干部职工精神面貌积极向上。你们在极为困难的情况下进入工地，面对重重困难，以民族英雄岳飞的《满江红》作为战歌，为祖国的声誉而奋斗。在改革开放形势下，这种精神难能可贵。

第四，提点希望和意见。经过几年的施工，大家对孟加拉国的市场也有了进一步的了解，积累了国际承包工程施工和管理的经验，也为自己的队伍培养了不少人才，希望总经理部要继续采取有力措施，保证工程后期各项工作顺利开展，尤其是要注意工程的质量和施工安全。

最后，预祝大家圆满完成工程任务！”

## ◎　迟到的竣工证书

众志成城。在中方全体人员的全力奋战下，工程终于取得了最后的胜利。

1994 年 5 月 18 日，第 9 合同段全长 29 公里宣布通过验收竣工；

1994 年 5 月 27 日，第 12 合同段全长 44 公里宣布通过验收竣工；

1994 年 7 月 13 日，第 11 合同段全长 39 公里宣布通过验收竣工；

1994 年 7 月 23 日，第 10 合同段全长 32 公里宣布通过验收竣工。

1994 年 7 月 31 日，这是一个值得铭记的日子。这一天，南宁国际公司承建的多库公路工程指挥部正式向外宣告：全线竣工。

1994 年 8 月 25 日，孟加拉国交通部向中国海外工程总公司颁发了多库公路工程项目的竣工证书。

这个证书来得多么不易。

这个证书让人朝思暮想，它曾经那么遥远，让人可望而不可即。

这个证书上书写的是中国的荣耀，中国的尊严。

这个证书传递的是中孟两国人民之间的深厚情谊。

这个证书凝聚的是孟友们对祖国的一片赤诚，流淌着的是孟友们沸腾的热血、辛勤的汗水，绽放的是孟友们激动的笑靥、幸福的泪花。

广西筑路队伍初出国门的工程攻坚战，终于因这份竣工证书的到来画上了完美的句号。

当陈听正总经理从孟加拉国公路部长手中接过竣工证书的那一刻，他的眼里饱含着热泪……

工地所有工作人员都无法形容当时的那种感受，这是一种非常复杂的感情，这其中有成就、有幸福、有荣誉、有梦幻、有自豪……

只有在施工工地上日夜奋战过、经历过施工过程中非常人可以承受的辛劳和苦难的人们，才有可能体验到这种感受。

多少艰难、多少挫折、多少危难、多少憋屈、多少痛苦和揪心、多少奚落和嘲讽、多少恐吓和打击、多少不眠之夜的熬煎、多少挥汗如雨的辛劳，只因这来之不易的竣工证书的到来，顷刻间统统化为乌有……

前期在多库公路工程工作过的同志们，此时此刻，你们也可以露出欣慰的笑容，因为，这也是你们之所愿，因为，这其中也有你们付出的一番辛劳，这个胜利，是我们共同的胜利。

曾经在工地上献计献策，最终因病宣告不治的高级工程师吴经纬，此时此刻，你可以欣然合目了……

为工程献出了宝贵生命的黄斌战友，此时此刻你定然可以含笑九泉……

## ◎　战绩一览

纵观工程全貌，多库公路工程各合同段竣工时间分别比合同延长期提前了8~10个月。工程的质量得到了由印度、斯里兰卡和孟加拉国三国监理工程师组成的国国际顾问处的全面认可，并被孟加拉国交通部、公路局誉为目前孟加拉国质量最好的公路之一，并作为孟加拉国国际招标公路项目的样板路。

在工程财务方面，由于多方面的原因，工程前期发生巨额亏损。在工程决战阶段，由于加强经营管理，加快工程进度，工程成本大幅下降，总成本下降1 036万美元。另外，通过钻研合同文件，寻找有利于我方的条款，并经总经理部的巧妙攻关运筹，加上国内有关部门的有力配合，在调整物价指数、工程索赔及变更等方面增加的工程回收款为3 525万美元(其中包括1993年1月至1993年8月第三任总经理部期间的P值及索赔收入589万美元)。根据多库公路工程总经理部1995年9月5日“孟加拉国多罗迪亚—库什蒂亚道路改建工程清理工作纪要”，多库公路工程合同总造价为4 655万美元，工程竣工后实际回收8 180万美元，为合同价的176%。工程决战阶段已经实现扭亏为盈，盈利达2 000万美元，因而整个工程减亏2 000万美元。这笔钱在距今二十四年前的国外劳务工程中，是一笔可观的资金。

工程竣工后，那些崭新的、进口的世界一流的施工设备使用年限均不到一年，其中的大型设备在后续中标的广西队伍的项目中继续发挥着巨大的作用，而中小型设备则被转运回国，用来武装南宁市的施工队伍，提升了他们的机械化施工水平。

多库公路工程通过我方工程人员在决战阶段的努力，比预定工期提前竣工，而且工程质量优良。我方工程队伍打了个漂亮的翻身仗。中国海外工程总公司在孟加拉国的人气大增、名声大振。在多库公路竣工的同时，中国海外工程总公司在与韩国、新加坡、印度、日本等30多家大型国际工程公司参与的竞标项目中，连中4标，获得了352.5公里公路改建项目，均由广西的施工队伍实施。此后，广西的施工队伍在孟加拉国中标的公路建设项目接连不断，并且都有可观的盈利。

陈听正和参加多库公路的同事们告别时，曾语重心长地对他们说：这个工程给了我们三件最宝贵的东西：一是苦难的磨炼，常言道“艰难困苦，玉汝于成”，困难可以磨炼你的意志，坚定你的信念，考验你对国家的忠诚，要成大器者，必须经过艰难困苦的磨炼。二是领导力，现代管理者必备的领导力包括洞察未来的智慧、敢担风险的责任感和高效、高超的执行力。多库公路工程是一个转败为胜的国际工程，它教给了我们如何从失败中学习，如何预判前面的困难和战胜困难的办法，它用铁的事实告诉我们，任何完美无缺的计划也必须靠敢冒风险、敢于担当的精神和高效的执行力的不断推动才能成功。三是团队精神，它是用鲜血、汗水、泪水和激情战胜无数的危难中结成的牢不可破的友谊。

离开孟加拉国已经24年了，24年中，孟友们每年都会聚会，回忆那段永生难忘的时光，畅谈各自在不同岗位、不同事业中新的成功和体会。

# ◎　情深谊长

1994 年 7 月 23 日，多库公路全线竣工通车。

一条黑色的丝带在孟加拉国西部飘扬，载着车辆，载着欢笑，载着友谊，载着希望……

沿线的人们涌向公路，向路上飞驰的汽车招手致意，让汽车将他们的欢乐载向远方……

孟加拉国交通部长奥里·艾哈迈德也出现在欢庆的人群中，这位素以严肃著称的、军人出身的官员，脸上露出了难得的、欣喜的笑容。

原定于合同延长期的竣工期限是 1995 年 3 月，根据一年前公路施工的状况，这位交通部长曾经怀疑能否按期竣工，而事实却是，竣工期提前了 8~10 个月。

这一切使奥里部长感到震惊，感到喜悦。

他由此再次感受到了中国强大的国力，感受到了中国公司员工那种战无不胜的勇气，感受到了中国和孟加拉国之间那牢不可破的传统友谊。

“对！中国才是最值得我们信赖的朋友！”奥里部长由衷地慨叹。

何不以祝贺公路通车作为契机访问中国，一来以示谢意，二来巩固孟中友谊，谋求今后两国在经济和技术领域上的进一步友好合作，奥里部长萌生了访华的构想。

于是，1994 年 8 月，中国政府迎来了由孟加拉国交通部长奥里·艾哈迈德率领的包括公路局长格林先生在内的一行 6 人的孟加拉国政府访华团。

在北京，他们受到了中国外经贸部领导的接见和宴请，在两国双边会议上（参加会见的还有中国海外工程总公司的领导），奥里部长表达了对中国政府、中国人民在孟加拉国经济建设中所做出的贡献和付出的辛勤劳动的感激之情，双方还就两国经济，特别是交通领域进一步合作等问题行了深入探讨。这一次会见，进一步巩固了中国在孟加拉国国际承包建筑市场的地位。

奥里部长一行来到了上海，在上海市及中国海外工程总公司有关领导的陪同下，参观了通车不久的杨浦大桥。杨浦大桥全长 7 658 米，它的两侧是 32 对钢索连接主梁，钢索呈扇形展开，如巨型琴弦雄跨于黄浦江上。这座桥由中国自行设计自行施工，在世界同类斜拉桥中雄居第一。奥里部长盛赞中国在桥梁建筑中的辉煌成就，并欢迎中国公司去孟加拉国承建同样壮美的恒河大桥。

最后，奥里部长一行来到了多库公路工程筑路健儿的故乡——广西。广西壮族自治区政府副主席袁凤兰和南宁市市长谢汝煊选择在风光如画的桂林热情地迎接这些来自远方的客人。奥里部长对广西各级政府为加快多库公路工程建设采取的各项行之有效的措施表示了诚挚的谢意，对广西筑路健儿的拼搏精神和聪明才

广西壮族自治区副主席袁凤兰在桂林会见孟加拉国交通部奥里部长

**南宁市长谢汝煊在桂林向孟加拉国交通部奥里部长赠送象征友谊的绣球**

智表达了极高的赞许，对广西公路建筑公司再赴孟加拉国创造筑路史上的奇迹表示了深切的期待。他说："继多库公路之后，广西队伍又在我国公路招投标中中了 4 个标，但是，我希望，这仅仅是开始。"

谢汝煊市长特意选择了广西表达爱情和友情的民间工艺品——绣球作为礼物送给来自孟加拉国的客人，奥里部长笑逐颜开，伸出双手接过了这珍贵和美丽的礼品。

这一幕令人回想起一年多前谢市长双手捧送绣球给保尔时的尴尬场面，诚所谓此一时彼一时也，这绣球所承载的，是国家实力的千钧之重啊！

奥里部长的出访，将中孟友谊，将中孟在经济领域内的进一步合作，推向了一座新的高峰。

# ◎ 深情诉说

在国际市场上经历了二十多年的风风雨雨，我们可以非常自豪地说，南宁市委市政府在1989年中国改革开放之初，以大无畏的精神，深谋远虑的眼光，支持企业迈出国门，参加海外国际承包工程的竞争是一个英明的决策。他们提出的“保本微利、锻炼队伍、着眼未来”的口号早已全面实现，而且远远超出了他们的预期。我们谨此对他们敢于改革、勇于创新的精神表示崇高的敬意！

美国前总统西奥多·罗斯福曾经说过：“我们多么幸运，我们不时遇到麻烦和灾难，我们不能期望逃离生命中的灰暗时期——因为，以辉煌或金色为落日的生命不是常有的。”

20世纪90年代，改革开放之初，正是中国企业家、工程师们走出国门，参与世界竞争的“试水”年代。在那个年代，成功是偶然的、幸运的，而失败无所不在。失败是一件令人遗憾但并不可耻的事情。多库公路工程的前三任总经理张捷(原南宁市建委主任)、贾宁生(原南宁市副市长)、裴安道(原自治区人事厅副厅长)都是工程专家，他们曾经为了多库公路工程呕心沥血，最后带着满身的伤痛遗憾回国。特别是第三任总经理裴安道，在1992年2月，工程进展十分困难的条件下，自告奋勇，知难而进，通过整顿劳动纪律，建立员工收入与产值挂钩的激励机制，使工程进度有所起色。但终因资金短缺，施工设备残旧，进度达不到业主方要求而壮志未酬。这三位总经理，他们怀抱着的伟大的“中国梦”，那股不甘平庸的雄心壮志和不屈不挠的奋斗精神，值得我们学习。他们经历的所有挫折和苦难，对于第四任领导班子而言，都是非常有价值的，正是因为有前车之鉴，后来者才少走了许多弯路。应该肯定地说，多库公路工程的最后胜利中有他们的一份心血、一份功劳。孟加拉国多库公路工程的胜利，应该归功于所有多库公路工程的参与者。

2017 年 8 月 7 日，还在本书写作期间，裴安道，这位曾经为多库公路工程呕心沥血、奋力苦战过的同志因患血癌不治而辞世。陈听正怀着万分悲痛的心情，参加了裴安道的遗体告别仪式，代表孟友们对他的逝世表示深切哀悼。

多库公路工程给我们留下了许多宝贵的精神财富。它告诉我们，在改革开放之初，我们不仅要有走向世界的勇气，还要有走向世界的水平，这样才能在国际舞台上立于不败之地。多库公路工程最后奇迹般的转败为胜的成功经验，还告诉我们，世界上没有战胜不了的困难，关键是我们要有坚定的信念和不屈不挠的斗志，而这种信念和斗志，就来源于伟大的爱国主义精神，这种精神鼓舞着我们为实现中华民族的伟大复兴而努力奋斗！

多库公路工程胜利完工，不仅扬了国威，它还如同一所优质的大学，为国家、为广西培养了一大批优秀的工程建设管理人才。这里，我们将在多库公路工地涌现出的大批人才以及为多库公路做出过贡献的人员的名单列举如下：

**刘伯莹**　当年交通部支援孟加拉国多库公路工程的工程博士，如今他是中国著名的路桥专家，中交集团路桥技术公司董事长；

**蒋瑞年**　毕业于湖南大学土木工程学院，现任美国新墨西哥州州立大学工程技术和测量工程系主任、博士生导师。他将多库公路工程的案例编入美国新墨西哥州州立大学工程管理学教材；

**张诗云**　毕业于湖南大学土木工程学院道路与桥梁专业，当年多库公路工程副总经理，回国后任南宁市政府副秘书长；

**黄学强**　当年多库公路工程副总经理，回国后曾担任广西高速公路管理局局长，广西交通质监站站长；

**叶士寿**　当年多库公路工程副总经理，回国后曾任南宁市副秘书长。2014 年因病不幸去世；

**马松喜**　当年多库公路工程副总经理，回国后曾任南宁市人事局副局长、市政协副秘书长；

**胡安明**　当年多库公路工程总会计师，回国后曾任南宁市振宁房地产公司董事长，现任广西碧塔海房地产公司董事长；

**海静涛** 当年多库公路工程总经理助理，回国后历任南宁市世界银行项目办公室常务副主任，北海市国外贷款项目办公室常务副主任，广西新闻出版局对外合作处副处长；

**苏拥军** 毕业于湖南大学土木工程学院道路与桥梁专业，当年多库公路工程工程部长，回国后曾任南宁市城北区副区长，南宁市城建局副主任，现任南宁市轨道交通集团董事长；

**杨 荣** 当年多库公路工程工程部计算机工程师、10 标段项目经理，现任南宁品正建设咨询有限责任公司董事长、总经理，中共南宁市建设监理协会委员会书记、会长。回国后，勇于改革，在南宁市率先完成监理公司的股份制改造，使南宁品正建设咨询有限责任公司曾经成为广西最大的监理公司。二十年前，他的肝脏因癌症被切掉 1/2，但他以乐观而坚强的精神战胜了病魔，而且成为了像王石一样的企业家及户外运动家，曾十次驾车穿越青藏高原并探险可可西里和罗布泊等无人区；

**单 刚** 当年多库公路工程总经理部办公室主任，现任南宁市快环公路收费公司总经理；

**胡书文** 当年多库公路工程达卡办主任，回国后曾任南宁市邕宁县副县长，相思湖区区委书记；

**陈 舟** 当年多库公路工程总经理部会计，回国后曾任香港金宁有限公司和香港兴达国际发展有限公司董事、副总经理，现为南宁市民族资金管理局副调研员；

**刘开生** 毕业于湖南大学土木工程学院道路与桥梁专业，当年多库公路工程总经理部翻译，主要负责工地菲迪克条款和国际承包工程管理的培训，现在是长沙理工大学教授级高级工程师。回国后，他编写了《国际工程施工招投标与承包》，主编了《简明英汉-汉英道路工程词汇》和《汉英-英汉道路与交通工程词典》（第二主编）；

**薛恢华** 毕业于湖南大学土木工程系道路与桥梁专业，曾在交通部计划司工作；

**谢再根** 毕业于湖南大学土木工程系道路与桥梁专业，退休前为湖南大学教务处处长；

**饶东平**　当年多库公路工程12标段项目经理，回国后曾担任广西五洲交通公司(上市)总经理，现在是广西交通投资集团物流公司董事长；

**韦勇球**　当年多库公路工程12标段项目副经理，曾担任广西交通投资集团总经理，现在是广西北部湾投资集团董事长；

**刘　军**　当年多库公路工程11标段经理，回国后曾任南宁市交通投资集团董事长；

**刘月莲**　当年多库公路工程11.5段标经理，回国后任广西公路管理局副局长，教授级高工；

**杨荣才**　当年多库公路工程9标段副经理，回国后任南宁市城市投资集团董事长，曾负责南宁市机场高速公路建设；

**冯步广**　当年多库公路工程10标段副经理，现任南宁市内河管理处主任、党组书记；

**徐　德**　当年多库公路工程12标段的总工兼数量工程师，回国后曾任广西五洲交通公司(上市)总经理，现任广西交通发展投资基金管理公司董事长；

**杨　涟**　当年多库公路工程11标段的工程师，现任南宁市住建局副主任、总工程师；

**覃玉彬**　当年多库公路工程12标段的技术员，现任广西高速公路投资公司董事长；

**刘　茜**　当年多库公路工程10标段翻译，现任广西大学外国语学院教授(退休)，羽毛球国际裁判；

**欧光莲**　当年多库公路工程11标段翻译，现任广西大学教授，并一直担任孟加拉国国际项目顾问及协调人；

**陈志国**　当年多库公路工程12标段翻译，回国后一直未间断国际工程的翻译工作，现任中地集团埃塞俄比亚国家管理部路桥事业部副总经理；

**吕夏婷**　当年多库公路工程9标段翻译，回国后曾任广西外国专家局副局长，现任广西公务员局考核奖励(培训与监督)处处长；

**黄　瑜**　当年多库公路工程12标段技术员，回国后曾任南宁市基础公司董事长、青秀区副区长，现任南宁交通投资集团有限责任公司总经理；

**罗维松**　当年多库公路工程9标段技术员，现任南宁交通投资集团有限责任公司副总经理；

**唐柏石**　当年多库公路工程46号桥工程顾问，曾任广西公路局副局长、广西路桥工程集团副总经理；

**沈光銮**　当年多库公路工程46号桥工程顾问，曾任广西公路局副总工程师、广西路桥工程集团总工程师；

**刘道宣**　当年多库公路工程11.5标段的技术员，回国后曾任广西高速公路管理局局长；

**覃冠平**　当年多库公路工程翻译，现在仍然活跃在英语教学工作岗位上，高级讲师。

……

还有许许多多从多库公路工程回来的孟友们至今仍活跃在广西的各个领域，努力报效国家。

二十四年，二十四个春夏秋冬，没有磨灭掉孟友们对往昔的思念，孟友们深情回顾，那里有他们生命中的一抹亮色，那里有他们无悔的一段人生。

人生不可复制，生命不会重来，不可能人人生命辉煌，但一个人若能有一段与在多库公路工程中奋斗的类似的人生经历，也足以让人感到自豪和欣慰。

**补记**：2014年4月，叶士寿同志不幸因病去世。16日上午9：00，陈听正代表全体孟友，参加了在南宁殡仪馆举行的叶士寿同志的遗体告别仪式。陈听正伫立在叶士寿遗体面前，泪水早已浸湿脸庞，望着叶士寿清瘦但英气犹在的遗容，想起了和这位在多库公路工程立下了汗马功劳，与自己并肩战斗、患难与共的战友相处的日日夜夜，陈听正内心无比悲痛。

# 第八章

## 篇外花絮

有意义的人生，不仅有生活的搏击，也有着诗和远方。

我们描述了工地上的奋力赶工期的战斗场面。但是，你不要以为我们的员工每天除了工作，还是工作，他们不是机器人，他们是血肉之躯，他们有思想、有情调，他们的精神内涵丰富多彩，他们的思想情调妙趣横生。“一张一弛，文武之道。”万丈倾泻的飞瀑，也有在折流中停歇的瞬间；雄伟壮丽的交响乐中，也有舒缓柔美的插曲。中方员工在辛劳的施工之余，也有娱乐和欢笑。因为他们是革命乐观主义者，在他们的胸怀中，充溢着热情和美好。

这里来说说员工们辛勤工作之余的几个浪漫有趣的故事。

## ◎ 歌舞搭起友谊桥

那是1994年春天的一个美丽的夜晚，白天的酷热已经消退，从孟加拉湾吹来的印度洋的海风是那么柔和。海风从树林间掠过，棵棵绿树像轻歌曼舞的姑娘；海风从田野间掠过，掀起的层层稻浪像绿色的丝绸(孟加拉国人雨季过后播种，此时禾苗正绿)。

在绿草如茵的乡间小道上，走来了一群意气风发的姑娘小伙，原来是师博艺等一群中方管理人员，在当地人比滚的带领下，结伴去观看当地人的演出。

由于工地工作逐渐走上正轨，施工速度逐渐加快，曙光初露，胜利在望，姑娘小伙们心情格外舒畅，他们脱下了上班时的飒爽工装，穿上了平时不常穿的漂亮衣裳，一个个整整齐齐，漂漂亮亮。

一路上，他们嘻嘻哈哈，打打闹闹。他们抬头看看天上的月亮，月亮是那般明净，向他们张开笑脸；他们聆听树林的轻吟，树林轻吟得那般动听，似一支柔美的小夜曲。真所谓“人逢喜事精神爽”，眼看着胜利在望，他们怎么能不满怀喜悦，想象着回国后与亲人团聚时的情形，他们的脸上笑开了一朵花。

“我是丑话说在前头，我只负责带你们来看演出，如果哪位在看表演时被台上的人勾走了魂，摄走了魄，脱不了身，被迷走了，我可不负责任啊!”师博艺总是玩笑话不离口。

“拉倒吧！要勾魂，人家先勾你这第一帅小伙，到时候师娘(师博艺自称‘老师’)闹起来了，小心跪搓衣板啊。”

一群人笑笑闹闹来到了演出场地后，便安静下来了，因为要以外国人的身份在公众场合现身，代表着国家形象，他们心里明白。

演出在一个城镇学校的操场举行，观众们早已经到场，密密麻麻的。

比滚带队走在最前面，在大庭广众下，作为“外宾”的引领者，他感到格外自豪，面带微笑，昂头挺胸。

操场上的观众见观看演出的“外宾”来了，立即站起来热烈鼓掌。中国的姑娘小伙们向热情友好的当地居民们挥着手，在台前预先留下的座位上就座。此刻他们算是享受了一回以前只是在电影电视里见到过的“外宾”待遇。

他们坐定后，演出立即开始。

台上表演的是歌舞节目。

南亚民族是能歌善舞的民族。大家也许对孟加拉国歌舞不太熟悉，但是对印度歌舞应该不会陌生。说到印度歌舞，不得不说印度电影，印度电影在国际电影界享有盛名，受到世界各国人民的喜爱。而在印度电影中，植入了大量的印度歌舞桥段，这是它的一大特色，也是它广受欢迎的原因，电影中的歌舞场面浩大，布景华丽，演员漂亮动人，舞姿热情奔放，舞技炉火纯青，不愧为舞蹈艺术中的精品奇葩。

当晚演出表演的场景虽然不能和印度电影上的歌舞相媲美，但是两者风格和内容相近。第一个脚铃舞就不同凡响，一群身材高挑、肤色微黑、五官端正、明眸皓齿、鼻梁高挺、貌美如花的孟加拉国姑娘披着轻柔亮丽的丽纱翩然起舞，她们婀娜多姿、舞姿优美，脚上的铃铛伴和着优美的孟加拉国民间乐曲有节奏地回响。她们明眸善睐，不时向台下抛来媚眼，千般娇羞、万般柔媚，仿佛抛出了千万条情丝，系住了每一个观众的心，台上台下激情互动，融为一体，观众们如醉如痴，表演极具艺术感染力。

其中有一个节目是歌舞剧，是叙说一段爱情故事。表演中，突然一位姑娘从台上飘然而下，只见她载歌载舞、裙裾飘飞，像一位美丽的仙女从天而降，她慢转轻舞着，来到了中方一位小伙子面前。突然，她的手中出现了一朵鲜花，她快速地将鲜花放入了小伙手心，然后纱巾掩面，万般娇羞地跑回了舞台，继续和台上的人翩翩起舞，不时地向台下的中国小伙投来含情脉脉的一瞥。

中国小伙被闹了个大红脸，捧着这朵鲜花不知所措。台下人开始起哄，欢笑着，大声喊着：“中国！波斯！中国！波斯！”

演出至此到达了高潮，会场欢声笑语一片。当地居民们用这种最淳朴的方式，表达着他们对中国人的友好之情。

一场演出，拉近了中方工作人员和当地居民之间的感情，施工中就少了许多麻烦。

看演出看出功效来了，这是小伙姑娘们始料未及的。

带着欢娱、带着满足，中国的姑娘小伙们披着清朗的月色、沐着柔和的海风回到了住地。

# ◎　青蛙也复仇

青蛙是吉祥的讨人喜欢的动物，它捕食害虫，是庄稼的卫士。

夜晚，暖气萌动，躺在床上，听着窗外传来的一阵阵青蛙的鸣唱，是那么柔和，那么欢快，人们会产生一种十分祥和的感觉，在青蛙唱和声中，沉入美好的梦乡。

因此中国诗词中有“稻花香里说丰年，听取蛙声一片”的诗句。

孟加拉国的青蛙具备了中国青蛙的全部特色，喜欢捕食害虫，也喜欢唱歌。所不同的是，由于孟加拉国温润潮湿的气候特征和良好的生态环境，那里的青蛙个头特别大，数量特别多，多得蛙满为患。

青蛙肉特别鲜美，在中国，野生青蛙是禁捕禁食的，而孟加拉国的青蛙却没有这么幸运了。夜晚工作之余，中国员工们最具乐趣的一项户外活动，便是去田野捕捉青蛙。

捉青蛙的必备行当是手电筒，用以照明；高筒靴，用以防蛇咬；棍子，用以打草惊蛇，孟加拉国的青蛙又大又多，蛇也又大又多啊；再就是篓子，用来盛战利品。

那天晚上，一群中方小伙姑娘又出动了。

他们来到田野，啊！真美！如水的月光笼罩在田野上，景色朦朦胧胧、若隐若现。远处的树影贴在天幕上，是一道艺术的剪影；而近处，禾苗青青、芳草茵茵，一派生机勃勃的景象。空气里散发着泥土和野草的芬芳，深深地吸上一口，真的是沁人心脾。青蛙们在高声歌唱着，此起彼伏，一曲又一曲，是那样热闹和欢快。

这些姑娘小伙平时在工地指挥施工，成天与泥呀、水呀、土呀、沙呀、机器呀、汽车呀，或者是报表呀、账单呀打交道，单调极了。这会儿他们来到广阔的田野，那分舒坦惬意的感觉，太令人享受了。他们一路说笑，一路唱歌，他们是“醉翁之意不在酒”，与其说是来抓青蛙的，倒不如说是来踏青、享受生活的。

他们一路走，只听到“扑通”“扑通”的声响，那是青蛙们听到他们的脚步声纷纷跃入了稻田。

他们打开手电筒一照，哎呀！青蛙可真多，成堆成团的。

对不起了，小家伙，谁让你如此味美，谁让你们繁衍了这许多呢！

“哎呀！有蛇！快过来！”有人惊叫。

姑娘们一听到有蛇，吓得赶忙往远处躲，小伙子们则急忙冲过去。只见同伴用棍棒压住一条又肥又大的蛇，蛇一圈一圈将棍子缠绕，企图以它的缠功与棍子决一死战。

一小伙走上前去抓住蛇的七寸，将它单独关入篓中。

不一会儿，战利品不少，蛙一大篓，蛇一大条。

他们得胜回朝，想着明天的餐桌上，青蛙或红烧或青蒸，蛇则用来煲汤，美味啊！

不过，夜半三更，又来了一段惊悚闹剧。

一小伙在睡梦中，突然觉得身下冰冰凉凉的，腿上像被针刺了一下的疼痛，哎呀，不好！遭蛇咬了！

“来人呀！蛇咬人了！”这声惊恐的喊叫声在寂静的晚上特别刺耳。

大家飞速而至，四处搜寻，蛇没踪影，倒是发现满床的青蛙。原来是篓里的青蛙逃脱了，蹦到了床上。

“谁让你抓我！谁让你抓我！”青蛙一肚子的火，在他腿上咬了一口，“让你见识见识，俺青蛙也不是好欺的。这一咬，虽说伤不了你的筋，动不了你的骨，但让你吓了个半死，也算是报了俺被抓之仇了。”看不出来呢，青蛙这小兔崽子，平常以为你很温顺，原来你也会复仇啊！

那条蛇倒是被牢牢地关在篓里动弹不得，它瞪着双眼恨恨地说：“俺冤枉啊！青蛙犯事，老蛇背锅！”

原来是虚惊一场，大家说笑一阵，继续回房睡觉。

## ◎　“刘法官”办案

“刘法官”者，10 标段工程师老刘是也。

这个老刘，办事向来周全老道、滴水不漏。这不，那天他在 10 标段住地当众办了一宗刑事案件，博得个满堂喝彩，他因此也获得了“刘法官”这一美名。

话说 10 标段住地院子有一片橡树林，这些橡树树冠高大、枝繁叶茂、蓊蓊郁郁。橡树林实在是个幽静之所在，于是飞来了一群乌鸦，乌鸦们将橡树林霸占为府邸。

霸占就霸占了，可是你快活，也不要烦别人呀！

这群乌鸦却偏不，每当它们捕食归来，吃饱喝足，兴致一来，总喜欢大声嚷嚷，海侃神聊：

“哇，我今天捕的一条大虫，足有三两重，把我撑了个半死。”

“哇，三两重的虫算个啥，我今天逮了一鸟窝，有十颗蛋呢！”

“哇，算我倒霉，今天挨了一石子，差点没被砸晕。”

“哇，我家小鸦，今天和我一起试飞了。”

……

若将乌鸦改名为“侃爷”，这名起的一点也不虚，这乌鸦们可真能侃，嗓门又大，调门又高，全然不顾这树下住着的是 10 标段的工作人员，人家在工地累死累活的，盼着回来睡个囫囵觉，可是被这群乌鸦搅得不得安宁。

更有甚者，它们还随地大小便，“噗”的一声，一泡屎尿从树上洒将下来，把下面的行人淋个正着。

惊民扰民啊，什么“五讲四美”，什么“社会公德”，它们全然没往心里放。

“我们天天在工地上累死累活的，好不容易有点时间眯会儿眼，你们倒清闲，成天这般聒聒噪噪的，谁有心思听你们瞎聊天，你们还让不让人家活了？”10 标段员工对这窝乌鸦老恨了。

那天中午，大家正在午睡，乌鸦们又“哇哇”地“侃”上了。

刘工轻轻地起了床，拿着一杆鸟枪，从窗口瞄着树上，一扣扳机。“叭”的一声，一只乌鸦应声落地，其他乌鸦顿时哑然。刘工迅速跑出去，将乌鸦拾起。

“怎么样，刘工，今晚吃红烧乌鸦啊？”有人喜滋滋地问，以为又有美味入口。

论说这刘工还真算个美食家，有空时他喜欢到厨房转悠，为的是露上一手厨艺，给员工改善生活。

甲鱼在中国算是稀罕货，价格很贵，可是孟加拉国河湖密布，甲鱼很多，本地人又不吃甲鱼，这下可乐坏了这群工作人员，白吃甲鱼不花钱。刘工用甲鱼做菜极刁：只选甲鱼的裙边。你还别说，那味道好极了。

孟加拉国蜥蜴很多，而且特别肥大，被中国人称为“五爪金龙”。那天他们捕得了一条大大的“五爪金龙”，足有两米多长，刘工将“金龙”扛在肩上绕院子一周，显摆了一回战利品，并且照相留念，然后将“五爪金龙”红烧、清蒸、煲汤、干锅，来个一“龙”四吃，这“五爪金龙”的肉又细又嫩，味道鲜美。

各标段的人工作辛苦，好在伙食开得好。如果营养不足，那精力自然不够，让人如何拼命干活？

可是今天刘工不是搞美食，他是要来个刑场示范，杀鸦儆鸦。

刘工找来一根绳子，系住乌鸦的脖子，将乌鸦吊到了橡树上，然后拿着一根棍子指点着，大声宣读：

“乌鸦们听好喽，咱们比邻而居，本应友好相处，井水不犯河水。可是你们却行为不检，整日喧哗，不讲卫生，聚众扰民，我等实在忍无可忍。今日击毙一只，悬挂于此，望诸位引以为戒，痛改前非。否则，此乌鸦之今天，就是你们的明天。”

这半文半白的宣读，也不知那些吓破了胆躲在树叶后偷窥的乌鸦们听懂了没有，反正是让围观的人们笑岔了气，只差在地上打滚。

别人笑岔了气，刘工可一本正经，未露半点笑意，一通数落，表演算是到了家。他的喜剧基本工堪称一绝，可惜入错了行，要是去说相声、演小品，还有姜昆、赵本山们什么事啊！

不过从此以后，乌鸦们真的不敢大声聊天了，老实了许多，怪哉。

# ◎ “红爷”的故事

“红爷”啥意思？弄不明白。

“红爷”你弄不明白，红娘你总该明白了吧？

红娘？那谁人不知哪个不晓啊。这红娘，乃《西厢记》中一丫环是也。话说当年在普救寺中，白面书生张生和已故相国的小女崔莺莺小姐对上了眼，可当时男女授受不亲啊，亏得莺莺小姐的丫环红娘从中搭桥引线，传书递简，引得二人见面，春风一度。这可把相国夫人气了个半死，没办法，只得允婚，可她却又来了个损招，说什么“俺相国人家三世不招白面书生”，非得让人家张生赴京赶考，弄得个状元、榜眼至少探花什么的，方得归来完婚。

这红娘忙里忙外的，可惜促成的是半拉子婚姻。

自此红娘成为了广大媒婆的形象代言人。

女性媒婆称为“红娘”，以此类推，那男性媒公则是“红爷”了？

此言极是。

原来如此！

话题又扯到了多库公路工地。

这多库公路工地有许多未婚青年男女。俗话说：“男大当婚，女大当嫁。”大男大女的，工作当然要干，可对象也得找啊！

广西是民歌之乡，那里有个歌仙刘三姐，也是无人不知，无人不晓。广西青年男女谈情说爱，往往也借助于山歌。

下了班，有一点空闲，小伙子便来到姑娘窗外撩妹，他们唱起了动人的情歌：

太阳出来暖烘烘，
照见妹妹鸟笼空。
妹妹有笼不见鸟，
哥哥有鸟不见笼。
想妹想得心里急，
想妹想成一张皮。
撩起衣服给妹看，
根根排骨像楼梯。

工地这些妹仔一个个心高气傲，岂是你一首山歌就可捕获的？岂能让你在窗外乱嚼舌根唱情歌？她们来到窗前，掀开窗户，一脸阳光的笑容。喜得小伙子急忙近前搭话，不想一盆清水泼来，小伙被淋成了个落汤鸡。

姑娘一阵哈哈大笑，银铃般的笑声撩得小伙心痒痒的。小伙并未就此打住，几番穷追不舍，工地倒真的成就了几对佳偶。

不过也有的佳偶不是山歌对上的，而是“红爷”串上的。

总经理部那个小伙苏拥军，是工地三朝技术部主任，这小伙敦实憨厚，专业功底扎实，工作一丝不苟，可就是到了谈婚论嫁的年龄，对象还不知在哪里。

这时，我们的“红爷”出现了，此“红爷”不是别人，乃工地总经理陈听正。

他?！总经理陈听正？他当“红爷”？他来关注这些鸡毛蒜皮的小事？

没错，正是他。但是，他认为婚姻乃人生大事，决非小事。而且，他认为，作为一个工地总经理，不仅仅要发动员工苦干、硬干，而且应该将员工的生活冷暖记挂在心头，想人之所想，急人之所急。在这些事情上，他的心眼比针眼还细。中秋节他让母亲从国内寄来月饼，送给员工；从国内开完会回工地时，捎上几瓶好酒，给工地闹酒荒的酒鬼们解个馋；去法国开会时，捎回几瓶香水，给喜欢臭美的女同胞；他经常去标段食堂吃饭，尝尝那里的饭菜是否可口；他还制定相应的奖惩措施，收入与工作成效挂钩……他认为，不能只是让人家卖命干活，也要让人家付出的劳动与收入成正比……

陈听正一向充满人情味，注重人性化的管理，这种人性化的管理理念成为了一种巨大的人格魅力，感动了许多人，所以大家才抱着一种报答知遇之恩的心态，和他同艰苦、共患难。

对于工地男女的婚恋，陈听正总是大力促成，大开绿灯，尽量予以方便，甚至亲自穿针引线，充当“红爷”。

这不，这位“红爷”将关切的目光投向了苏拥军。

那天他问苏拥军：“小苏啊，男大当婚，想不想在孟加拉国找个对象啊？”

“找个孟加拉女子？子女变成‘杂交水稻’？不行，不行，没法向祖宗交代啊！”小苏忙说。

“我是说在中国员工中找啊。”“红爷”说。

“人家哪瞧得上我呀！”小苏说。

“怎么这么说呢？你挺不错的呀！把眼睛睁大点，仔细瞧，瞧上哪一位，我给你做媒。”“红爷”直拍胸脯。

事后“红爷”仔细观察，终于瞧出了一点门道。

9标段有个出纳叫阮文琳，文文静静的一个姑娘，经常到总经理部来办事，办事时说话轻声细语、认认真真，事情办得又快又好。渐渐地小苏对她有了好感，工作中总不免和小阮多聊几句，看她的眼神也特别温柔。

这事看在了同事的眼里，传入了“红爷”的耳朵。“红爷”暗中一瞧，这不，还真是天造地设的一对哩。

有一天，小阮到总经理部办完事准备回标段，“红爷”对小苏说：“小苏，也不去送送小阮？”

“我？送小阮？”小苏话说得有点结巴，显然内心乱了方寸，这一下露了馅，本来是伶牙俐齿的一个人，咋一下就结巴了呢？这不明摆着他心中有事，内心有“鬼”吗。

“红爷”朝他直使眼色。小苏和小阮被闹了个大红脸。

小阮向外走，小苏追出去，送她去马路边等回9标段的顺风车。两个人一前一后地走，明显不对头嘛，要是心中无事，干吗不并肩而行呢？这就叫作“欲盖弥彰”。

走了一路，等了好久的车，两个人没说几句话。这就叫“此时无声胜有声”。虽然二人没说话，行动还是有的：一有车辆从身边驶过，小苏赶紧将小阮护在身后，俨然一位用心的护花使者。

“红爷”见有几分谱了。有一天对小苏说：“你看小阮怎么样？”

小苏说：“人家哪里瞧得上我啊！”潜台词即是：只怕她瞅不上我，我是早就瞅上她了。

有一天，“红爷”在9标段见到了小阮，又对小阮说：“小阮啊，人家小苏对你有意思呢。”

小阮的脸顿时红成了一个熟透了的苹果，她细声说：“他那么优秀的人才，凭什么瞧上我呀！”这个回答与小苏的回答异曲同工：只要他瞧上了我，我是没问题的。

“三朝”技术部主任苏拥军，年轻有为，早就名声在外，加之小阮去总经理部办事时，见小苏一口流利的英语与老外对答，心里对他早就有了几分崇拜。

此等优质暖男，可遇不可求呀！事情至此，男诚女愿的，成功把握十之八九。

之后小阮接到通知：调往总经理部任出纳。傻子也知道，这是让她和小苏有更多的接触机会。这个“红爷”，利用总经理的权利发了调令，不过这权利不算滥用。

可偏偏小阮还扭扭捏捏的：“凭什么调去总经理部呀！人家在9标段工作得好好的。”

凭什么？凭你和小苏对上了眼，莫非你心里不清楚？这傻丫头，演技还不过关，演得过火了点。与刘工相比，刘工的演技甩她十条街。

现在，当年这对热恋的青年已成了如今的老夫老妻，女儿都已经上大学了。

这“红爷”当得漂亮，不像《西厢记》里的红娘只是促成个半拉子婚姻。

据说“红爷”当年喝他们的喜酒时，被灌了个烂醉，其中的具体情节，笔者就不做过细的考证了。

# ◎ 跨国之恋

不知是哪位圣哲先贤说过这样一句话：凡是有人类的地方，便有爱情。

这话一点也不假。

爱情是一种非常奇特、非常强烈的感情。它不是血缘，却胜似血缘；它神奇而又甜蜜，牢固而又坚韧。无论种族、无论地域、无论贫富、无论贵贱、无论年龄、无论美丑，爱情的种子撒播到哪里，它便在哪里生根、萌芽、开花、结果。

人类因爱情而繁衍生息，世界因爱情而温馨和谐。

古往今来，爱情是一切文学艺术作品中永不枯竭的主题。罗密欧与朱丽叶、李隆基与杨玉环、贾宝玉与林黛玉、梁山伯与祝英台……这一个个动人心弦的爱情故事，让人荡气回肠、刻骨铭心，又感叹唏嘘。

但是，文人们笔下的爱情故事过于凄婉，在现实生活中，在我们多库公路工地，绽放的爱情之花是那般喜庆和圆满。

这里我要说的是多库公路又一个甜蜜的爱情故事，这是一对跨国恋人。

故事的男主角叫罗斯库，是一位有着雅利安人血统的孟加拉国人，在多库公路顾问处担任监理。

故事的女主角黄琳是中国人，在多库公路工程部担任翻译。

也许是前生有缘，也许是上天有意。罗斯库负责 10 标段的监理工作，黄琳担任 10 标段的翻译，于是这对本来素不相识，相隔万水千山，有着不同国籍的青年男女相逢并相识了。

在其他标段，女翻译碰上男监理的事情多了去了，他们只是平常相处，没有什么特殊的感觉。令人意想不到的是，这位罗斯库第一眼见到了黄琳，便怦然心动。

这个黄琳，皮肤白皙，大眼睛，高鼻梁，用中国传统的审美标准来衡量，她属于薛宝钗型的美女，丰腴而不失苗条，健美而备具精致。在罗斯库眼中，她就是东方美女的代表。

罗斯库已经丧偶，乃自由之身，但是他并不知道这位来自中国的美女的底细：不知她是否名花有主，不知她是否已为人妻。所以心动归心动，面对这轮镜中之月，这朵水中之花，他对她只是在心中存有一份暗恋而已。

作为标段的翻译，主要工作就是和顾问处的监理打交道，所以罗斯库与黄琳在工作中有了较多的接触，这使罗斯库对黄琳有了深一层的了解：这位中国美女，不仅人长得漂亮，而且性格温柔、处事细致谨慎。孟加拉国工作环境是十分艰苦的，美女风里来、雨里去，起早贪黑，从来没叫过苦、喊过累。她操着一口流利的英语，两人在工作中沟通十分顺畅。孟加拉国很少有女性在职场工作，工地上更是少之又少，因此，对于这位辛劳的中国美女翻译，罗斯库更是多了一份尊重和关爱。

为此，黄琳和别的标段的翻译相比，少吃了许多苦头，她去顾问处请监理时，基本上用不着三请四催，用不着苦苦守候，也没有像别的翻译那样受那么多训斥和刁难。为此，她暗自庆幸。

但是久而久之，她又有了几分拘束和不安。她发现这个罗斯库看自己的眼神时有点不太一样，其中有几分温柔、几分欣赏、几分探询，还有几分羞涩。都说眼睛是心灵的窗户，罗斯库的眼神，泄露了他心里的秘密。女性是非常敏感的，黄琳从罗斯库的眼神中，似乎窥探到了一点异常。有一天在工地，突然下起雨来，他们没带雨具，罗斯库急忙将自己的上衣脱下来，遮在了黄琳的头上；有时，在工地工作错过了吃饭的时间，罗斯库变戏法似的从他的背包里拿出一个面包塞在黄琳的手中；在路上行走，碰到沟沟坎坎，罗斯库总不忘伸出手拉黄琳一把……这分明有点护花使者的味道。黄琳仔细想来，罗斯库虽然从来没有什么过分或轻佻的言行，但还是注意回避吧。于是，她尽量少与他单独接触，工作完毕之后马上离开。

罗斯库有点郁闷了，但是也没有办法。

突然有一天，罗斯库从别人那里得知了黄琳的情况：她虽说结了婚，但是已经离异。这时的罗斯库，心情不淡定了。

如果说以前他对她，只是观赏一朵远处的鲜花，那么，如今，知道她名花无主，他决心将这朵鲜花拥而入怀。

如果说，以前他对她的情愫只是如炽热的岩浆在地底下奔突，那么，如今，他的情感如同火山般开始迸发。

罗斯库对黄琳发起了热烈的爱情攻势。古往今来，写情书是爱情最好的表达方式，罗斯库也不能免俗。欧光莲从中为他们传书递简，一个中西合璧的爱情故事，就此展开。

他在情书中对她说：感谢上帝的赐予，将你送到了我的身边，你沿着多库公路，从东方的天际向我飘来，我有权拥你入怀，从此我们不再分开。

这时的黄琳，方知罗斯库已经丧偶，使君无妇、罗敷无夫，都是自由之身，都恰值美好年华。

黄琳开始暗自从感情的角度来细细观察、审视罗斯库。他是一个有才华、有能力的人，在工作中他得心应手、业务精通，特别是计算工程量时迅速准确，总是一次通过。他还是一个感情细腻的人，善解人意、温柔体贴。

罗斯库雅利安人的血统铸就了他雕塑般的外形：鼻梁高挺，肤色微黑，健康壮实，怪讨人喜欢的。

她想起了他对她精心呵护的点点滴滴，他触动了她心灵最敏感的那根神经：不管女性外在表现如何坚强，如何假装爷们，但是内心是柔弱的，需要一个依靠。上帝造人，一男一女，一阳一阴，一强一弱，一外一内，这本身就具有哲学意味的和谐默契。她想起了她的前夫，为了经商赚钱将她晾在了一边，如若他能像罗斯库这般温柔细腻，两人又何致于分道扬镳，各自西东呢。

罗斯库的情书打消了她对他的戒备，点燃了她心中的爱情的火焰。但是女性的矜持，让她依然对他若即若离。

但是罗斯库决心已定，紧追不舍，越发对她温柔体贴、照顾有加。炽热的情书，纷至沓来。

“我相信我火样的热情，能融化你心灵的坚冰。”

“我相信温暖的春风，能催开紧闭的花蕾。”

于是在罗斯库的强大攻势下，黄琳防线崩溃，两颗炽热的心终于贴在了一起。

工余饭后，在融融的月色下，在清澈的池塘边，在弯曲的小路上，在绿色的田野里，经常出现一对相拥相依的恋人。他们倾心而谈，谈自己的过去，谈自己的爱好，谈自己的追求，谈自己的家庭，谈自己的家乡，谈自己的祖国，谈他们今后共同的未来。他们越谈越倾心，越谈越亲密。“谈恋爱”这个词编得真好，恋人之间就是要通过谈而相互沟通了解，感情就是要通过谈而进一步升温，爱是谈出来的。

罗黄之恋，这一场跨国之恋，从此正式浮出了水面。刚开始，大家有惊诧，有疑虑。不同国度的人相恋，能有共同的语言吗？能有共同的感情吗？继而，看到他们相处得是那般和谐，配合得是那般默契，交往得是那般亲密。大家见证了他们爱情的魔力，不得不承认，这郎才女貌的一对，般配得很呢。大家衷心地祝福这一对异国恋人如愿以偿。

但是业主方和顾问处得知这一情况后，出于工作的考虑，他们向中方建议让黄琳换个标段。

于是黄琳由原来的10标段调往了12标段。

其实罗斯库在对中方工程的监理认可中，是严格按照规程的，只不过不像有的监理那般拖拉刁钻而已，他也怕因徇私舞弊而丢掉饭碗。但是业主方和顾问处的考虑也是有道理的。

“多情自古伤离别”，对于黄琳的调离，虽然他有千般不舍，万分不愿，但他们还是服从了组织的安排。

距离阻隔不了两颗联系在一起的心，他们不放过任何一个可以见面的机会；他们鸿雁传书，倾诉心中的思念。

他给她寄去泰戈尔的诗篇：

> 我以数不清的方式爱你，
> 我的痴心永远为你编织歌之花环，
> 亲爱的，接受我的奉献，

世世代代以各种方式挂在你的胸前，
我听过的许多古老爱情的故事，
充满聚首的欢乐和离别的悲郁。
纵观无始的往昔，
我看见你像永世难忘的北斗，
穿透岁月的黑暗，
姗姗来到我的面前。
……

她用中国的古典诗词传情达意：

纤云弄巧，飞星传恨，银汉迢迢暗度。金风玉露一相逢，便胜却人间无数。柔情似水，佳期如梦，忍顾鹊桥归路。两情若是久长时，又岂在朝朝暮暮。

曾经沧海难为水，除却巫山不是云。
取次花丛懒回顾，半缘修道半缘君。
……

看来这既是一场倾心的跨国之恋，也是一场中外文化的大沟通、大交流啊！

罗斯库爱黄琳爱到痴迷。有一次罗斯库和翻译王建国一起送人上飞机。车上，黄建国搞恶作剧，说："黄琳也坐这架飞机回国。"一句玩笑话而已，罗斯库竟然当了真，当场像个小孩子一样"哇哇"地号啕大哭起来，吓得王建国连忙解释说："不是的！不是的！我只是开玩笑。"从此再也没有人敢和罗斯库这样开玩笑了。

要问这场跨国之恋最后的结局，黄琳成了孟加拉国的媳妇，罗斯库成了中国的女婿，花好月圆，成了呗。

多库公路竣工之后，他们喜结良缘，并且效率极高，立马生下了一个混血的、漂亮的、可爱的女儿。

他们结婚后，新姑爷罗斯库随黄琳来到了南宁，因为罗斯库是外籍人士，一时半会没有找到工作。恰好在这个时候，杨荣回国后成立了南宁市品正建设咨询有限责任公司，任命罗斯库为该公司的总经理助理。在与客户的业务洽谈会上，罗斯库的亮相，显示出品正公司的国际背景，还真是人尽其用呢！

转眼间，春、夏、秋、冬经过了二十度轮回。2015 年的秋季，在南宁的一家五星级酒店的酒宴上，部分孟友在这里聚会，他们是为了欢迎远道归国的罗斯库、黄琳夫妇，这对结缘于异国的恋人十几年前定居加拿大。由于他们有坚实的专业知识功底，在加拿大谋得了稳定的职业，获得了丰厚的收入，一家人相亲相爱、和和美美。这次他们是返回中国和孟加拉国探望家人。

他们当年的爱情结晶，那个中外混血的小姑娘，如今已经是大学生了，亭亭玉立，长得非常漂亮。

## ◎ 工程催开知识花

2013年6月，那是一个热情如火的季节，在这样一个热情如火的季节里，一个更加热情如火的会议，在中国上海同济大学召开。

那天，同济大学大礼堂主席台上方，高悬着“从泰戈尔到莫言：百年东方文化的世界意义国际学术论坛”的红底白字的横幅，一场有关从泰戈尔到莫言的国际文学研讨会在这里举行。2012年作家莫言获得我国首个诺贝尔文学奖，2013年则是印度诗人泰戈尔获得诺贝尔文学奖100周年。为了纪念这两件大事，2013年6月，同济大学与中国人民对外友好协会、瑞典皇家科学院、印度国际大学、北京大学等国内外著名高校和机构合作，在同济大学校园举办了这个国际性的、高规格的、具有世界级水平的学术研讨会议。会场热闹非凡，来自世界各地的相关领域的专家学者济济一堂，与会者对泰戈尔和莫言文学创作内涵进行了深入细致的探讨，对当今世界文学创作发展趋势抒发各自的见解。会议上，部分专家学者还当众宣读了自己的研究论文。

在这次大会上，刘开生先生递交了名为《泰戈尔在中印文化交流中的几件史实》的论文，该文以其确凿而又丰富的史实和绝妙的文采受到了大会评审专家们的一致好评，被大会采用并收入《从泰戈尔到莫言·百年东方与西方》一书。而且，大会还安排刘开生先生主持中国社科院研究员刘健和北京大学教授魏丽明的论文宣读。

在这次国际学术研讨会上，刘开生先生既提交了论文，又主持了论文宣读，可谓风采独具。人们不禁要问，这位独具风采的刘先生到底是何方神圣？

刘开生，1967 年毕业于湖南大学土木工程系道路与桥梁专业，1967 年至 1985 年在广西公路部门任职，1985 年调往长沙交通学院（即现在的长沙理工大学）任教，为该校教授级高级工程师，在长沙交通学院任教期间，曾在美国任访问学者一年。

也许有人更加纳闷了，这位刘开生，是一位公路工程专家和教授，与文学，与泰戈尔、莫言这两位文学巨匠并无半点交织啊，他怎么能够跨界跻身于如此高规格的、国际级别的文学研讨会，能够提交如此高质量的相关性论文，并且主持其他专家学者的论文宣读呢？

其实，刘开生先生虽然从事的是自然科学领域方面的工作，但是他有着深厚的文学功底，他与泰戈尔也并非毫无交集，他曾经在泰戈尔的第二故乡——孟加拉国有过一年多的工作经历。

1992 年，刘开生已经离开广西好几年了，然而，他虽然人离开了广西，却依旧心系八桂。在广西工作了十几个春秋，他与广西的同事，与广西的湖大老同学结下了深厚的情谊，在广西工作与生活的点点滴滴，依然萦系于他的心头。当他听到广西在孟加拉国的公路工程受阻，广西需要他以他坚实的专业功底和出色的英语水平为挽救孟加拉国工程出力时，他毫不犹豫地离开了学校舒适的工作环境，踏上了孟加拉国这片贫穷而又陌生的土地。

在孟加拉国工作期间，他拜访过位于孟加拉国西北部库什蒂亚的泰戈尔庄园，听到过许多关于泰戈尔的故事，因而对泰戈尔产生了浓厚的兴趣。从多库公路工地返回教学岗位后，他开始研读泰戈尔的诗文，开始收集有关泰戈尔的生平史迹，用今天的流行语来说，他成为了一名忠实的“泰粉”。

南亚次大陆的异国风情，泰戈尔第二故乡的别样文化，深深地触动了他那颗从小就热爱文学的心。在多库公路工作期间，他了解了泰戈尔，他亲近了泰戈尔，他爱上了泰戈尔。泰戈尔的第二故乡，给予了他神一般的灵感，火一般的激情，诗一般的意境。于是，他凭借娴熟的英语功底和固有的文学才华，去搜寻、去思索、去考证、去研究，于是，他笔端的文字如泉水般汩汩奔涌，《泰戈尔在中印文化交流中的几件史实》跃然成文，刘开生借此而跨界登上了“从泰戈尔到莫言：百年东方文化的世界意义国际学术论坛”。

当刘开生从容不迫地迈向讲坛的时刻，他的胸中洋溢着当年在泰戈尔故乡拼搏的激情，他在主持宣读论文的同时，深情地回顾了当年在孟加拉国工作的往事，叙述了当年瞻仰泰戈尔庄园时的所见、所感，他的这种与研讨会主题特别亲和的经历，成为了会场一抹招人的亮色。

是否可以这样说，如果当年刘开生没有多库公路工作的特殊经历，就不可能有《泰戈尔在中印文化交流中的几件史实》这篇文章？

刘开生在孟加拉国工作的成就又何止于此。

他是以翻译的身份赴多库公路工作的。

在孟加拉国工作期间，他担任菲迪克条款文本培训的教师，参与国际投标等工作。多项领域的工作经历拓宽了他的视野，丰富了他的知识，使他的专业知识和工作水平跃上了一个新的台阶。

在孟加拉国工作期间，他感受了在异国他乡施工的艰难困苦，他曾与国际施工界多方人员进行过沟通交流，感知了、实践了、谙熟了国际招投标、国际施工的程序规则，他的眼界、他的思维，由此得以从一个国内的土木工程专家，一个高校教授的范畴拓展到了国际施工领域的广阔境界。

从孟加拉国回国返回教师岗位上之后，他以一个国际工程施工管理人员兼高校土木工程专业教师的双重身份来思考所经历的孟加拉国的岁月，他敏锐地意识到，多库公路工程，不仅仅关乎广西，还是国际招投标、国际施工过程中的一个典型案例，其中蕴含着的大量知识与信息，足以给后继者们以启迪与警醒。特别是，当时改革开放伊始，国门初开，出国承包工程对于国内工程界来说，是一个势在必行的趋势却又是一个全新的课题。他意识到他所教授的莘莘学子，将来就职于社会，很有可能接触到跨国承包工程的业务，而这一领域是他们的一个知识盲点。于是，刘开生萌发了在学校开设有关国际工程承包的选修课程，他在借鉴现有的国际工程承包施工实例的基础上，加上他在孟加拉国工作的实际体验，编写了《国际工程施工招投标与承包》(中南大学出版社出版)一书作为教材。

此后，他无论是在学校开设的选修课程中，还是在全国各地开办的“监理工程师培训班”“造价工程师培训班”“项目经理培训班”的讲课中，无不涉及多库公路工程的相关内容，其中受挫的教训、成功的经验，都给予了学生们启示。

联想到多库公路工程中，由于中国的工程技术人员不懂英语曾经给工作带来的诸多不便，刘开生痛感提高中国工程技术人员英语水平的必要性。因此，他作为第二主编，于 2002 年编写了《汉英-英汉道路与交通工程词典》(湖南大学出版社出版)一书。2008 年，他又主编了《简明英汉-汉英道路工程词汇》(人民交通出版社出版)一书。

无论是《泰戈尔在中印文化交流中的几件史实》，还是开设的有关国际工程承包的选修课程，以及编撰的有关著作，无不浸渍着他在孟加拉国工作的深厚积淀。

刘开生通过多库公路工程的工作实践在学术领域获得了多项创新，这在整个孟加拉国工程中并非个案。孟加拉国工程在国际工程招投标及路桥施工管理等多方面都有独到的成果。

总经理陈听正在孟加拉国工程的管理实践中，从国际施工管理层面总结了一套高效的施工管理方法，在 2006 年中国人力资源部主办的国家高级项目管理学习班上，他将这一方法写成了一篇“一个转败为胜的国际工程项目——孟加拉国多罗迪亚至库什蒂亚工程”的论文，并在中国航空航天大学教授主持的论文答辩会上获得一致通过。

现任美国新墨西哥州州立大学教授、博士生导师的蒋瑞年，在中期付款的计量工作中开发了一套计算路基、路面工程量的计算模型软件，这个软件免去了人工丈量和计算的辛劳及误差，大大地提高了工作效率和计算的精准度，此成果在孟加拉国的国际工程中得以广泛运用。蒋瑞年还从工程管理学的角度，把多库公路工程“转败为胜”的经验编写成为新墨西哥州州立大学工程管理学的教案。该教案受到了该校老师和同学的广泛好评。

此外，总工程师曾沛霖教授和工程实验室主任袁国伟对多库公路沥青混凝土路面的结构和配合比设计有所创新，受到了业主方和顾问处的高度评价。

在孟加拉国多库公路工地的近 400 个日日夜夜，对全体筑路健儿来说，是拼搏，也是进取；是工作，也是学习；是生活，也是感怀。

孟加拉国多库公路工程，是火红的熔炉，它锤炼了人的意志，造就了一大批筑路领域的英雄模范；多库公路工程，是公路工程领域的一场硬战，给公路施工、给参与国际公路招投标，都留下了十分宝贵的经验。

# 第九章

## 尾　声

1994年8月25日，孟加拉国交通部向中国海外工程总公司颁发了孟加拉国多罗迪亚至库什蒂亚道路改建工程竣工证书。紧接着，9月1日，中国海外工程总公司孔繁琪董事长亲自写信给广西壮族自治区政府、南宁市政府为陈听正同志请功(见附件一)。信中写道："我公司承包的孟加拉国多库公路改建工程，在去年遇到严重困难的情况下，承蒙雷宇副主席等省、市领导予以大力支持和协助。一年多来，自治区政府和市政府在各方面做出了巨大努力，取得了极好的效果。现向你们报告：该项目已提前竣工，业主方已于8月25日签发了竣工证书，一年多来的'翻身仗'已告胜利结束，请接受我们对你们的敬意和感谢。此外，你们派往国外的陈听正同志，一年多来，表现出突出的组织领导才能，他本人付出了艰辛的劳动，为该项目胜利完成做出了特殊的贡献。我们将报请外经贸部领导予以表彰。同时，在此特向你们报告，我们为陈听正同志请功。"

11月18日，中华人民共和国对外贸易经济合作部下发了"关于转发中国海外工程总公司《关于陈听正同志主持孟加拉国多罗迪亚至库什蒂亚道路改建工程工作的主要事迹》的通知"(见附件二)，此"通知"发至全国各国际经济技术合作公司。

当陈听正看到我国对外贸易经济合作部的表彰通知和中国海外工程总公司孔繁琪董事长的表彰信时，他感动得热泪盈眶。他深深地感动于党和国家对他这样一位十分平凡的人所做出的一点小小的奉献所给予的高度的肯定和表彰，他更敬佩的是身居“庙堂之高”的国家部门领导人和央企领导人，他们对国家的无限忠诚，他们坚定地捍卫国家荣誉和国家利益所表现出来的爱国主义精神和崇高品质，以及他们对他个人在执行国家任务时自始至终的支持、鼓励和鞭策。陈听正常说，外经贸部的表彰，更深刻的意义是对参加多库公路工程的全体同志的表彰，是对在改革开放之初，南宁市市委、市政府勇于走出国门，敢为人先，敢于创新，敢于加入世界竞争行列的精神的表彰。

1994 年 11 月 5 日，在总经理部“班师回国”的前夕，中国驻孟加拉国大使馆张序江大使特邀了陈听正一行到大使馆做客，并请陈听正向大使馆全体同志作了一个关于多库公路工程反败为胜的报告。会后，张序江大使特地为他们饯行。陪同前往的中国海外工程总公司驻达卡办郭总经理说：“大使为公司人员饯行是破天荒的做法。”张序江说：“你们的工程经过曲折而获得成功，不仅为中国公司挽回了声誉，也为中国争了气，我这个大使脸上也增光，应该向你们祝贺；同时也

张序江大使在中国驻孟加拉国大使馆为陈听正一行饯行

要表示感谢。因为这个工程的变化，给我们上了生动的一课，使我们看到了改革开放的力量，加深了对‘经济外交’的理解。这件事印象深刻，至今历历在目，难以忘怀。”

当年，在张序江向孟加拉国总统递交了国书两周后，卡莉达总理接见了他，向他通报了多库公路的情况，他以高度的政治敏锐性和丰富的外交经验觉察到：中国海外工程总公司承包的多库公路工程项目的严重延误已经影响到中孟两国之间良好的关系，影响了中国公司在南亚市场的地位，问题十分严重而紧迫，尽力挽救这个工程是他到孟加拉国要办的头一件大事。他飞书告急，立即引起了外经贸部和广西壮族自治区党委、政府对此事的高度重视，并迅速做出了“背水一战，一定要在合同延长期内完成工程”的决定。陈听正说：“在新整编队伍进入多库公路以后，张序江在工程的每一个关键时刻，都给予工程及时而有力的支持与帮助，使我们更加坚定了必胜的信念。”张序江就是多库公路工程的“守护神”，多库公路工程能转败为胜，有他一半的功劳。事情已经过去二十四年了，陈听正至今还和张序江保持联系，他一直把张序江视为他人生的良师益友。

在孟加拉国西部多库公路工程这场异常艰辛而又战功卓著的决战中，经理部涌现出了大批先进人物。为了表彰先进，进一步激励全体干部职工的爱国主义精神和为社会主义现代化奋斗的精神，中共中成孟加拉国公路改建工程经理部委员会、中成孟加拉国公路改建工程经理部决定授予顾汉杰等102位同志为先进生产(工作)者光荣称号(见附件三)。

1995年1月14日，中共南宁市市委、市政府在市政府大礼堂举行大会，隆重表彰多库公路工程决战阶段的有功人员(见附件四)。出席大会的有自治区党委常委、市委书记彭贵康，市长宋福民。应邀参加大会的还有区直有关单位、市属有关单位的领导，以及参加多库公路决战阶段的全体员工。会议在热烈而隆重的气氛中举行。彭贵康书记在大会上作了重要讲话。他在讲话中对参加多库公路工程决战的全体领导和员工面对各种艰难困苦所表现出的爱国主义和革命英雄主义精神给予了高度的评价，对国家交通部、自治区交通厅、自治区林业厅等单位派选优秀的工程技术人员、施工队伍参加决战阶段的工程施工，并为工程的最后胜利做出了卓越的贡献表示衷心的感谢和崇高的敬意。

会上，陈听正代表多库公路工程总经理部党委及总经理部做了工作汇报。对这次表彰会，《南宁晚报》《经贸时代报》等新闻媒体都在头版头条做了专题的报道（见附件五）。

从孟加拉国载誉而归的南宁市员工，他们马不停蹄、再接再厉，为南宁市的城市建设再立新功。当陈听正得知当时南宁市西乡塘路（现大学路）已经破烂不堪，亟待重建，但市政府一时拿不出钱，想请香港的外商以BOT（建设、经营、移交）形式投资修建这条路，结果却未谈成。为此，陈听正建议市政府把孟加拉国工程回收的资金先用于这条路的修建。市委市政府欣然同意，并由张诗云副秘书长挂帅，带领几位从多库公路工程回来的工程技术人员组建了南宁市正成公司，以BOT方式，承建西乡塘路工程。

南宁市正成公司全体工作人员以多库公路工程决战阶段的奋斗精神和对待工程质量一丝不苟的工作态度投入到西乡塘路的修建项目中。一条近8公里长、50米宽的4车道混凝土公路，仅用一年多的时间就建成了，且质量优良，该路经受了繁重的交通量的考验，用了十几年都没有大修，还节约了2 000多万元。这是赴孟加拉国队伍回国亮剑南宁市政工程，又立新功。

陈听正从孟加拉国回国不久，就从南宁市副市长岗位调到北海市任副市长，一干三年。1998年6月至2003年7月调任自治区旅游局局长。2004年，他自愿从自治区政协经济委员会副主任岗位提前退休。退休后，他的生活安定而充实，他那颗不甘平庸的心满怀着对生命的热爱。他曾于68岁、75岁高龄两度与亲友们一起自驾车，面对新的挑战——穿越青藏高原、云贵高原及大西北9省市，行程近30 000公里，并两次登上海拔5 200米的珠峰大本营，跨越从西藏进入新疆海拔达5 348米的界山达坂山口。每当他回忆人生历程时，他说，使他感到最幸福、最自豪的有两件事：一是他践行了“苟利国家生死以，岂因祸福避趋之”的精神，在国家最需要他的时候，不为名利、不畏艰难，以背水一战、破釜沉舟的决心报效国家，圆满地完成了多库公路工程任务。二是在他年迈的时候，仍能两次登上珠峰大本营，那是他永生难忘的旅程。高原的圣洁和美丽，旅途的快乐和艰辛，磨炼了他的意志，净化了他的心灵。

他最为愧疚和痛心的是没有对历经千辛万苦抚育十几个儿女、孙儿、孙女健康成长，对他恩重如山的母亲尽到孝心，没有实现她老人家的遗愿。2018年是她老人家一百周年诞辰，为纪念这位一生热爱教育事业、乐善好施、严于律己、宽以待人、品质高尚，始终以国家利益为重的先辈，陈听正和他的亲友及儿女们一道，于 2017 年成立了以母亲名字命名的家族基金会——皓芬基金会。皓芬基金会致力于中国贫困地区教育环境的改善，努力促进教育公平和可持续发展，并已在陈听正的母校——国家重点大学湖南大学设立了“湖南大学皓芬奖学金”。皓芬奖学金主要资助家境贫寒、品学兼优的学子实现接受高等教育，努力报效国家的梦想。

瞿秋白说，人爱自己的历史好比鸟爱自己的翅膀，请勿撕破我的翅膀！

# 附件一

中国海外工程总公司

广西壮族自治区政府、南宁市政府：

我公司承包的孟加拉国多库公路改建工程，在去年遇到严重困难的情况下，承蒙雷宇副主席等省、市领导予以大力支持和协助。一年多来，自治区政府和市政府在各方面做出了巨大努力，取得了极好的效果，现向你们报告：该项目已提前竣工，业主方已于8月25日签发了竣工证书，一年多来的“翻身仗”已告胜利结束，请接受我们对你们的敬意和感谢。

此外，你们派往国外的陈听正同志，一年多来，表现出突出的组织领导才能，他本人付出了艰辛的劳动，为该项目胜利完成做出了特殊的贡献。我们将报请外经贸部领导予以表彰。同时，在此特向你们报告，我们为陈听正同志请功。

中国海外工程总公司

孔繁琪

一九九四年九月一日

中国海外工程总公司为陈听正同志请功

# 附件二

## 中华人民共和国对外贸易经济合作部

〔1994〕外经贸办函字第105号

### 关于转发中国海外工程总公司《关于陈听正同志主持孟加拉国多罗迪亚至库什蒂亚道路改建工程工作的主要事迹》的通知

各国际经济技术合作公司：

现将中国海外工程总公司《关于陈听正同志主持孟加拉国多罗迪亚至库什蒂亚道路改建工程工作的主要事迹》转发给你们。

由于陈听正同志的突出表现，使一个已发生巨额亏损的项目出现了转机，并取得了显著成效。希望大家认真学习陈听正同志的先进事迹，为发展我国对外承包劳务事业再立功勋。

附件：如文

— 1 —

（此页无正文）

一九九四年十一月十八日

---

抄送：外交部，广西壮族自治区政府，南宁市政府，驻孟加拉国大使馆，中国海外工程总公司

本部：部领导，办公厅，发展司，合作司，机关党委，秘书，值班，存档

19日16时印出　共印114份

---

录入：蒋　敏　　　校对：刘桂珍　张　红

— 2 —

# 关于陈听正同志主持孟加拉国多罗迪亚至库什蒂亚道路改建工程工作的主要事迹

陈听正同志，中共党员，高级工程师，广西南宁市人民政府副市长。1993年7月20日，赴孟加拉国担任进入决战阶段的多罗迪亚至库什蒂亚道路改建工程总经理部的总经理、党委书记。在此期间，表现突出，成绩卓越，其主要事迹如下：

一、陈听正同志受命于极为困难之时，他自始至终坚定不移地贯彻执行外经贸部、广西壮族自治区人民政府有关完成孟加拉国多罗迪亚至库什蒂亚道路改建工程的指示，制订周密的工程实施计划，做出及时、正确的决策，实行严格的组织管理，经过10个月的拼搏，取得了卓越的成绩。

孟加拉国多罗迪亚至库什蒂亚道路改建工程，经过12个月的准备工作，正式施工34个月，共完成工程进度的42%，后期从1993年9月起，要用剩下的1/3时间去完成58%的进度。当时工程已经发生巨额亏损，严重缺乏资金，原有设备残旧，加之施工环境恶劣，我方施工人员缺乏信心，业主方扬言要制裁我方，并没收保函、设备。面对这些困难，陈听正同志没有畏惧。赴孟加拉国前他在最短的时间内便完成了重新组建多库公路工程领导班子，配备施工队伍，组成新设备专家采购小组完成技术与商务谈判，对工程技术人员进行国际承包合同管理培训，筹措资金购置新设备等一系列紧急而重大的准备工作。1993年7月20日陈听正同志率队赴孟加拉国工作，仅用40天时间便完成了工地人员回国的调整、工程交接、设备的维修保养与调配工作，在每个标段只有一个工作面的情况下又增开每个标段一个工作面，并完成进场准备工作，及一系列符合实际的承包办法和管理办法的制定工作。从1993年9月1日起，在陈听正同志的带领下，全线职工奋力拼搏，每天每人工作达14小时以上，在短短10个月时间里共完4 400多万美元产值，月平均进度为过去3年月均进度的4倍，工程月进度最高达12.2%，为孟加拉国国际承包工程中最快进度，使走向绝境的工程死而复生。4个合同段分别提前8~10个月竣工。对此，顾问处表示佩服；亚行代表称中国人创造了奇迹；孟加拉国官方说，只要中国人想干的事，都可以干成功；我国驻孟加拉国大使也予以高度评价。

二、陈听正同志锐意改革，建立一系列相配套、符合客观实际的承包和管理办法，制订激励机制和约束机制，同时做好各项索赔工作，使其产生巨大效益。

陈听正同志重视市场经济规律，建立了以单位管理和个人收入按比例与工程进度、质量、成本、工程款回收效率全面挂钩的承包办法，坚持严格的计划管理，应用网络技术编制计划，根据工程实情，按照土木工程合同条款管理要求，将施工任务、工期、质量、设备、材料、资金、技术力量、普通劳力、奖罚尺度等有机地组织到网络计划系统中，使工程的施工和管理更严格、更科学，最大限度减少了工作失误，使广大职工自觉地调动积极性，形成标段与标段、人与人之间激烈的竞争局面。与决战阶段前相比，总成本下降约 1 036 万美元，加之全力以赴索赔和努力争取物价补贴，工程的决战阶段扭亏为盈，使整个工程比预计亏损减少 2 000 万美元。

三、陈听正同志组织、协调能力强，善于团结总经理部全体领导，当好班长，坚持开展政治思想教育和爱国主义教育。

陈听正同志从不搞特殊化，不搞一言堂，经常关心总经理部其他领导和职工，他把空调机让给其他领导，自己住普通房。无论是在国内还是国外，陈听正同志都反复和职工谈这场决战是为洗刷中国人所蒙受的耻辱，是为祖国的荣誉而战，始终贯彻外经贸部和自治区政府的有关规定。他还将民族英雄岳飞的《满江红》为歌词的这首歌作为工地战歌，印发职工，人手一份，并致公开信，号召大家学唱，激励职工的斗志。

四、陈听正同志采取有理、有利、有节和坚决而灵活的策略，成功处理与业主方、顾问处这两个敏感复杂的关系。

陈听正同志巧妙地通过政治途径和经济手段，通过工程的良好进展和我方的其他实力，与业主方建立了友好的关系，打下了良好的合作和信任的基础，主要由印度人主持工作的顾问处，也在这个基础上很大程度地改变了他们原来的看法和做法，而较好地与我方进行合作。陈听正同志组织我方一批素质高的计量工程师，反复钻研工程合同文件，寻找对我方有利的索赔和补偿的突破口，长期和业主方、顾问处开展斗智慧、斗意志的外交公关，频频取得胜利。陈听正同志在孟加拉国交通部享有很高的声誉，他们说，陈先生是一位强有力的人物，工作非常努力，是一个 no sleeping man（不用睡觉的人），他用一种神奇的速度推进工程。

五、陈听正同志以身作则，克服重重困难，儿子和女儿正好在考高中和考大学之际，他爱人又经常出差，家务由一个年近 80 岁的老母亲操持，但他没有被这些困难干扰。

他到孟加拉国工地后，每天工作达 16 小时以上，交通部的曾沛霖教授说他是全工地困难最多、经历最充沛、信心最足、工作时间最长的人。1994 年元月，按计划他要去法国考察设备，为保证沥青路面顺利施工，他自动放弃了。1994 年春节前，市政府通知他回家准备参加市人大会议，顺便回家过春节，理由十分充足，但他一算时间，仍坚持在孟加拉国过春节。年三十带队上工地，正月初六才回国，开完会又赴孟加拉国，在南宁只住了 9 天。1993 年 11 月，工地资金严重短缺，整个工地的资金不到两万美元，而此时正是工程备料的关键季节，每天需要的正常开支数达 13 万美元，已有二三十天拿不到货款的材料商经常围攻并武力威胁我方人员，如果在这紧要关头停止备料，工程将不能在延长期内完成任务，将使国家在政治上和经济上蒙受更大的损失。在这个非常关键的时刻，陈听正同志宁愿冒着遭受材料商对他围攻和动用武力之危险，也不下令停止进料。同时他带头并号召职工拿出平时积攒的零用钱借给工程采购材料，经过他和财务部巧妙的运作和展开外交攻势，终于等到国内汇来的资金，渡过许多人都认为不可逾越的备料难关。

中国海外工程总公司（盖章）

## 附件三

中成公司孟加拉国公路改建工程

先进生产（工作）者

中共中成公司孟加拉国公路改建工程经理部委员会

中 成 公 司 孟 加 拉 国 公 路 改 建 工 程 经 理 部

一九九四年十二月二十八日

# 中共中成孟加拉国公路改建工程经理部委员会、中成孟加拉国公路改建工程经理部关于表彰工程决战阶段先进生产(工作)者的决定

1993年9月，中成孟加拉国公路改建工程进入决战阶段，在自治区人民政府和市委、市人民政府的正确领导下，工程经理部全体干部职工发扬高度的爱国主义精神和无私奉献的精神，正视工程的重重困难，不畏艰难万险，顽强拼搏，在短短的十个月时间内，完成了工程总造价的58%，创造了孟加拉国国际承包工程中最快的月进度，使四个合同段分别提前8～10个月竣工，使这个曾被亚行和孟加拉国官方认为没有希望、没有生命的工程起死回生。与此同时，工程在经营管理、回收、索赔方面也取得了巨大成功。决战阶段扭亏为盈，并为国家减少了2 000万美元的损失。在这场异常艰辛而又战功卓著的决战中，经理部涌现出大批先进个人，为了表彰先进，进一步激励全体干部职工建设社会主义现代化的奋斗精神，工地党委和经理部决定，授予顾汉杰等102位同志为工程经理部1993年度和1994年度先进生产（工作）者。希望受表彰的个人继续发扬成绩，在新岗位上作出更大的贡献。

**党　委**

**经理部**

一九九四年十二月二十八日

1

**附表彰人员名单：**

**九标：**

黄善志　张亚杰　柳星夫　骆麟光　祝建生
黄子坤　李　岗　陈寿生　雷福友　赖甘东
陈　东　林东庆　莫惠慈　潘华生　黎宏超
何基贞　黄挺勇　谢　琨　邓国鼎　杨传伟
杨良琪　黄志辉　庞　勇　林秀云　卢彬盛
阮文琳　江　璟　黄光明

**十标：**

饶怀林　熊志辉　蒋学文　王建国　何朝辉
郑有济　随保粮　刘远洋　吴传翔　孟燕京
刘　茜　吴启华　黄德光　史高生　欧巨元
王中榜　梁建如　韦正欢

**十一标：**

李琼初　邓玉明　李　健　谭明轩　余洪建
杨家贤　覃少华　黄太生　许必福　郑成财
谭文东　韦建台　杨　浩

**十一·五标：**

阮志达　覃昌春　蒙　奋　李任劳　文邦建

2

**十二标：**

| | | | | |
|---|---|---|---|---|
| 曾德文 | 徐　德 | 郑文龙 | 秦育彬 | 周荣文 |
| 徐阳均 | 李占东 | 廖小龙 | 刘　旺 | 黄　凡 |
| 姜　哲 | 施鸣刚 | 兰日安 | 兰旭瑞 | 何开送 |
| 王启典 | 陈永富 | 唐戎秀 | 袁国伟 | 盘陆成 |
| 陈可家 | 吕维君 | 冯兆勋 | 黎乃志 | 赵庆荣 |
| 黄东华 | | | | |

**总部：**

| | | | | |
|---|---|---|---|---|
| 单　刚 | 顾汉杰 | 陈　庆 | 宁东娇 | 陈观平 |
| 冯凌况 | 奚学明 | 唐雪东 | 陈志国 | 刘开生 |
| 阮宗林 | 班进忠 | | | |

3

# 附件四

## 南宁市市委、市政府<br>孟加拉国公路改建工程决战阶段<br>表彰大会表彰人员名单

**总经理部领导：**

陈昕正　张诗云　马松喜　黄学强　叶士寿　裴安道　胡安明　张　军
曾沛霖　吴敏琪

**南宁市先进生产（工作）者名单：**

海静涛　苏拥军　胡书文　苏志雄　杨荣才　冯步广　李守廉　杨　荣
蒋瑞年　刘　军　李　颖　史　扬　刘月莲　饶东平　韦勇球　龙　文
黄　非　罗维松

（下附部分奖状照片）

荣誉证书

刘军 同志：

在一九九三年、一九九四年参加孟加拉公路改建工程决战阶段施工中成绩显著，被评为南宁市先进生产（工作）者。

特发此证，以资鼓励。

中共南宁市委员会
南宁市人民政府
一九九五年元月十四日

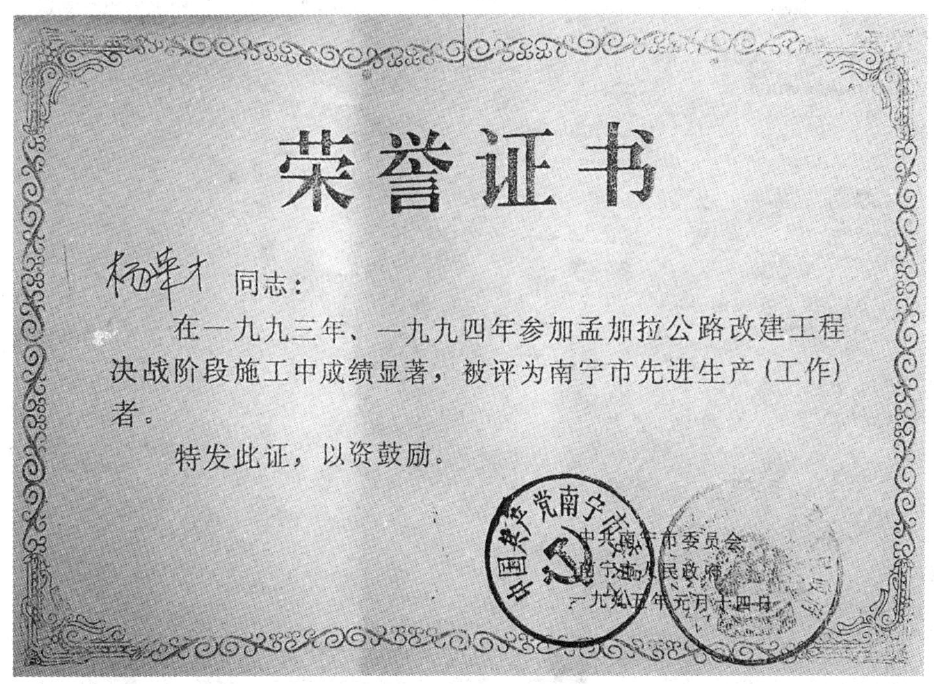

荣誉证书

杨华才 同志：

在一九九三年、一九九四年参加孟加拉公路改建工程决战阶段施工中成绩显著，被评为南宁市先进生产（工作）者。

特发此证，以资鼓励。

中共南宁市委员会
南宁市人民政府
一九九五年元月十四日

# 附件五

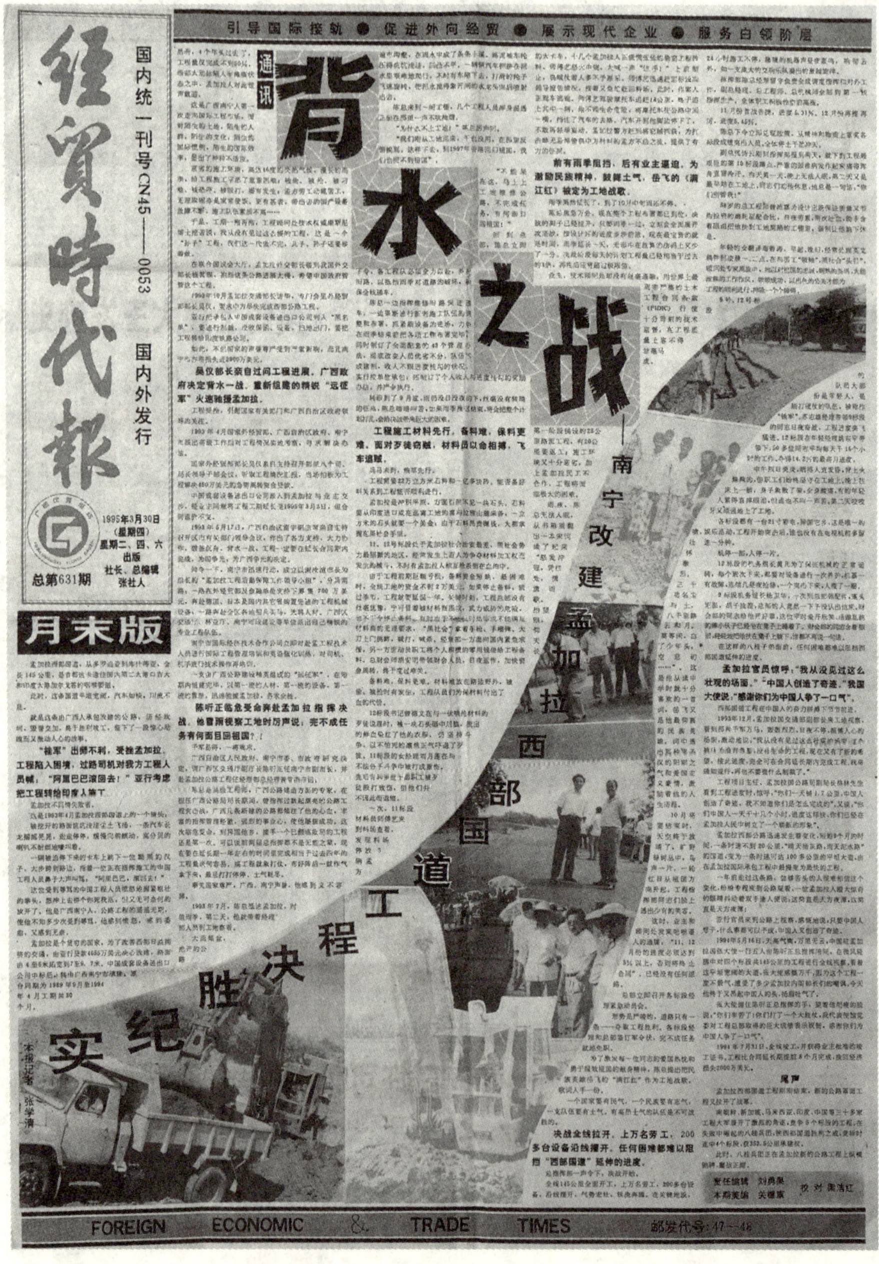

引导国际接轨 ● 促进外向经贸 ● 展示现代企业 ● 服务白领阶层

经贸时代报

国内统一刊号CN45——0053

国内外发行

1995年3月30日（星期四）

星期二、四、六出版

社长、总编辑 张社人

总第631期

月末版

通讯

## 背水之战——南宁改建孟加拉西部国道工程决胜纪实

本报记者 张学清

**“桂军”出师不利，受挫孟加拉。工程陷入困境，过路司机对我方工程人员喊：“阿里巴巴滚回去！”亚行考虑把工程转给印度人施工**

**吴仪部长亲自过问工程进展，广西政府决定背水一战，重新组建的精锐“远征军”火速驰援孟加拉。**

**陈听正临危受命奔赴孟加拉指挥决战，他冒雨视察工地时厉声说：完不成任务有何面目回祖国？**

**工程施工材料先行，备料难，保料更难，面对歹徒劫贼，材料员以命相搏，飞车追贼。**

**前有雨季阻挡，后有业主逼迫，为激励民族精神，鼓舞士气，岳飞的《满江红》被定为工地战歌。**

**决战全线拉开，上万名劳工，200多台设备沿线摆开，任何困难都难以阻挡“西部国道”延伸的进度。**

**孟加拉官员惊呼：“我从没见过这么壮观的场面。”“中国人创造了奇迹。”我国大使说：“感谢你们为中国人争了一口气”。**

尾声

FOREIGN ECONOMIC & TRADE TIMES 邮发代号：47—48

# 后 记

岁至丁酉除夕，焰火礼花腾空绽放。终于完成了《背水之战》一书的又一次定稿修改，我悄悄地松了一口气，几个月来紧张辛劳的写作，终于可以告一段落。

此书的创作是艰难的。其一，因为我没有亲临当年孟加拉国多库公路工程的施工现场，时隔二十多年，当年施工的亲历者现已云散，有的已经退休，有的就职于他乡，还有的已经告别了人世，所以在收集材料的采访过程中存在一定难度；其二，我并非学土木工程出身，因此在写作的同时还得学习有关的土木工程方面的知识；其三，写作纪实文学作品，并非我的创作方向，对于我来说这是一个新的课题，较之于纯文学作品行云流水、信马由缰的创作，纪实文学作品的写作受到真人真事的束缚，要时时注意把握住真实事件与发挥想象之间的度，既要保证作品的真实性，又要考虑到作品的可读性，所以，在创作过程中，的确是花过不少心思的。

在创作过程中，我深深地为当年孟加拉国多库公路工程的这一群筑路健儿不屈不挠、奋力拼搏的精神所感动，我以他们为榜样，从他们身上汲取战胜创作中困难的勇气和力量。写作此书，既是一个文学创作过程，也是一种对毅力和勇气的磨砺，正是由于我以当年孟友的精神来写作此书，所以虽说是困难多多，但在较短的时间内还是拿出了我的创作书稿。

在此，我要深深地感谢为此书提供宝贵创作素材的广大孟友。他们有的工务繁忙，有的年事已高，身体健康状况欠佳，但是为了将多库公路工程的动人事迹见诸文字，他们认真地、积极地回忆，为本书的创作提供了大量的宝贵的原始资料。

我要感谢欧光莲女士，是她陪同我前往孟加拉国当年的工程旧地观察体验，一路上她也给予我许多的帮助和照顾。

我要感谢王布衣先生，他在前期采访中收集了许多宝贵的资料，提出了许多精到的构思，付出了辛勤的汗水。

我要特别感谢陈听正先生、杨荣先生、张诗云先生和海静涛女士，他们为我提供了丰富素材的同时，在土木工程知识方面给我以耐心地讲解和指导。

没有上述人员全力的支持和帮助，我是不可能完成此书的。所以，与其说此书是我的创作，还不如说此书是集体智慧的结晶。

如今终于如愿以偿，能将此书奉献于广大读者的面前，使当年孟友们为国争光、顽强拼搏的往事终于有了文字的见证。遗憾的是，由于我笔力有限，本书对孟加拉国的往事也许记叙得不够全面，描绘得不够传神，揭示得不够深刻，体现得不够完美，只能请读者谅解了。

赵挹云

2018 年 2 月